LICHT LETTERLAND

Vermakelijk proza uit de
moderne Nederlandse literatuur

samengesteld en ingeleid door
ROBERT-HENK ZUIDINGA

SIJTHOFF / AMSTERDAM

Humor is subjectief.
Waar iemand om moet lachen, dat is heel persoonlijk. Terwijl de een niets leukers kent dan de stukjes van Jan Blokker, ligt een ander dubbel om de verhalen van Biesheuvel. Een derde heeft het verzameld werk van Herman Pieter de Boer in de kast staan.

Het kan dan ook nauwelijks anders of een bloemlezing uit het vermakelijkste Nederlandse proza van na de oorlog levert een zeer gevarieerd gezelschap op. Naast het sarcasme van Komrij staat de geschreven slapstick van Jan Mulder, op de vertellingen met een navrante ondertoon van Lévi Weemoedt volgt een goedmoedige observatie van Carmiggelt. Een theorie over humor in de Nederlandse letteren is er misschien niet op te baseren, een amusante en genietbare bundel levert het zeker op.

Behalve in toon lopen de hier opgenomen bijdragen ook uiteen in lengte – van twee tot tegen de dertig pagina's – en in oorsprong. Een deel werd geschreven voor publicatie in boekvorm of in een literair tijdschrift (en veelal vervolgens alsnog in boekvorm), een deel verscheen eerst als *column*.

De column, de vaste rubriek in dag-, week- of maandblad, is een belangrijke bron van humoristisch werk in het Nederlands. En dat al een hele tijd. Justus van Maurik, een Amsterdams sigarenkoopman en schrijver uit liefhebberij, portretteerde in de tweede helft van de vorige eeuw zijn stadgenoten zoals Carmiggelt dat in onze tijd deed. Herman Heijermans schreef voor De Telegraaf en het Algemeen Handelsblad vele 'Schetsen', die als 'Falklandjes' (naar zijn pseudoniem, Samuel Falkland) grote populariteit genoten.

In recenter tijden waren de stukken van Godfried Bomans in de zaterdagse Volkskrant en Kronkel, dagelijks in Het Parool, voor veel lezers jarenlang vaste prik. Hun rubrieken leverden een indrukwekkende plank vol boeken op en met name de toekenning, in 1974, van de P.C. Hooftprijs voor proza aan Simon Carmiggelt bewees dat een column ook literatuur kon opleveren.

Steeds meer stukjes-schrijvers zagen een selectie uit hun werk verschijnen bij een literaire uitgever: de bijdragen van Jan Blokker aan De Volkskrant, bijvoorbeeld, bij De Harmonie en de 'Treitertrends' en 'Koot vraagt zich af'-stukken van Kees van Kooten bij De Bezige Bij. Voor het nieuwjaarsgeschenk 1984 van Van Dale Lexicografie werd een keuze gemaakt uit de rubriek die Jan Mulder schrijft voor het sportkatern van De Volkskrant.

De column als entertainment (te onderscheiden van het politieke commentaar, al is de grens lang niet altijd even scherp) heeft zich een plaats in de Nederlandse letteren veroverd. *Licht Letterland* biedt er een ruime keuze uit.

Een van de hier opgenomen stukken valt onder het verhaal noch onder de column. Van Freek de Jonge werd een monoloog gekozen uit zijn programma 'Stroman en Trawanten'. Dat de tekst daarvan als boek is uitgebracht – en dat daaruit een (op zichzelf staand) deel voor deze bundel werd genomen – moge aantonen, dat zo'n voor het theater geschreven tekst zich ook heel goed laat lezen.

Alle in dit boek bijeengebrachte stukken zijn afgeronde gehelen. Fragmenten uit langere verhalen of romans zijn vermeden. De spelling is gehandhaafd zoals de auteur die in de oorspronkelijke versie hanteerde, waardoor binnen deze bundel verscheidene spellingswijzen voorkomen. Zetfouten in de brontekst zijn verbeterd.

Helaas kon niet van alle geselecteerde auteurs toestemming voor overname verkregen worden. Het heeft de omvang van deze bloemlezing niet nadelig beïnvloed. Naar ik hoop en vertrouw de kwaliteit evenmin.

Robert-Henk Zuidinga

Inhoud

S. CARMIGGELT

Onze vriend uit Oslo

Het was John Barrymore die eens zei: 'Een vrouw kan drie dingen maken uit niets: een slaatje, een hoed en ruzie.' Het vierde is zonder de geringste twijfel een cocktailparty. Te Rome was ik weer eens in de gelegenheid deze verticale ontspanning te beoefenen. Merendeels buitenlandse gasten hadden zich verenigd ten puissanten huize van een heer, die in het hart van de kwestie, stond te kijken als een boeiende persoonlijkheid, voor wie hem wist aan te snijden. Zijn echtgenote, die wij op een moeilijk levenstijdstip aantroffen, dwarrelde gastvrouwelijk rond en sloeg fonteinen geestdrift uit een rots van wanhoop. Men nipte aan verversingen, zoals vorstelijke personen maar niet kunnen laten het noenmaal te gebruiken. Er heerste een stemming van wellevend verbeten verveling.

'Ah – en u is onze jonge vriend uit Oslo,' kwam de gastvrouw tegen mij roepen. Ze had het al een keer éérder gedaan, maar mijn rectificatie was blijkbaar niet tot haar doorgedrongen.

'Nee nee, uit Amsterdam,' zei ik, op een toon of het maar een enkel breedtegraadje scheelde.

'Ach, natuurlijk...'

Zij verdween weer in de menigte, mij overlatend aan een windstille heer op leeftijd, die als een uitgedwarreld blad in het leven lag, en mij aankeek of ik zijn twaalfde bord balkenbrij was. 'How's your king?' vroeg hij eindelijk.

'We have no king,' zei ik.

Hij zweeg ontmoedigd.

'We have a queen,' sprak ik, om hem tegemoet te komen.

'Is that so...' vroeg hij gehinderd, of ik hem lastig viel met lootjes op een rookworst. Daarop begaf hij zich neuriënd naar elders.

Toen ik mijn glas ging neerzetten op een grote tafel, waar verscheidene personen de moeilijke spitzendans om de eetwaren uitvoerden, rees de gastvrouw weer op en riep met een nauwelijks gehavende glimlach: 'Ah – en daar is onze jonge vriend uit Oslo!'

Zij stond in een groepje gezonde mannen, die keken of ze het onbetaalbaar vonden, daar vandaan te komen. Even wilde ik mijn rectificatie weer plaatsen, maar opeens leek het me een beetje querulant, het aldoor beter te willen weten.

'Yes...' zei ik en nam een nieuw glas van haar aan.

Ze loste zich weer op. De gezonde mannen bleven mij lange tijd feestelijk aankijken. Toen zei de voorste: 'How's Piperviken?'

De naam riep niets in mij wakker. Waarschijnlijk was het de Noorse Drees. Welwillend sprak ik: 'O, uitstekend, dank u.' Want waarom zou het zo'n man niet goed gaan?

'Zijn ze er nog zo aan het breken?' vervolgde mijn nieuwe makker. Het was dus geen mens, doch iets waaraan gebroken kon worden.

'Ja, dat gaat steeds maar door,' zei ik.

'En op Bygdö?' vervolgde de man.

'Ook,' zei ik.

'Maar het volksmuseum...?' vroeg hij.

'Weg,' sprak ik somber. Want zo ben ik dan; als ik eenmaal begin te breken in zo'n stad, laat ik geen steen op elkaar.

'Wat een zonde,' vond de man. Hij verzonk in zorgelijk gepeins. Voorzichtig zette ik mijn alweer ledige glas op tafel en wilde wegsluipen, maar toen ik mij pas half omgedraaid had, stond ik weer oog in oog met de windstille grijsaard. Hij schrok enorm van me, maar kon toch niet om mij heen.

'How's your k... your queen?' begon hij, zich zelf nog net op tijd verbeterend.

De dikkerd, wiens volksmuseum ik had afgebroken, lachte smadelijk en zei: 'He has no queen.'

Onthutst keek de oude mij aan.

'We have a king,' zei ik, want zóveel weet ik toch wel van Noorwegen.

'Is that so...' sprak de oude.

'Ah, daar is onze jonge vriend uit Amsterdam,' kwam de gastvrouw.

'Nee nee, Oslo,' zei ik.

RINUS FERDINANDUSSE

Een wildeman

Het was al donker toen we Lyon passeerden en zuiver op de gok verlieten we de grote weg om in een kleinere plaats een hotel te gaan zoeken. We reden Cluny binnen en vele pijlen verwezen naar de abdij. Ik kreeg meteen lust deze te gaan bezichtigen, niet uit religieuze motieven, maar omdat ik dacht me te herinneren dat Alexandre Dumas zijn musketiers hier Madame de Winter liet opsluiten. (Laatst las ik in een bloemlezing een grap van iemand die Cami heette: 'Waarom heeft Dumas nooit als vervolg "De zoon van de drie musketiers" geschreven?')

Maar mijn vrouw wees mij op de opschriften op alle hotels dat ze 'complet' waren en dies kronkelden wij de smalle weg opnieuw op en bereikten een uur later een uitgebreid, maar donker stadje waarin geen hotel te bekennen viel totdat wij het bij het station probeerden. Op de gevel brandde wat neon in de helft van de letters, en binnen verspreidde één lampje boven de kassa op de bar wat schijnsel. Daarachter, gelig-grijs, zat een eng vrouwtje. Ze ging ons voor over nauwelijks verlichte gangen naar kamer 1, die ze met een knarsende, net niet roestige sleutel opendraaide. De kamer bevatte een groot verkoperd bed en achter een manshoog tegelmuurtje een bad en een toilet. Toen we even later weer naar buiten gingen, om ergens wat te eten te vinden, zagen we om een hoek van een gang het vrouwtje in de schemer naar ons kijken, alsof ze daar was neergezet door Hitchcock. We hoorden alleen onze eigen voetstappen en haar piepende ademhaling.

Een kilometer verderop vonden wij een mooi restaurant, dat ons als specialiteit rivierkreeftjes opdrong. Mijn vrouw bestelde ze en er kwam een speciale ober om haar een slabbetje om te binden, want die dingen moeten gegeten worden met de handen en met veel ge-

13

spetter. Mijn vrouw deed haar best: er kwam niets op haar slabbetje, minder in ieder geval dan ze op mijn overhemd wist te krijgen.

Terug in het hotel was ook het lichtje achter de kassa gedoofd, het was aardedonker en tastend zochten wij door de lange gangen onze weg naar kamer 1. Toen wij met behulp van een aansteker onze deur gevonden hadden en binnentraden, hoorden wij een zacht gesnurk. We knipten de lampen aan en zagen een zwartbehaarde man, tot aan de lendenen naakt, onder onze lakens op het bed. 'Hij is bloot,' zei mijn vrouw, 'zeg jij hem maar dat-ie weg moet.' Het moet haar stemgeluid geweest zijn dat hem wakker maakte, want in een oogwenk zat hij rechtop en slingerde een kussen naar ons: 'Pestwijf,' riep hij, 'rotwijf, lazer op.' Het klonk zo dreigend, dat we vóór we het zelf wisten weer op de donkere gang stonden.

We keken elkaar aan, maar zagen elkaar niet. 'Ik ga dat ouwe mensje zoeken,' zei ik boos, 'die moet hem er maar uithalen. Het is háár hotel.'

Beneden waren alle deuren op slot, ook op mijn wat zielige roepen ('Maadaam') kwam geen antwoord. Daarop probeerde ik alle deuren in de bovengangen. Het moet weer in de buurt van onze kamer geweest zijn, dat er plotseling een meegaf. Ik stapte binnen en gelijk ging het licht aan. Er zat een tamelijk jonge vrouw, met rode ogen en vrijwel niet gekleed, rechtop in bed: 'Charles,' gilde ze, 'donder op. Ik heb toch gezegd dat ik je nooit meer wil zien.' Maar ik was al weg, ik had al moeite genoeg haar Frans te vertalen, laat staan dat ik kon staan kijken alsof ik niks zag.

Voor de deur van kamer 1 trof ik in het donker weer mijn vrouw, die krampachtig probeerde niet te fluiten. 'Hij moet eruit,' zei ik dapper, en trad binnen.

De man was redelijk. Hij was in woede binnengetreden, zo verklaarde hij, omdat de deur toch open stond. Er stond hem nu maar één weg open: weer naar die vrouw en die kalm en vastberaden wurgen, anders moest hij de hele nacht op de gang zitten en daar had hij die 120 franken niet voor over.

'Als u straks een fikse dreun hoort, dan heb ik haar op het behang platgeslagen,' zei hij. Daarna vroeg hij om een handdoek, die ik voor hem haalde uit het toiletgedeelte achter het muurtje en hij knoopte deze gedegen om zijn naaktheid. Toen stapte hij mopperend de gang op. 'Sorry,' riep hij nog, 'maar deze kamer was de enige die open was.'

Wij gingen tamelijk somber naar bed. Ik mocht liggen waar de afdrukken van de zwarte wildeman nog zichtbaar waren. Het moet tegen zessen geweest zijn, toen mijn vrouw mij zachtjes wakker stompte. Er scheen een zacht licht vanachter het toiletgedeelte. En aan het geluid te horen was iemand bezig ervan gebruik te maken. 'Wat is er?' Als antwoord klonk wat papiergeritsel en er werd doorgetrokken. Daarna verscheen de behaarde weer in onze gezichtskring, bezig onze handdoek opnieuw om te gorden.

'Sorry,' riep hij weer, 'maar het kreng liet me niet binnen. Dus zat ik maar op die gang in het donker en toen kwam de behoefte...' Hij zuchtte diep. 'Neem me niet kwalijk,' zei hij, 'ik deed echt zachtjes. Ik kan er niets aan doen. En dat ben *ik* dan nog maar. Hoe zal het wezen als ze met haar eigen man op reis is?'

RENATE DORRESTEIN

Pukken van drie

De een doet dit, de ander volbrengt dat en ik mag graag lopen. Lopen, het woord zegt het al, betekent dat je je van A naar B verplaatst, van B naar C, van C naar D en zo maar verder, dag in, dag uit, je voortbewegend op de wijze waarop de mensheid dat twintig eeuwen geleden al deed. Toegegeven, in een auto schiet je meer op. Maar van lopen leer je zoveel over het leven. Dat er na zware etappes altijd weer begaanbaar terrein komt, bijvoorbeeld. Dat je van niemand kunt winnen of verliezen, behalve van jezelf. Dat je altijd komt waar je wezen wilt, al meende je geen stap meer te kunnen verzetten toen je pas halverwege was. Dat je ten gevolge van ijdele dromerijen, nutteloos gekwaak en gebrek aan concentratie danig kunt verdwalen. Mooi hè? En blaren jongen, blaren.

Als lange-afstandloper word je vanzelf wijs. Het is echter de vraag of de rest van de wereld zich daarvan voldoende bewust is. Mijn vriendin en ik vrezen van niet. Ik heb namelijk een speciale, achttienkaraats loopvriendin, eentje met het uithoudingsvermogen van een stoommachine. Meer dan eens, als ik schreiend aan de voet van een berg zat, is zij erin geslaagd mij over de top heen te *kletsen*. Wolkbreuken noch ravijnen brengen haar tot staan, bulderende bergbeken en beukende hittegolven lapt zij aan haar laars. Zo iemand verdient ieders reverentie. Je zou verwachten dat men langs de route zou knielen, waar zij moedig en vastberaden passeert met mij in haar kielzog, worstelend met een afzakkende sok. Dit nu, gebeurt nooit.

Vrouwen die van rugzakken en modderige laarzen houden neemt niemand serieus. Men ziet ons niet voor vol aan. In het dagelijks leven zegt men u en *mevrouw* tegen ons, maar zodra we onze regenpakken aantrekken worden we bejegend alsof we kleine kinderen waren. Moederlijke herbergiersters dragen dampende kuipen voedsel aan waarmee men een weeshuis zou kunnen voederen, in de kennelijke veronderstelling dat wij er nog van groeien moeten. Eens zaten wij aan zo'n maaltijd, een waar varkensmaal was het, een beestengelag waaraan geen einde kwam, letterlijk niet, want toen wij met losgehaakte knopen en glazige blik achterover leunden, kwam de moederlijke op met het dessert, een kolossale chocoladetaart. 'Ja, de jeugd snoept graag,' wist zij. Niet had zij haar hielen gelicht of mijn vriendin stak koelbloedig dat gehele pièce de résistance in haar mouw. Men vervalt vanzelf in Pietje Bell-achtige streken als men als een kleuter wordt behandeld. Wij namen de taart mee naar onze bedstee. Wij giechelden totdat we halfgek waren. Hoe nu verder met dat gebak? Door de plee spoelen dorsten wij niet. De taart sliep naast ons op zijn schoteltje. De volgende ochtend hebben we hem pas durven wegwerpen toen we de woonst van de vetmestende waardin vijf kilometer achter ons hadden liggen. Giecheldegiechel.

Ook is het eens voorgevallen dat wij op een vroege zondagochtend door een zoete landstreek gingen en werden aangeraakt door het begeren een kerk te bezoeken. Je wordt namelijk ongehoord religieus van lopen, je moet de hele tijd in dankbaarheid denken aan Haar die Alles schiep. Aan gindere einder was een kerkspits waarneembaar, dus wij eropaf, als junks naar de methadonbus. Wij naderden het godshuis van de verkeerde zijde en moesten ons knerpend door het grind begeven om de voorkant te vinden. Meteen sprong er een zwartgerokte koster te voorschijn die tegen ons begon te tieren alsof wij schoolkinderen waren die in de boomgaard werden betrapt op appeldiefstal. Zo werden wij van Gods erf verjaagd.

Waarom het altijd zo moet gaan, weten we niet. Wel valt ons op dat waar wij gaan of staan, men altijd informeert of wij thuis mannen hebben zitten. Vrouwen zonder herenbegeleiding zijn niet helemaal compleet, zoveel is ons duidelijk. Doordat wij zonder mannen rondlopen, kunnen wij niet als volwassenen worden aangemerkt. Men blaft ons toe ons bord leeg te eten, onze voeten van die stoel te halen, een dikke sjaal om te knopen daar het guur is. En wij gehoorzamen alsof we geen beroemde, geslaagde en belangrijke personen zijn, pijlers der maatschappij, maar drieëneenhalf jaar oude pukken. Het afgelopen weekend tippelden we door de lieflijke Betuwe. Na onze eerste etappe namen we ons intrek in zo'n duister provinciaals hotelletje waar karbonkelige types, waarschijnlijk in het bezit van beestennamen, ons afkeurend aanstaarden. Terwijl mijn vriendin de douche probeerde, ging ik beneden een borrel voor ons halen. 'Meisje, meisje,' zei de kastelein. 'Jenever? Straks val je nog van de trap.' Zo ben ik dus geheel per ongeluk op het geheim van de eeuwige jeugd gestuit. Dat bevalt me wel. Maar toen we nog een glaasje wilden, durfden we dat helaas geen van beiden te gaan halen.

BOB DEN UYL

In 't groene dal

I

Tegen de avond kwam ik in Oudenaarde aan, na een veel te hete dag. Om geen zonnesteek op te lopen had ik een wielrennerspetje op mijn hoofd gezet waarop in grote rode letters RIK VAN LOOY, en zo om het uur had ik petje en hoofd nat gemaakt met een flinke scheut spawater. Toch moest ik op het caféterras in Oudenaarde vaststellen dat ondanks mijn reeds gebruinde tint voorhoofd en nek gloeiend verbrand waren, en dat bracht mijn stemming nog enige graden lager. Dat ik bij het nazoeken van mijn zakken bemerkte weer eens mijn Michelin wegenkaart verloren te hebben, maakte weinig uit. Ik ben een manisch verliezer, alles wat ik niet met touwen aan mijn lijf vastbind raak ik vroeg of laat onherroepelijk kwijt. Een voordeel hiervan is dat je niet de tijd krijgt aan bepaalde voorwerpen te gaan hechten.

Onderweg had ik aangenomen dat ik in Oudenaarde zou overnachten, maar nu ik er eenmaal zat en weer de sfeer van de plaats onderging, wist ik het niet zo zeker meer. Hoewel het uiterlijk een aardig stadje is met veel eeuwenoude huizen en gebouwen, voelde ik me daar weer niet veilig. Jaren geleden had ik al eens een nacht in Oudenaarde doorgebracht, en dat was een aaneenschakeling geweest van nare ervaringen: slecht eten, slecht bed, vervelende mensen. Nu kan zo iets toeval zijn, zulke dingen kunnen je overal overkomen, maar bovenal had me de dreiging getroffen die daar in de lucht hing, net of er elk ogenblik een razzia kon plaatsvinden. De bewoners, volgens folders en beschrijvingen helemaal bezeten van gulle Vlaamse hartelijkheid, waren wantrouwend, schichtig, gesloten en onverstaanbaar. Terwijl ik zittend op dat terras deze dingen weer overdacht, kwam het me voor dat er niets veranderd was. De klein-steedse benepenheid die uit de huizen sloeg, greep mij onder het bierdrinken weer bij de keel, en ik besloot ondanks mijn vermoeid-heid weer op de fiets te stappen om in de volgende plaats te gaan sla-pen. Ik wandelde even naar een papierhandel een paar huizen ver-der en kocht een nieuwe wegenkaart. Die spreidde ik uit over mijn tafeltje, bestelde nog een glas bier, en zag dat Ronse de dichtstbij-zijnde gemeente was waar een hotel zou kunnen zijn. Na een half uurtje rusten ging ik maar op weg, met tegenzin, want de kaart gaf tussen Oudenaarde en Ronse een heuvelrug aan, een uitloper van de Ardennen, en daar kunnen steile klimmetjes in zitten.

De afstand van twaalf kilometer bleek uit een langgerekte klim te be-staan, met fraaie uitzichten op het donkere heuvelland in de onder-gaande zon, maar daar stond mijn hoofd niet meer naar. Ronse lag in een dal; een steile afdaling van twee kilometer lengte met een hoogteverschil van, naar het mij voorkwam, één op drie, bracht mij in een snelle duik, waarbij ik heftig moest bijremmen uit vrees voor verkeer uit de vele zijstraten, tot vlak voor het station, waar traditie-getrouw de hotels waren. Geheel uitgeput, gloeierig verbrand, niet bereid om ook maar de geringste kleinigheid over mijn kant te laten gaan, liep ik het eerste hotel in dat ik zag en vroeg een kamer. De man achter de tap zei dat ik dan moest wachten, zijn vrouw ging daarover en die kon elk ogenblik terugkomen. Natuurlijk liep ik ogenblikkelijk de zaak uit.

Het hotel ernaast, hotel Westminster, werd eveneens gedreven door de vrouw; hier was de man zelfs niet te zien, die stond zeker de vaat te wassen. Ik weet niet of die verhouding in Belgische cafés en ho-tels regel is, maar het komt wel erg veel voor. Misschien kunnen ei-genaars maar slecht van hun drankvoorraad afblijven.

Op mijn vraag naar een kamer haalde de vrouw haar schouders op en spreidde haar armen uit, een uitdrukking van grappig onbegrip op haar gezicht, ten teken dat zij mij niet verstond. Natuurlijk, Ron-se ligt tegen de taalgrens, en dan spreekt het hotelvolkje, en zij niet alleen, bij voorkeur Frans. Dat vind ik allemaal best, als zij denken door het spreken van de Franse taal in een hogere menselijke rang-orde terecht te komen, moeten ze dat maar doen, een mens zijn lust is een mens zijn leven. Wel kan ik mij voorstellen dat karaktervolle Vlamingen, en die zijn er toch zeker ook, zich hieraan bijzonder er-geren. Gelukkig sta ik hier als Nederlander geheel buiten, want wat stamverwantschap is begrijp ik niet goed. Wat ik ook niet begrijp is dat mensen zoals vrouw Westminster uitsluitend Frans spreken, en zelfs niet de beschikking hebben over een paar woorden Nederlands. Levend in een Nederlands sprekende omgeving, met opschriften en kranten in het Nederlands of wat daarvoor doorgaat, moet je toch wel een aan imbeciliteit grenzende intelligentie hebben wil je niet, zelfs tegen je zin, een paar woorden Nederlands oppikken. Het wil er bij mij niet in dat hotelhouders boven de taalgrens, met genoeg verstand om bijvoorbeeld bier in te schenken en wisselgeld terug te geven, niet zouden weten dat 'chambre' in het Nederlands 'kamer' is. Je moet wel aannemen dat ze je wel verstaan, maar om redenen die zij misschien zelf niet eens begrijpen, voorwenden het niet te doen. Dit vreemde verschijnsel amuseert mij altijd wanneer ik het ontmoet, behalve als ik melig en vermoeid ben, maar dat kan buiten beschouwing blijven, dan erger je je aan alles.

Zo ook nu, maar ik was niet van plan weer weg te lopen. Als je in België wegloopt waar het je niet bevalt, kan je wel aan het lopen blijven. Ik ging dan maar in het Frans over, kreeg een kamer en ging aan een tafeltje tussen de gasten het bekende formuliertje zitten invullen. Dit toch al vervelende werkje deed de deur toe. Van woede en ergernis kon ik nauwelijks meer schrijven en moest in blokletters overgaan. Het was daar te warm en te veel herrie, ik kreeg het benauwd en wilde naar mijn kamer. En altijd weer moet je van heel ver weg je paspoort pakken omdat je het nummer niet uit je hoofd weet. Mijn pen viel nog uit mijn trillende vingers en rolde diep onder een ander tafeltje, zodat ik op de knieën moest om hem terug te krijgen. Iemand even helpen ligt daar niet in de volksaard, ze zijn er sterker in dom toekijken en achter de hand giechelen. Eindelijk was het toch zo ver en kon het zoontje van de bazin, een kind van een jaar of tien, mij de fietsenbergplaats en de kamer wijzen.

Hier trok ik alles uit op mijn onderbroek na en ging een half uur op het bed liggen bijkomen. België is een geweldig leuk land dat ik iedereen kan aanraden, maar je moet in een goede stemming zijn en alles op een afstand kunnen houden.

Na de rustkuur ging ik aan de wastafel wat staan spatten, een badkamer was er niet. Op de deur was een kaartje geprikt met de prijs van de kamer en wat je allemaal niet mocht doen, bijvoorbeeld niet in de wastafel pissen of je schoenen met de sprei poetsen, dingen die ik altijd prompt doe, waar neem je anders een hotelkamer voor. Het kaartje was gesteld in Frans en Engels; het 'petit déjeuner' was vertaald als 'continental breakfast', kennelijk om bij Engelsen niet de hoop te wekken dat ze een echt ontbijt zouden krijgen.

Verschoond ging ik een tijdje op het balkon staan om het gloeiende hoofd wat te laten afkoelen. De zon was ondergegaan en het Ronse avondleven had een aanvang genomen. Het deel dat ik daarvan kon waarnemen bestond uit een friettent, en met aandacht beschouwde ik voor de zoveelste maal de waanzinnige gretigheid waarmee het Belgische volk, jong en oud, friet naar binnen slaat.

Terug in de kamer kleedde ik me langzaam aan, deze handeling steeds stakend om in alle kasten en laden te kijken. Dat loont vaak de moeite; zo vond ik hier een boek met stripverhalen van Kuifje die ik onmiddellijk op bed ging liggen lezen. Toen het uit was, voelde ik mijn maag tekenen van leegte geven. Ik zou nog ergens moeten gaan eten, hoe weinig zin ik ook had mijn kamer weer te verlaten.

De eerste eetzaak die ik op weg naar het centrum zag was zo'n modern uitgevoerde snackbar met laaghangende lampjes, waar ik alleen naar binnen ga als het werkelijk niet anders kan. Ik heb een half uur in de omtrek lopen zoeken naar een behoorlijke zaak maar zag niets. In dat land struikel je over de eetzaakjes behalve als je wilt eten. Dan maar terug naar die snackbar.

De spijskaart vermeldde dat de spaghettischotel hier de specialiteit was, toebereid volgens origineel recept. Ik hou daar wel van, maar zag nog bijtijds naast me een man zijn spaghetti eten met zo'n volmaakte Italiaanse techniek dat ik ervan afzag. Bij mij blijven na een hap altijd een paar draden uit mond mond hangen die ik dan stuk voor stuk moet afbijten, geen prettig gezicht voor anderen. Ik besloot maar tot een Russisch ei met brood, zestig frank inclusief service en omzetbelasting, daar kan je je nooit een buil aan vallen.

Er heerste een ijzige rust in de zaak, de aanwezige eters onderhielden zich fluisterend met elkaar, en ook de bediende informeerde fluisterend wat meneer dacht te gaan eten. Dat gefluister maakt altijd wat kriebelig; het lijkt uiterst beschaafd maar is vaak terug te voeren tot ordinaire verlegenheid. Je kan normaal spreken zonder anderen daarbij te hinderen. Mijn bestelling op gewone toonhoogte baarde natuurlijk enig opzien, wat gingen ze nou krijgen. De bediende deinsde zelfs even terug, vermande zich en vroeg wat gaat meneer daarbij drinken. Het was goed Nederlands, maar van een ouderwetse onderdanigheid die bij ons nog slechts schertsenderwijs wordt gebruikt. Ik boog me wat voorover en zei daar gaat meneer een pils bij drinken. Hij keek me wantrouwend aan en ik verwachtte dat hij zou antwoorden: meneer zit me toch niet te belazeren? maar hij verdween naar achteren. Dat de laaghangende lampjes zo warm op mijn rode voorhoofd schenen dat de zweetdruppels weer te voorschijn sprongen, beschouwde ik maar als straf voor het nodeloos bespotten van iemand die naar beste kunnen zijn werk deed.

In bed kon ik moeilijk in slaap komen. Buiten, bij de friettent, was een jongeman bezig een aantal Ronse meisjes te imponeren door voortdurend met zijn oude auto scheurend weg te rijden en weer te remmen. Beneden in het café dreunde de jukebox maar door zonder dat ik de melodieën kon onderscheiden. Te midden van dit mengsel van hinderlijke geluiden en drukkende hitte moest ik in slaap zien te komen. Hoe dat dan ten slotte via een eindeloze serie halfdromen toch nog lukt is een raadsel.

Bij het wakker worden de volgende ochtend voelde ik het al: dat zou niet gaan vandaag. Een lichte hoofdpijn, een drukkend gevoel, snel wegschietende lichtvlekken in de hoeken van mijn ogen. Een oud vertrouwd beeld, maar toch elke keer weer nieuw.

Buiten scheen de zon alweer fel, er was wat wind opgestoken. Bij de gedachte met mijn pijnlijk verbrand hoofd deze hitte in te moeten, werd ik misselijk van ellende. Wat deed ik eigenlijk hier in Ronse. Ik probeerde weer in te slapen maar dat ging natuurlijk niet, de Ronsenaren maakten buiten een veel te opgewekt lawaai. Ik besloot flink te zijn en door te bijten. Het helpt niet, maar je moet wat doen. Ik stond op en liet heel voorzichtig koud water over mijn hoofd en nek lopen. Dat friste wel op natuurlijk, maar het afdrogen met de harde handdoek deed alles weer te niet. Zuchtend en steunend strekte ik me weer op het bed uit en ging de kaart bekijken. Waar vandaag heen te gaan. Mijn plan was geweest de Franse grens over te steken om in Lille te gaan kijken naar de stakingen en ongeregeldheden van die tijd. Ik vroeg me af hoe ik ooit op zo'n ongelukkig idee had kunnen komen. Op de kaart bekeek ik met afkeer het conglomeraat van wegen en steden dat daar als een kankergezwel stond afgebeeld. Tourcoing, Roubaix en Lille – of Toerkonje, Robeke en Rijssel – vormden samen één grote stad zag ik, en nog wel een industrieel centrum, en nog wel in Noord-Frankrijk, drie hele erge dingen bij elkaar. Een bezoek aan die eindeloze fabriekswijk zou toch waanzin zijn voor iemand in een depressieve toestand. Andere mogelijkheden zag ik niet. Wel zag ik dat om Ronse te verlaten ik in ieder geval de Kluisberg (141) of de Pottelberg (157) zou moeten beklimmen. Dat leek me totaal onmogelijk. De wind was noordoost, maar dat zegt weinig in een heuvelgebied. Ik smeet de kaart in de fietstas en ging weer in Kuifje liggen lezen. Dat is het op den duur toch ook niet helemaal, zodat ik me maar ging aankleden en de kamer een beetje opruimde om een nette indruk achter te laten. De gedachte aan het ontbijt kon me niet opfleuren. Ik keek rond of ik niets had laten liggen, en stommelde, fietstassen over de arm, de trap af.

De kamersleutel legde ik met een groetende hoofdknik op de tapkast. De baas zelf stond er nu achter, een dikke man met een alpinopetje op, druk bezig met het afdrogen van glazen. De taakverdeling van het echtpaar werd me duidelijk. Ik keek om me heen en zag door opengeschoven deuren de ontbijtruimte. Slechts één tafeltje was gedekt. Ik ging eraan zitten en keek somber naar het zonlicht buiten waar ik straks in zou moeten. Wederom vroeg ik me af wat ik in godsnaam in Ronse uitvoerde. De toestand was werkelijk heel vervelend.

De baas kwam al gauw toelopen met een filterkoffie, die hij plechtig voor me neerzette als kreeg ik iets bijzonders. Ook dat nog. Ik heb niets tegen filterkoffie, al vind ik ze niet beter dan koffie op andere manieren gezet, maar die filters hebben wat tegen mij, ze lopen nooit door. Dan ga ik een handje helpen, til het dekseltje op en kijk eens naar binnen, haal alles eens wat losser of stamp het juist flink aan, wring het hele geval een beetje uit zijn verband om een goede doorstroming te bevorderen. Soms lukt me dat, maar meestal eindigt het ermee dat ik de hele installatie omgooi, althans flink ga zitten morsen. Tegen de tijd dat ik eindelijk wat koffie in het kopje heb weten te krijgen is alles al lauw geworden. Met weemoed herinnerde ik me de gevulde koffiepot die ik de vorige ochtend in een ander hotel bij het ontbijt had gekregen. Zonder enige moeite of ergernis had ik daar wel vier koppen hete koffie uit weten te schenken, en in combinatie met verse harde broodjes geeft zo iets je moed voor de komende dag.

Natuurlijk weigerde de filter die nu voor mij stond ook maar een druppel vocht door te laten. Ik wachtte vijf minuten, gluurde in het kopje en zag nog niks. Een verstikkende woede kwam in me op en haast kwam ik op het punt, dat vroeg of laat zal komen, waarop ik zo'n filter door de zaak smijt onder het uiten van de gemeenste verwensingen. Maar zoals altijd wist ik me weer in te houden – zo iets moet toch onherroepelijk ten koste van je gezondheid gaan – en wenkte de eigenaar. De koffie loopt niet door, zei ik achteruit leunend, en ging zachtjes neuriënd uit het raam kijken om te laten merken dat zulke kleine tegenslagen mij onberoerd lieten. De man bleek ook geen Nederlands te spreken. Hij hield een kleine toespraak over de techniek van het koffiefilteren. Het voornaamste was, zei hij, zoals bij zo veel dingen in het leven, om geduld te hebben. De naïeveling was er zich niet van bewust dat hij met zijn leven speelde. Na een aantal handelingen, ongeveer dezelfde die ik altijd zonder resultaat verricht, slaagde hij erin het kopje half vol te krijgen. Nu was het zaak zei hij, het kopje rustig verder vol te laten lopen, heel eenvoudig. Die Hollanders toch, altijd jachtig en gehaast. Zeer tevreden over zijn loos geklap wandelde hij terug naar de toog en hervatte het glazen drogen. Na vijf minuten keek ik weer in de kop en zag er nog steeds niets bijdruppelen. Beheerst smeerde ik een broodje met jam en at het langzaam op, af en toe een zuinig teugje lauwe koffie nemend. Een van de minst geslaagde ontbijten in mijn leven. Hiermee gereed gekomen was er verder niets wat mij nog aan hotel Westminster bond. De gebruikelijke gang van zaken zou zijn op de fiets te springen en actief de bergen in te trekken. Maar waarheen? Ik pakte de kaart maar weer eens en bemerkte dat ik zo mogelijk nog afwijzender stond tegenover de Tourcoing-Roubaix-Lille combinatie. Ik zou het wel zien, voorlopig zat ik nog niet op de fiets.

De caféruimte bleek overdag vooral gebruikt te worden door buschauffeurs die hun vrije tijd tussen de ritten hier doorbrachten met luide conversatie en dobbelspelen. Hun gedoe was, bij gebrek aan wat anders, best aan te zien, en een tijdje vergat ik mijn barre omstandigheden door te kijken en te luisteren naar hun merkwaardige tweetaligheid: een dik Frans doorspekt met Nederlandse godverdommes.

Maar een scène van dobbelende en schreeuwende buschauffeurs, hoe levendig ook, is toch niet bij machte de aandacht langer dan een half uur vast te houden, en ik besloot met een mij vreemd doorzettingsvermogen te vertrekken. Bij het afrekenen wilde ik nog een norse opmerking plaatsen over de filterkoffie, maar begreep bijtijds dat ook de eigenaar gevangen zat in een harnas van milieu en opvoeding. Ik pakte mijn fiets uit het zijvertrek, zocht op straat een schaduwplekje tegen de huizen, en ging daar op de stoep zitten. De korte passage door de stralende zon die hiervoor nodig was greep mij behoorlijk aan. Een koortsachtige gloeierigheid, slappe benen, wee gevoel in de maag, een wandelende hoofdpijn die op dat moment had plaatsgenomen in het gebied rond mijn linkeroog, waarover nog steeds van tijd tot tijd heldere lichtflitsen schoten, maar bovenal een overheersend gevoel van angst en malaise: dit zou in het kort een de werkelijkheid benaderende beschrijving van mijn toestand zijn.

Van een vroeger bezoek aan deze plaats herinnerde ik mij een vrij gezellig centraal plein met terrasjes. Ik overwoog mijn kansen daar te geraken zonder ongelukken. Enerzijds wist ik dat bij angstige voorgevoelens er juist nooit wat gebeurt, anderzijds geeft het leunen op een dergelijke wankele hypothese juist weer voedsel aan nieuwe angst – vaste regels gaan altijd één fatale keer niet op, en Ronse was een plaats waar ik niemand kende. Waar hulp te vinden in geval van nood. Ik stapte roekeloos op de fiets en reed naar het centrum.

Het plein opzwaaiend remde ik met kracht af; er was een markt gaande en een geweldige mierenhoop krioelde rond de kramen alsof de goederen gratis werden weggeschonken. Dit was wel het laatste waar ik naar verlangde. Bovendien was dit niet het plein uit mijn herinnering, het leek er niet op. Over dit fenomeen nadenkend schoot het mij te binnen dat ik al die tijd het stadje had verward met Moeskroen, een plaats ten westen van Ronse tegen de Franse grens. Deze, in wezen toch vrij onschuldige, verwisseling sloopte de laatste restjes van vertrouwen in mijn omgeving. Ik was hier op geheel vreemd gebied en nooit zou ik er meer uitkomen. Ik overwoog nog even mijn huis op te bellen om wat vertrouwde klanken te horen, maar verwierp dit denkbeeld na enig beraad. Het complex van handelingen dat hiervoor op een druk postkantoor verricht zou moeten worden, ging ongetwijfeld boven mijn krachten.

Doelloos fietste ik enige tijd door de straten, angstvallig de schaduwkant houdend. Elk ogenblik verwachtte ik bewusteloos van mijn fiets te vallen. Juist toen ik eigenlijk naar die gebeurtenis begon te verlangen om van alles af te zijn, kwam ik uit op een parkje, bestaande uit een muziektent in de vorm van een wijdgeopende oesterschelp, omringd door wat bomen, groen, en een aantal wandelpaden. Het geheel deed wat stijfjes aan, een ideale plek voor zondagse gezinswandelingen. Er waren echter door de gemeente met gulle hand bankjes in het groen geplaatst, waarvan enkele zich in de schaduw bevonden. Zonder verder na te denken zette ik mijn fiets tegen een kastanjeboom en ging op een bankje zitten, het hoofd in de handen, nu en dan zachtjes kreunend. Het eindpunt was bereikt.

Na een half uur hief ik het hoofd op om eens om me heen te kijken. Het park was aan drie zijden omringd door nette huizen, mogelijk woonsteden van dokters en notarissen, terwijl de vierde zijde werd ingenomen door een gebouw welks functie ik op een ambachtsschool schatte. De architectuur van de nog niet zo oude panden getuigde van de in heel België heersende drang naar een bijna onbereikbare lelijkheid; nergens was er ook maar een hoekje of detail dat een beetje aardig genoemd kon worden. Er moest hier een bouwcommissie bestaan die er streng op toezag dat alle prettig aandoende lijnen uit de blauwdrukken verdwenen. Architect zijn in België lijkt me geen sinecure, waarschijnlijk is een studietijd van zeker tien jaar in een geheel van de buitenwereld afgesloten klooster noodzakelijk. Reizen naar het buitenland worden met intrekking van het diploma bestraft. Intussen was het elf uur geworden zag ik op de klok van de ambachtsschool.

Het park voorzag duidelijk in een behoefte. Niet weinig Ronsenaren liepen langs mijn bankje, wandelend of op doortocht, met de speciale gelaatsuitdrukking van mensen die van de natuur genieten. Ten einde zo min mogelijk aandacht te trekken nam ik de ontspannen houding aan van iemand die het goed naar zijn zin heeft, en begon de voorbijgangers zo onopvallend mogelijk te bekijken. Dat is voor een keer best aardig, al zijn er gevaren aan verbonden. Zo was er een oudere vrouw, het hoofd krachtig gepoederd in een gemeen roze kleur en prijzig gekleed, die haar hondje uitliet en daarbij minstens vier keer mijn zitplaats passeerde. Dat deed mijn toestand geen goed, maar ik kon als vreemdeling moeilijk een Ronsense dame uit het park verwijderen of dat rothondje zonder aanleiding een schop geven. Stevig in de zitting van de bank knijpen bleek wel te helpen. Die banken zaten trouwens erg ongemakkelijk. De reeds genoemde commissie van toezicht zou ook hier wel aan het werk geweest zijn. Een ander de aandacht trekkend bezoek werd gevormd door twee kinderen, broer en zus, die op het grasveld vóór de muziekschelp een partijtje badminton poogden te spelen. Door verregaande onkunde en een te sterke wind kwam het er niet erg uit. Het zoeken naar een meer geschikte plaats bracht een uitbundig heen en weer geloop met zich mee, waarbij ik opmerkte dat het meisje, misschien een jaar of dertien met ontluikend figuur, mijn uit noodzaak geboren belangstelling heel goed in de gaten had. Bij het passeren van mijn bank kreeg ze steeds die merkwaardige houding over zich die bij onrijpe meisjes als uitdagend geldt. Het broertje, een jaar of acht, had niets in de gaten, die liet zich gewillig door alle hoeken van het park meeslepen. Na een kwartiertje gehannes met de pluimbal verdwenen ze, om na een uurtje terug te keren en de vertoning nog eens op te voeren. Ik paste er wel voor op door houding of gebaar de ontwakende voortplantingsdrift bij het meisje aan te moedigen. Ik had al zorgen genoeg en voelde er weinig voor als seksmaniak door de gendarmerie te worden opgepakt.

Mijn bank was nu in de zon komen te liggen en ik verhuisde naar de andere kant van het park, om daar het bestuderen van passanten voort te zetten. Een groot succes hierbij was een bruidspaar dat, vergezeld van een groep familieleden en een fotograaf, het park had uitgekozen voor het maken van de bruidsfoto. De intocht van de verzameling in het park was al bijzonder aardig. De bruidsmeisjes vertrapten elkaar haast in hun ijver de sluier op te houden, de familie dromde plechtig om het bruidspaar heen, terwijl de fotograaf als verkenner voor alles uitdraafde om een geschikt plekje te vinden. Een meter of vijfentwintig van mijn bank scheen het hem wel te bevallen. Op zijn aanwijzingen stelde de groep zich met de nodige drukte op, het paar in het midden. Na een eindeloze tijd stond iedereen goed in het gelid. De foto had nu zonder meer genomen kunnen worden, als niet de sluier van de bruid, die in een bevallige zwaai vóór haar op de grond was gedrapeerd, voortdurend werd opgewaaid door de wind. Dit was natuurlijk een probleem, een goede foto zou zo een onmogelijkheid zijn. De bruidsmeisjes werden er bijgehaald om het zaakje vast te houden, maar dat was toch ook niet de oplossing. Een foto met de bruidsmeisjes in paniek de sluier op de grond drukkend, dat gaat niet. En die sluier moest absoluut op de foto komen. De bruid stelde dat herhaalde malen met grote nadruk, en ik kon haar geen ongelijk geven, ze zou dat ding maar één keer in haar leven dragen.

De fotograaf lanceerde het idee de sluier vast te leggen door middel van kiezelstenen. Van de met zoveel moeite bereikte opstelling was geen sprake meer, iedereen holde weer door elkaar op zoek naar stenen. De bruid had bij dit alles een stralende, zij het een beetje versteende glimlach om de mond, maar de bruidegom maakte een wat lusteloze indruk en liep meer in de weg dan hij goed deed.

Het uiterlijk van de bruid vermocht mijn zinnen niet te prikkelen, maar onder de vrouwelijke familieleden was een in het zwart geklede juffrouw die door voorkomen en vlinderachtig rondspringen dit tekort weer geheel goedmaakte. Die zou het vanavond, na het bruiloftsmaal als de drank de handen wat losser had gemaakt, nog heel moeilijk krijgen. Ook zij hielp ijverig mee bij het zoeken naar geschikte stenen en, daarmee doende, bukte zij zich diep met haar rug naar mij toegekeerd om een mooi exemplaar op te rapen. Daarbij scheen zij te vergeten dat haar toch al korte rok nu in het geheel geen bescherming meer bood aan haar nauwelijks bedekte kruis. Ik moest mij werkelijk inhouden om niet naar voren te stormen en van de gelegenheid gebruik te maken; het is toch opmerkelijk dat zo'n toevallige ontbloting zoveel meer opwinding veroorzaakt dan de geraffineerdste striptease.

Het leggen van stenen was intussen ook de oplossing niet. De kleine werden door de opbollende tule weer weggedrukt, terwijl de zwaardere, die nog wel hadden kunnen helpen, weer te groot waren en dus op de foto zichtbaar zouden zijn. Het ging iedereen duidelijk vervelen, maar bruid en fotograaf wisten niet van ophouden. Net als de badminton broer en zus keek de cameraman om zich heen naar een meer beschut plekje. Hij meende dat gevonden te hebben in de muziekschelp, en op zijn aandringen begaf het gezelschap zich in lijdelijk verzet derwaarts.

Ik had ze nog willen waarschuwen, nergens waait het zo hard als in muziektenten, en deze bleek geen uitzondering. Na een korte herhaling van de opvoering, waarbij een bruidsmeisje nog over de sluier struikelde en een keel opzette, verplaatste de groep zich weer naar een verderaf gelegen deel van het park, waar ik ze niet meer kon volgen. Nog een hele tijd ving ik af en toe tussen de bomen door een glimp op van het steeds migrerende gezelschap. Het deed me sterk denken aan een scène uit een film van René Clair uit de jaren dertig. Werkelijk jammer dat het afgelopen was.

Het was nu één uur, het werd wat stiller in het park. Mijn benen waren al flink stijf geworden van het zitten, en het hielp weinig of ik al steeds opstond en een paar minuten in het rond liep. Aan de overkant zag ik een man zich op het gras uitstrekken, en dat leek me wel een goed idee. Weer verhuisd naar de andere kant en een plekje gezocht waar mijn benen in de zon lagen en het hoofd in de schaduw. Zo lag ik even, maar ik ben een slechte grasligger, een dodelijke verveling treedt onmiddellijk in. Dus weer overeind en rondgekeken. Wat viel er nog te doen.

Ik besloot te gaan schrijven. Opeens had ik de onverklaarbare behoefte mijn seksuele jeugdervaringen op papier te zetten, openhartig en onverbloemd, zodat iedereen ervan zou opkijken. Een balpen had ik, maar geschikt papier kon ik niet in mijn zakken vinden. Dat zou ik moeten gaan kopen, begreep ik, en dat trok me weinig aan, het park met zijn beschermende begroeiing was me veilig en vertrouwd geworden. De jeugdervaringen bleken echter sterker, en zo kon ik toch nog op de fiets stappen, het park uitrijden en een zijstraat inschieten. De allereerste winkel die ik zag was een leesbibliotheek annex schrijfwarenhandel. Dit vreemde toeval moest ik wel zien als een gunstig voorteken.

Terug in het park ging ik, op mijn oude plek, liggen schrijven. Na een tijdje kreeg ik overal scheuten en krampen, en ging maar weer op het bankje zitten. Daar was toch ook geen ideale schrijfhouding mogelijk, de krampen die mij hier overvielen waren een stuk heviger. Ik hield het zo lang mogelijk uit, en ging toen maar weer liggen. Onder die regelmatig terugkerende verplaatsingen en bestrijdingen van krampen door schoot het werk toch wel op. Na verloop van tijd waren er vijf vel vol gekomen en ik had nog wel door willen gaan, als een taaie kramp in vingers en onderarm dit niet onmogelijk had gemaakt. Trouwens, vijf blocnotevellen over seksuele jeugdervaringen was weer eens meer dan voldoende. Zo schokkend waren ze nou ook weer niet. Ik las ze nog eens over en besloot dat tenminste één persoon op deze wereld ze zou moeten lezen.

Ik stond op, rekte me eens flink uit en maakte lichamelijk en geestelijk de inventaris op. Nu, dat viel mee, verscheidene klachten waren verdwenen. Ik liep eens heen en weer in een plek zon, en ook dat was geen kwelling meer. De warmte deed de verstijfde ledematen zelfs goed en de mogelijkheid het park te verlaten kwam me helemaal niet absurd voor. Het was drie uur geworden op de ambachtsschool; wilde ik de nacht niet weer in hotel Westminster met al zijn ellende doorbrengen, dan moest ik toch echt vertrekken. Was dit wel verantwoord? Hierover ging ik tien minuten zitten nadenken, en na alles tegen elkaar afgewogen te hebben kwam ik tot de conclusie dat hier een daad moest worden gesteld. Ik pakte alles in de tassen, trok mijn RIK VAN LOOY petje diep over de ogen en reed het park uit, de zijstraat weer in. Bij de juffrouw van de papierhandel, die me als een oude bekende begroette, kocht ik een grote envelop en een postzegel. Buiten noteerde ik naam en adres van de papierwinkel op de envelop en stopte de vijf vel jeugdervaringen erin. Een paar straten verder stak ik het geheel in een brievenbus, in de hoop dat de best aardige juffrouw het naar waarde zou schatten.

Op het hoogste punt van de Pottelberg aangekomen, keek ik nog eens om, het groene dal in. Door de begroeiing was Ronse niet meer te zien en dat was maar goed ook. Deze stad had zich al gevoegd in de rij van taboeplaatsen die ik er tot mijn spijt op na moet houden. Maar het was weer achter de rug en het leven was behouden. In café Mont d'Ellezelles dronk ik een glas bier en bekeek de kaart. Diverse mogelijkheden openden zich nu. Mijn oog viel op de plaatsnaam Zottegem, op niet te lange afstand, bereikbaar over kronkelende binnenwegen door het golvende landschap.

En dat moest het maar worden. Met de handen aan de remmen schoot ik de berg af, het dorp Wolfgat in, de eerste plaats op weg naar Zottegem, waar het zonder twijfel kermis zou zijn.

II

Halverwege Zottegem kreeg ik honger, kocht een stuk knoflookworst en een fles wijn, en reed vijftig meter een karrespoor op om daar, te midden van stilte en gewassen, te eten en te drinken. De zon was aan het ondergaan en in die atmosfeer, misschien ook door de invloed van de wijn, ging ik me werkelijk weer prettig voelen. In deze rustige stemming kon ik eindelijk de misère van de ochtend terugbrengen tot een migraineaanval. Dat heeft iets bemoedigends, als je iets een naam kan geven, misschien door het feit dat het in dikke boeken beschreven staat en meer mensen er last van zullen hebben. Jammer alleen dat het imago zo weinig indrukwekkend is; migraine is iets voor welgestelde oudere dames die zich dan met een in eau de cologne gedrenkte zakdoek in de slaapkamer terugtrekken. Ook schijnen de oorzaken van migraine voor het overgrote deel psychosomatisch te zijn, en in de publieke opinie is dat evenmin verheffend (je moet je eroverheen weten te zetten). Een voordeel van migraine, en wel het enige voordeel dat ik kan vinden, is dat je na de aanval het normaal functioneren van alle ledematen en zintuigen als een zegen voelt. Je waardeert het weer eens, gewoon te kunnen lopen en te kijken.

Een landbouwer naderde, een werktuig hanterend, door de gewassen – nooit weet ik hoe ze heten en ik wil het niet weten ook, het neemt de aardigheid weg; het is een heel verschil te rijden tussen velden vol golvend groen of tussen percelen voederbiet – bleef voor me staan en opende een gesprek. Waar ik vandaan kwam. Nederland. Ah, daar was hij geweest, in mei veertig, in het leger. Opgerukt waren ze, door Zeeuws-Vlaanderen, en bij nadering van de vijand weer teruggerukt. Hij had nog een Hollandse koe gedood, 's nachts, op wacht staande gerucht gehoord, wiedaar geroepen, geschoten en koe getroffen. Ik bood hem het staartje wijn aan, ondanks zijn aantasting van onze nationale veestapel. Hij weigerde, zei iets over arbeid en verwijderde zich weer langzaam, steeds dezelfde handelingen uitvoerend met zijn werktuig. Ik keek hem na; al is het afgezaagd, ik vind dat een mooi gezicht, een boer op zijn veld. Op een afstand gekomen stond hij stil, in het midden van de ondergaande zon, maakte zijn gulp open en waterde in het tegenlicht op zijn eigen groeisels.

Verder rijdend zag ik langs de weg een groot houten bord met in forse letters de aankondiging van een feest dat bezocht zou worden door alle bekende streekvedetten. Hierover nadenkend – hoe zou het zijn een streekvedet te wezen, wat is uw beroep? Streekvedet – kreeg ik langzamerhand last van een aan hysterie grenzend gegrinnik, waardoor ik me van school ineens *de lach eener waanzinnige* herinnerde. Die lach hadden we ontleend aan een griezelfilm waarin de hoofdfiguur bij het 's nachts benaderen van zijn slachtoffers een in de maagstreek beginnend hol gelach uitstootte, eindigend in een schel geschater. Wanneer nu een leerkracht om de melige sfeer wat te verlichten een grapje maakte, lachten we eerst plichtmatig, we zaten er nu eenmaal toch. Bij het uitsterven van het lachgedruis bleef er soms een groepje aanstellerig doorlachen, wat langzaam door de hele klas werd overgenomen. En dan kwam, van de een of ander, het geluid waar we allemaal op zaten te wachten, *de lach eener waanzinnige*. Dan konden we plotseling niet meer, we zaten te brullen en te gieren, de bank vasthoudend om er niet uit te vallen, tranen in de ogen; een lachorgasme, nog aangevuurd door het eerst weifelende, daarna strak wordende gelaat van de leerkracht tot wie het doordrong dat deze uitzinnige vreugde niet zijn grapje betrof. Goed, jongens nietwaar, kinderachtig, maar de herinnering aan die grenzeloze vreugde blijft.

Toen ik me, in voortsudderend en aanzwellend gelach langs de weg sukkelend, ook nog herinnerde hoe ik eens, als beginnend correspondent, een Duits agentschap had moeten uitleggen dat de uitvoering van een bepaald project was vertraagd wegens het ziek zijn van een aantal personeelsleden, en dit had gedaan door te schrijven: *Wir haben mit Kranken zu kampfen* – een paar dagen later kreeg ik een nog steeds van de pret half stikkende Duitser aan de telefoon die me vroeg welke partij aan de winnende hand was – werd me de combinatie van streekvedet, *de lach eener waanzinnige* en het gevecht met de zieken net iets te veel. Ik stapte af, begoot mijn hoofd maar weer eens met spawater en dwong me tot kalmte. Het reizen vereist sterke zenuwen.

Zottegem, en inderdaad kermis. Het aantal keten en molens was haast te groot voor het kleine stadje, ik moest van de fiets om lopend op de stoepen verder te komen. Het lawaai dat opsteeg uit de opeengepakte vermaaksopstallen werd me al gauw te veel; zelfs zonder migraine kan ik maar een bescheiden aantal decibels verwerken. Gelukkig stonden de beide hotels van Zottegem aan de enige straat die vrij was gebleven van de kermiswoede. Het eerste hotel vertelde me zakelijk en beleefd dat ze vol waren; in het tweede had dit nogal wat voeten in de aarde. De gelagkamer zat vol met bierdrinkende gasten, in een hoek zat een dikke vrouw een werkelijk verbijsterend gekrijs uit te stoten, wat algemeen als vrolijk gelach werd geaccepteerd, terwijl de jukebox op volle kracht die hopsaheisa muziek speelde waarmee in België een feeststemming wordt gesuggereerd. Ik aarzelde, die muziek dringt onherroepelijk door tot de bovengelegen verdiepingen, maar ten slotte was dit het laatste hotel. Het kostte me enige moeite een leidinggevend persoon te vinden, maar eindelijk diende een knaap van een jaar of achttien zich aan als zoon van de baas. Hij zelf had hier niet te beslissen, wel kon hij me naar zijn vader leiden, die achterin de zaak breeduit te midden van enige klanten zat. Het was een kleine dikke man, duidelijk alleenheerser in dit bedrijf, van het soort bij het zien waarvan ik me altijd de schok herinner waarmee ik op een bepaalde leeftijd ontdekte dat ik volwassen aan het worden was en verschrikt terugkrabbelde. Bij onze aankomst verklaarde de man juist dat hij de beste platen van de stad in zijn jukebox had, wat ze verder ook van hem mochten zeggen. De zoon wachtte eerbiedig tot zijn vader had gesproken, en stelde me toen voor als iemand die hier wilde overnachten. Of er nog een kamer vrij was. De vader keek me niet aan, hij staarde enige tijd naar het plafond en juist toen ik begon te geloven dat hij de vraag niet had gehoord, zei hij kort: nee. Zijn besluit was kennelijk niet het gevolg van het aantal slapers dat hij reeds herbergde, maar meer van de eigen luim, een despoot in zijn eigen scherp begrensde rijkje. De zoon leidde me weer naar buiten en verontschuldigde zich, zonder te verklaren waarvoor. Hij had goed Nederlands gesproken, terwijl zijn vader en zijn kring zich hadden bediend van de taal die men zowel sappig Vlaams als het geloei van zieke koeien kan noemen, al naar gelang de pet staat. Ik vermoedde een zekere opstandigheid bij de knaap tegen de boersheid en gezagswillekeur van zijn verwekker. Opgroeien in Zottegem is ook niet alles. Het zou me niet verbazen als hier nog niet eens een roman vandaan kwam, of op zijn minst een gedichtenbundel.

Intussen had ik geen slaapplaats en weinig zin om verder te fietsen. Ik probeerde het nog eens in een café, vaak weten die mensen nog wel ergens een kamertje. Maar toen ik mijn probleempje aan de barjuffrouw voorlegde, zei deze, langs me heen kijkend, nee, ik zou het niet weten. Dezelfde uitspraak herhaalde ze na een ogenblik nog eens, nu langs de andere zijde langs me heen kijkend. Voorzichtig trok ik me uit deze inrichting terug.

Me door het gewoel heenwringend, bereikte ik een al eerder opgemerkt krantenagentschap, kocht het nieuwsblad van de streek, zocht daarna een frituur waar ik friet met twee hardgekookte eieren insloeg, en bereikte zonder ongelukken een leeg terrasje, waar ik zorgvuldig het gunstigste plaatsje uitzocht. De vrouw die na tien minuten naar buiten kwam, sprak me, je zou er weemoedig onder worden, weer eens in het Frans aan. Na mijn bestelling in het Nederlands te hebben geplaatst, verstrekte ze mij vrijwillig de informatie dat ze ook nog Duits en Engels sprak, maakte een paar danspassen en verdween neuriënd weer naar binnen. Dronkenschap zou dit zelfs naar Belgische maatstaven vreemde gedrag kunnen verklaren, maar dit was hier niet het geval, daar heb ik een te scherp oog voor. Mijn eerste, voor de hand liggende, gedachte was dat de mensen hier meenden dat zij, als inwoners van Zottegem, tot een overeenkomstige houding verplicht waren. Later schoot me te binnen dat deze vrouw wellicht lijdend was aan de Franse ziekte in een ver stadium, zodat haar opvoering gezien moest worden als een wat onnozele imitatie van een verondersteld Frans *esprit*.

Etend en bier drinkend las ik de krant. Belgische kranten zijn zonder uitzondering een bron van vermaak voor de vermoeide reiziger. Jammer genoeg heb ik door de jaren heen moeten constateren dat de Belgische nieuwsgaarders zich steeds meer van een op Nederlands gelijkende taal gaan bedienen, al blijven natuurlijk de modderigheid in gedachtengang en uitdrukking, de gallicismen of juist purismen, de overdadige stijlbloempjes en een enthousiast gebruik van reeds lang overleden gemeenplaatsen. Maar toch, in de sportverslaggeving – waar men ook hier de minder ontwikkelde mensen voor aantrekt – , de ingezonden stukken en vooral de advertenties van igno-

34

rante middenstanders valt nog veel te genieten. Ook hier hoefde ik niet lang te zoeken. Een plaatselijk modehuis riep de lezers door middel van een fikse advertentie op een 'flikkerjurk' te kopen, een aansporing die in een Nederlandse seksboetiek niet zou misstaan, maar in dit negentiende-eeuwse koninkrijk wat vreemd aandeed. De bijgevoegde tekening gaf opheldering; de daar afgebeelde vrouw was gekleed in een met fonkelende lovertjes bezette avondjurk. Kwijlend van genoegen sneed ik de advertentie uit en borg hem zorgvuldig op; die kreeg een ereplaatsje in mijn archief, waarin ik toch slechts hoogtepunten verzamel. België, het enige land ter wereld waar een vrouw een flikkerjurk koopt als zij er eens feestelijk wil bijlopen.

Ik kreeg er weer zin in, er valt zoveel te beleven als je geest maar voor alles openstaat. Na een half uur zitten nam ik weer op de fiets plaats en reed in straf tempo naar Aalst, waar geen enkele festiviteit heerste, geen kermis, geen bierfeest, geen wielerkoers, zelfs geen herdenking van de Guldensporenslag. Ik nam een kamer met bad in het grootste hotel, na een dergelijk ingrijpend dagje nu eens niet op geld kijkend, en sliep in met vage plannen de volgende dag naar Brussel te gaan. Zoals het een hoofdstad betaamt is daar het volkskarakter in al zijn facetten het sterkst vertegenwoordigd, al zouden ze scherp op Zottegem moeten letten.

De volgende ochtend wilde ik nog vlug even een bad nemen, maar nee, uit geen enkele kraan op mijn kamer kwam water. Ongewassen ben ik niet op mijn meegaandst; ik haastte me naar beneden om opheldering te eisen. Maar bij welke functionaris ik ook informeerde, ik kreeg geen verklaring, laat staan water. Als in een nachtmerrie kreeg ik op al mijn dringende maar beleefd blijvende vragen slechts onverstaanbaar gemompelde antwoorden en wezenloze lachjes. Wat ik verder ook deed en hoe ik ook op mijn stuk stond, ik kreeg geen reactie die ik als menselijk kon herkennen. Toen ik mijn eisen om water toch bleef volhouden, begon men mij zelfs te ontlopen; ten slotte stond ik als een soort Don Quichot in een verlaten ruimte. Er viel niets aan te doen, ongewassen moest ik het hotel verlaten. Bij de afrekening schrapte ik de post 'service/dienst' door en betaalde slechts het overblijvende, een handeling die zo te zien ook niet tot het bewustzijn van de ontvanger doordrong, in ieder geval werd het met een half lachje toegestaan.

Vooraanstaande Belgen aan wie ik dit voorval later op de dag vertelde, weigerden me te geloven en schreven het verhaal met nadruk toe aan drankgebruik of overspannen fantasie. Als in een verhelderende lichtstraal zag ik plotseling de stelregel die aan dit gedrag ten grondslag moest liggen: een onaangenaam voorval of onjuiste situatie wordt hier niet geaccepteerd en vervolgens zo goed mogelijk bestreden, maar domweg ontkend, en ontkracht door de brenger van het nieuws als een gek, dronkeman of fantast te beschouwen.

Deze ontdekking gaf me weinig vreugde, als dit zo doorgaat, zal ik me nog ontwikkelen tot een groot Belgiëkenner, een Belgicoloog zogezegd. En dat wil ik zeker niet; mijn tegenwoordige positie – wat afzijdig van het centrum tussen Belgofiel en Belgofoob – bevalt me best. Ik wil met verwondering en onbegrip blijven rondkijken in dit surrealistische sprookjesland, waar de meest vreemde dingen gebeuren en toch eigenlijk niets.

DAAN VAN DER VAT

Omgekeerde astronomie

'These are Anglo-Saxon attitudes.'
Lewis Carroll: Through the Looking-Glass

Wij geloven eindelijk, na een particulier Gallup-polletje gehouden te hebben over een periode van vele jaren, antwoord te kunnen geven op de drievoudige vraag: wat de Engelsman in Nederland het meest ergert, wat hem het meest verbaast en wat hem het meest amuseert. Wat hem het meest ergert is het geven van fooien aan tramconducteurs. Kingsley Martin, de hoofdredacteur van *The New Statesman and Nation* heeft hierover zelf eens zijn verontwaardiging geuit in het door hem geredigeerde weekblad.

Wat hem het meest verbaast is de Nederlandse gewoonte rauwe vis (dat wil zeggen haring) te eten en dat nog wel in het publiek, op de openbare weg, staande bij een karretje. Een van Engelands bekendste politieke redacteuren, Cummings van de *Chronicle*, berichtte enige jaren geleden na een bezoek aan Holland dat hij een dame met een bontjas aan een rauwe haring had zien eten op straat. Hij had geen grotere ontzetting kunnen tonen als hij een Nederlands kamerlid op het Buitenhof in een levend paard had zien bijten, of als hij in Amsterdam, op het terras van Scheltema, in panterhuiden gehulde kannibalen had gezien die zich in het openbaar te buiten gingen aan ragoût van zendeling. Maar wat de Engelsen het meest amuseert is de Nederlandse stijl van fietsen.

Om deze geamuseerdheid te kunnen verklaren moeten wij eerst een korte beschouwing wijden aan de Engelse stijl van fietsen, die belangrijk verschilt van de onze. De fiets is in Engeland in de eerste plaats een sportartikel en niet een vervoermiddel, ofschoon de stijgende bus- en treintarieven steeds meer Engelsen er toe brengen zich per fiets naar hun werk te begeven. Doch, zelfs als Engelsen zich voor utilitaire doeleinden bedienen van de fiets, vergeten zij nooit dat zij eigenlijk sport beoefenen, hetgeen tot uiting komt zowel in de kleding die zij al fietsende menen te moeten dragen als in de snelheid waarmee zij zich voortbewegen.

Het kantoormeisje, de chiropediste, de postbode, de melkboer en de hondentrimmer die per fiets naar hun werk gaan, hebben veelal de gewoonte hun werkkleding of dagelijks costuum op het werk te laten en zich voor de fietstocht naar en van het werk te kleden in korte, bikineuze broekjes en luchtige sporthemden die eerder bestemd lijken voor tropenwandelingen dan voor het klimaat van Engeland. Als het regent, tooien zij zich bovendien met een doorzichtige gele cape en een gele zuidwester. Aldus gekleed leggen zij zich over hun fiets, altijd een race-model, brengen hun hoofd zo dicht mogelijk bij de grond en richten het stompe einde van hun Britse anatomie naar het uitspansel. En dan racen ze heen met de grootst mogelijke snelheid te midden van het ronkende, loeiende, bulderende verkeer van Londen.

In tegenstelling met Amsterdam waar de horden van fietsers het op kunnen nemen tegen de dikste Amerikaanse wagens, bestuurd door de zwaarbesigaarde kooplieden, telt in Londen de fietser niet mee. Hij stort zich in de baren van het Londense verkeer en moet maar zien dat hij het er levend af brengt. De Engelse fietser schiet koelbloedig door de nauwe, rode ravijnen tussen de hoge bussen. Soms houdt men zijn hart vast als twee aan elkaar parallel rijdende bussen naar elkaar toezwenken en men juist een fietser heeft zien binnenschieten in de rode kloof. Het kan niet ander, zo meent men, of, waar zo juist een koele Brit binnenschoot, moet nu een lauwe bloedplas op het asfalt liggen. Doch met onbewogen gelaat schiet de fietser van tussen de hoge rode klippen tevoorschijn en ijlt verder, als een verlaat stekelbaarsje op weg naar een stekelbaarzenbruiloft.

Kortom, men gebruikt hier de fiets voor nutsdoeleinden op dezelfde wijze waarop men ze gebruikt voor ontspanningsdoeleinden in de naweek, wanneer u langs alle kronkelende Engelse wegen de grote fietsclubs voorbij ziet snorren, liefst drie aan drie, altijd twee-geslachtelijk, altijd in een flitsend gewirwar van pompende blote benen en dijen, altijd in razende vaart, de verbeten Britse gelaten gericht naar de beminde Britse grond en met de andere kant astronomie bedrijvend. Alleen de leider, die de route bepaalt en de stoet

38

leidt, kijkt nu en dan op. De anderen zien niets dan het wegoppervlak. Voor hen zingen alle vogeltjes tevergeefs. De koeien mogen weemoedig loeien in de wei, de paarden mogen hinniken achter de heggen, zij horen niets. Voorttrappend in een razend tempo schieten zij voort van nergens naar nergens en geven zich over aan een van de grootste genoegens van het Engelse leven, in gezelschap eendrachtig te zwijgen.

Let wel, de sport bestaat niet in wedrennen, doch vrijwel uitsluitend in dit clubsgewijze, bisexuele voortsnorren langs Engelands schone wegen. Het ideaal van deze fietsers is buikelings gekromd over de blinkende sturen, in een zo groot mogelijke groep met de hoogst mogelijke snelheid de grootst mogelijke afstand af te leggen. Waarom de Engelsen, die plegen te wandelen in een tempo dat het vermoeden wekt dat zij eigenlijk liever achteruit zouden lopen, opeens een zo onbedaarlijke haast hebben als zij op hun fiets gaan liggen, is ons niet bekend. Het is een van de grootste mysteries van de Engelse volksaard.

Het zal nu duidelijk zijn waarom een Engelsman zich zo grotelijks vermaakt als hij het voorrecht geniet naar Holland te mogen gaan en als hij daar, bij duizenden tegelijk, kaarsrechte Nederlanders voorbij ziet rijden in een statig tempo, op stijve hoge fietsen met omhooggerichte stuurhandles en met op hun gezichten een vastberaden en ernstige uitdrukking als waren zij voor immer op weg naar de jaarvergadering van de Nutsvereniging.

Is de genotswaarde van dit voor Engelsen zo potsierlijk toneel reeds groot, zij heeft haar climax nog niet bereikt. Want er zijn nog twee andere factoren die bijdragen tot het amusement, in de eerste plaats het naar Engelse begrippen zo komische lichaamsdeel van alle Nederlanders, de actetas, en in de tweede plaats het feit dat zo vele Nederlanders niet slechts allen op hun fietsen zitten alsof zij op het punt stonden met een kraakstem te zeggen: 'Mijnheer de voorzitter...', doch dit vaak doen onder het genot van sïgaren. Want sigaren worden in Engeland wel gerookt, doch zeer weinig en meestal bij feestelijke gelegenheden, na de maaltijd. Als wij u vertellen dat wij een Engelse kapitein kennen die, toen hij eens met ons in Amsterdam was, in lachen uitbarstte toen hij een man van de gemeentereiniging het trottoir zag vegen met een sigaar in de mond, kunt u zich voorstellen wat er omgaat in het gemoed van een Engelsman als hij deze Nederlandse combinatie van fiets en sigaar door duizenden Amsterdammers tegelijk ziet demonstreren op het Leidseplein. Dan is voor de brave Brit het ogenblik gekomen om zich terug te trekken in zijn discrete hotelkamer en eens hartelijk en beschaafd uit te lachen.

Onze Engelse tandarts die een keer het grote geluk heeft gesmaakt enige dagen in Nederland te mogen verblijven (en wiens geheime eerzucht het is voor zijn dood 'Brouwersgracht' uit te leren spreken zonder dat het klinkt alsof hij een zwerm woedende bijen in zijn mond had) laat nooit na ons te vragen: 'Fietsen ze nog in Amsterdam?' Dat is een louter retorische vraag waarop hij geen antwoord verwacht. Het is een toverformule, want nauwelijks heeft hij het gezegd of zijn ogen stralen van plezier en er gaat een siddering door al zijn ledematen. Zijn gezicht wordt rood en (omdat wij buitenlanders zijn, laat hij zich tegenover ons gaan) hij barst los in een luide schaterlach. Als hij bijkomt en de vreugdetranen uit zijn ogen gewist heeft, mompelt hij terwijl zijn ogen in de verte staren: 'Hundreds of them! Thousands of them!' en schudt ongelovig het hoofd, als kon hij nog heden niet geloven dat hij zoiets heeft mogen zien. En eens zei hij tot ons, toen de lachbui over was: 'Als aartsengelen konden fietsen, zouden ze fietsen zoals de Nederlanders: rechtop en geen nonsens!'

Voor ons zelf is dit verschil in fietswijze bij Engelsen en landgenoten ook wel eens aanleiding geweest tot bedwongen vermaak. Zo stonden wij eens op een Zondagmiddag op het balkon van onze vorige woning, tegenover het hotel dat door Londense taxichauffeurs niet geheel ten onrechte 'Het Mausoleum' werd genoemd. Wij woonden dicht bij een kruispunt waar zeven straten bijeenkwamen en waar de grote, de rode, de dubbeldikke, dierbare Londense bussen van vijf verschillende routes voorbijknorren. Vanaf ons balkon staarden wij naar wat ons in Londen het liefst is, een grote ronkende samenscholing van bussen, toen wij in de verte door Thurloe Street een dame en een heer aan zagen komen fietsen. Onmiddellijk vlogen van ons hart alle luiken open. Zij zaten zo rechtop, zij zaten op hun fietsen, zo statig, zo zeker, zo vol wielrijdersplichtsbesef dat wij ze reeds van verre als landgenoten meenden te herkennen. Wáren het landgenoten? Ja, het waren landgenoten. Want toen ze dichterbij kwamen, de rode bussen volkomen negerend als waren het gewone Haagse trams, zagen wij dat de fietsen kettingkasten hadden, degelijke, puriteins-zwarte kettingkasten. En Engelse fietsen hebben geen kettingkasten. Beide fietsen hadden, in Engeland ongebruikelijke, terugtrappremmen. Beide fietsen hadden blinkende bellen. Engelse fietsers houden niet van bellen. En de sturen waren Hollands, recht en met de handvatten naar boven gebogen. En toen ze onder ons balkon voorbij gleden in rustig optochttempo, verdween de laatste twijfel. Want een nette Haagse damesstem zei in de Zondagsstille straat: 'Zie je wel, Jan, wij hadden linksaf moeten slaan.'

Toen klapperden van ons hart alle luiken. En als niet in een open raam van het mausoleum aan de overkant zo'n verschrikkelijk nette Engelsman had gestaan, wij hadden onze stem verheven en luidkeels geroepen: 'Dag, Jan!'

JAN BLOKKER

Spreker

Diep in de nacht – en ik kan geen oog van Berger afhouden.
'Is hij dronken?' vraagt mijn vrouw, want die zoekt altijd de mens achter het kamerlid.
'Nee,' zeg ik zonder een spoor van bewijs. 'Hij praat altijd zo.'
Ik ben gefascineerd door slechte sprekers. Ik had vroeger een vriendje dat consequent de metathesis toepaste. Als hij iemand 'hou je goed' hoorde zeggen, zei hij: 'gauw je hoed' en als hij de kat van z'n bord liet eten en z'n moeder riep streng: 'niet op tafel!' mompelde hij: 'tiet op navel.'
Een vermoeiende hobby, maar ik ben hem jaren later nog eens tegengekomen, en toen was hij ervan af.
Berger, DS-zeventiger in hart en nieren, heeft waarschijnlijk zelfs *die* jeugdfixatie bewaard.
'Meveer de noorzitter, de strijkceefers vaarwan het momerundam van de gevachte afvervaardigde luikt te getijgen neken lergens op.'
Het fantastische van Berger is, dat het niet bij letterverwisseling blijft. Z'n hele syntaxis is aan een ruïneuse democratisch-socialistische revolutie onderworpen geweest – hij telt zelfs op een andere manier tot *tien*.
'En dan kom ik tot m'n derde opmerking, en deze vierde opmerking, menoor de veerzitter, die is dan, zoals uit mijn achtste opmerking op dit punt al is gebleken, dat ik mij voor de volle 100% achter de opvattingen van de heren De Brees en Drauw stel, opvattingen, veneer de zoormitter, die ik zo dadelijk in mijn eerste opmerking nog zal verduidelijken.'
Al die tijd zie ik Wiegel van links naar rechts en van rechts naar links door het beeld stappen. Bij Wiegel denk ik altijd aan een jongen van zeer goede familie, maar toen hij acht was is zijn vader ver-

42

leid door de 18-jarige keukenmeid en met het vileine schepsel naar Brazilië uitgeweken. Op aanraden van zijn grootvader is Hans toen in huis genomen door een oom en een volwassen achternicht – en die drie oudjes hebben nog zorg genoeg gehad om de bengel, want natuurlijk zat er genoeg wulpsheid van de vader in, maar dat hebben ze er uitgeslagen, en die jongen is er nog steeds dankbaar voor: hij kookt zèlf. En zie hem nu eens door de Tweede Kamer lopen: de Pieter Stastok van de parlementaire democratie.

'Dat heeft-ie toch al gezegd?' vraagt mijn vrouw, die intussen op Berger is blijven letten.

'Op woenderdag twieendrintig oktustus, sleem voormister, wijn zij wedernieuw ompafel agbedruist om geblikt voorbuis te manen tot geldverontwaardiging,' zegt Berger.

'Nee,' antwoord ik mijn vrouw. 'Dit is de vijfde aanvulling op zijn derde opmerking. Dit is in feite de kwintessens van de hele crisis, let maar op.'

En verdomd – daar drukt Den Uyl de knop van de interruptie-microfoon al half in en ik hoor hem zeggen:

'Gestrengelde vruchtenpap!'

Hilariteit.

Zelfs Biesheuvel lacht nu helemaal ontspannen – de zware, Louis-seize-achtige onderbakkes komt gemoedelijk tot zijn recht in de troisquart-uitsnede van de televisiecamera. Het is een heel andere man als je hem zo ziet – misschien eigenlijk wel de hartelijkste landsvader die we in jaren hebben gehad, maar dat zul je altijd zien: zo'n man krijgt de bons en dan ga je er ineens dingen in waarderen die voordien als het ware onderdrukt zijn gebleven. Hadden we, zullen we misschien al heel gauw tegen mekaar zeggen, hadden we Biesheuvel nog maar! Maar ja, als hadden geweest is, is hebben te laat. Of omgekeerd.

Berger kijkt vanachter de lessenaar over zijn bril heen. Als gevat debater zou hij nu iets moeten terugzeggen – maar je moet er maar zo gauw op kunnen komen. Zijn blik panorameert door de gewijde zaal waar het hart van de constitutionele monarchie klopt. Je ziet hem denken, terwijl al die 150 gezichten hem toeschateren. Maar hij weet niks. En er zit iets heel zieligs in de hand die naast de katheder naar het glas grijpt.

Hij neemt een wok slater.

GODFRIED BOMANS

Den Uyl

De heer Joop den Uyl, lijsttrekker van de PVDA, sprak in 'De Hollandsche Tuyn' te Bergen op Zoom. Het zaaltje was precies voor de daar aanwezige zeventig toehoorders berekend, waaruit blijkt dat het bestuur deze opkomst ook verwacht moet hebben.

Langs de muren hingen spandoeken. Een der opschriften luidde: 'Geen fabeltjes meer, Den Uyl maakt het waar', een niet zeer sterke tekst, omdat in de Fabeltjeskrant, waarop hier gezinspeeld wordt, het juist Meneer de Uil is die nogal eens in het duister tast. Op een doek aan de overzijde stond het advies 'Op socialisten! Sluit de rijen!', wat de aanwezigen vrij gemakkelijk viel. Het spreekgestoelte had een apart spandoekje. Hierop stond 'PVDA wint', of liever, dit zou er gestaan hebben, als niet een plaatselijke guit de letter 't' door een 'd' vervangen had. Een dergelijke vorm van humor, die onder de practical jokes valt, is in het begin éven aardig, en wordt, naarmate men er langer naar kijkt, steeds aardiger. De reden hiervan is de volkomen gelijkenis van zo'n opgenaaide 'd' met de overige letters, waardoor zich gaandeweg de gedachte ontwikkelt dat de Partij zelf haar doelstellingen wat winderig vindt en dit ook openlijk wenst toe te geven.

Het duurde enige tijd eer de verandering door het bestuur werd opgemerkt. Het college bespeurde wel een zekere verkneukeling in de zaal, maar kon toch de oorzaak niet vinden. Eindelijk maakte zich een Judas uit de aanwezigen los, die de voorzitter iets in het oor fluisterde. Terstond werd nu de 'd' eraf gerukt en kwam de daaronder liggende letter te voorschijn. De vlotheid waarmee dit gebeurde deed vermoeden dat het meer was voorgekomen en inderdaad, ook in Breda en Helmond had men zich deze scherts veroorloofd. Het blijft dan echter vreemd, dat de ontdekking zo lang duurde en ook dat hiertegen geen maatregelen getroffen waren. Het moet toch mogelijk zijn om een partijgenoot bij zo'n letter te doen postvatten of, beter nog, een tekst te kiezen, die niet door een eenvoudige ingreep in zijn tegendeel verkeert. De zaal was even ontstemd, maar schikte zich in de teleurstelling.

Het partijbestuur bleek zich bewust te zijn in een vijandelijk gebied te opereren en had er veel werk van gemaakt. Van de lampen hingen serpentines in geel, rood en groen en op een lange tafel lagen tal van drukwerken, die gratis verkrijgbaar waren en waarin men lezen kon wat de partij allemaal van plan was. Ik heb die bij me gestoken en thuis eens aandachtig doorgenomen. En hier moet ik u een bekentenis doen. Als ik zo'n programma gelezen heb, denk ik: *dat* is het. Hebt u dat nou ook? Je leest bijvoorbeeld, ik doe maar een greep, dat de PVDA voor meer huizen is, beter onderwijs en een grotere welvaart, maar weer tegen inflatie, luchtbederf en watervervuiling. Goed. Nu wil het toeval, dat dit ook mijn standpunt is en er komt dus een enorme zekerheid over me. Wat mij echter in verwarring brengt is, dat ik in de programma's van de andere partijen precies hetzelfde lees. Ik begrijp maar niet hoe mensen, die met vaste stem zeggen: *die* partij heeft gelijk, dat eigenlijk klaarspelen. Ik denk dat ook wel, maar als ik het programma van een andere partij uit heb, dan denk ik dat *weer*. Ik denk het eigenlijk drieëntwintig maal. Dit is uitermate vermoeiend. Als er nu partijen waren, die voor inkrimping van onderwijs, wegen, huizen en lonen zijn, dan kon ik tenminste wat schrappen. Heerlijk zou dat zijn. Al was het maar een enkel groepje, dat zich met kracht tegen de verhoging van de AOW keerde en het toenemen van de werkloosheid met gejuich begroette, dan kun je daar een streep doorhalen. Helaas, die partijen zijn er niet en ik moet ze allemaal gelijk geven. Ik wil hier nog aan toevoegen dat ik dit van mezelf ontzettend stom vind, maar ik het toch opschrijf ter bemoediging van die lezers, die in hetzelfde dilemma verkeren. Ik reik hun de hulpeloze hand.

Een apostel

Diep ontroerend was het volgende en nu ik eraan terugdenk worden mijn ogen opnieuw vochtig. Er ging een katholieke man rond en die deelde lucifersdoosjes uit. Op het doosje stond alleen 'KVP'. Meer niet. Hij ging zwijgend de rijen langs en gaf aan ieder zo'n doosje. Ik geloof niet, dat er ooit in de wereldgeschiedenis een subtieler wij-

45

ze om iemand tot een bepaalde geloofsovertuiging over te halen is voorgekomen dan in dit gebaar besloten lag. Delicaat, dat is het woord. Treffend was ook de ernst, waarmee hij telkens het doosje overhandigde en de korte, diepe blik, die hij daarbij op de ontvanger vestigde. Men voelde: dit zijn niet zomaar lucifers, maar hier staan wij voor een vorm van apostolaat, dat weliswaar zelden voorkomt, maar dat toch geenszins met het aangeven van een vuurtje verward mag worden. De meeste mensen staken het doosje dan ook bedremmeld bij zich en bleven een ogenblik in gepeins verzonken. Men besefte dat hier een wenk gegeven werd. Er zijn natuurlijk andere methodes denkbaar om tweeduizend jaar christendom in herinnering te roepen, maar deze was in zijn eenvoud toch aangrijpend te noemen. Mooi was ook dat de man onmiddellijk na het ronddelen de zaal verliet. Hij gaf hiermee te kennen: ik heb gedaan wat ik kon, ik laat het nu verder aan uw geweten over. Ik moet bekennen dat ik mij een ogenblik bedwingen moest om hem niet achterna te gaan. Ik had hem willen vragen welke uitwerking hij zich van die lucifers had voorgesteld, want zo'n man doet dat natuurlijk niet zonder daarover te hebben nagedacht. Het antwoord zou aan de opleiding tot zendeling of missionaris misschien een revolutionaire wending en zeker een aanzienlijke besparing gegeven hebben. Ik bleef echter zitten, want mijn verlangen om de heer Den Uyl te aanschouwen was groter.

De lijsttrekker

Deze kwam op met zijn vrouw. Dit geeft blijk van een solide echtverbintenis. Men kan immers dadelijk voor vuile vis worden uitgescholden en om er dan zeker van te zijn dat men de volgende dag aan het ontbijt niet een zekere twijfel in het oog van de ander bespeurt, daar is vertrouwen voor nodig. Mevrouw den Uyl was in het paars gestoken. Haar gehele verschijning en de manier waarop zij zich voortbewoog bewees, dat de heer Den Uyl destijds in zijn keuze met smaak en inzicht was te werk gegaan. Hij liet haar na een correcte buiging op de voorste rij achter en nam toen zelf achter de bestuurstafel op het podium plaats. Tijdens deze verrichtingen, die snel en kwiek werden afgewerkt, rookte hij een sigaar en keek de zaal in met de uitdrukking van iemand, die zich vaag een anekdote herinnert maar er nog niet op kan komen. Hij heeft een gezicht, alsof hij voortdurend tegen de wind loopt. Er zit iets schraals in, wat vermoedelijk komt omdat de huid te strak over het daaronder liggend beenderenstelsel gespannen zit; dit geeft hem de expressie van een vos, die onraad vermoedend om een hoekje kijkt. Overigens een levendig kopje, dat gerust wat groter had mogen zijn, maar daaraan valt nu niets meer te veranderen.

De voorzitter opende de vergadering met 'Partijgenoten!', wat mij even ontstelde omdat ik niet wist dat die aanhef nog bestond, en gaf ons toen een overzicht van de problemen, waarmee Brabant te worstelen had en waarvan men in Den Haag geheel onkundig was. Hierna trad een zekere Hans van den Doel naar voren, die als no. 2 in de kieskring Arnhem genoteerd staat, en deze sprak over het tekort aan woningen. Hij deed dit uitmuntend en liet zich zelfs niet van zijn stuk brengen, toen een enorm kartonnen plakkaat met het opschrift 'Wij staan pal!' plotseling van de muur losliet en een aanzienlijk deel van de aanwezigen aan het oog onttrok. Menig spreker is dan verloren. Niet aldus de heer Van den Doel. Integendeel, hij verwerkte het incident in zijn betoog en sprak als zijn mening uit, dat dit met de muren van de moderne huizen ook gebeuren kon. Een wat overdreven voorstelling, maar toch niet slecht gevonden. De heer Den Uyl maakte intussen koortsachtige aantekeningen op een minuscuul blocnootje, daarbij de sprekers met schuins aangebogen hoofd scherp beluisterend. Ik vond dit, afgezien van de vraag of hij werkelijk iets noteerde, zeer goed, omdat dit een improvisatie in het vooruitzicht stelt.
De heer Den Uyl schat ik als redenaar iets hoger dan de heren Udink en Biesheuvel, maar daarmee is natuurlijk niet veel gezegd. Het begin was echter voortreffelijk. Hij had toen de linkerhand in de broekzak gestoken en sprak losjes weg, alsof hij ons toevallig in een plantsoen was tegengekomen. Deze manier van spreken is niet zonder risico en men moet van goeden huize zijn om de indruk te vermijden, als zou het intellectueel niveau van de zaal die nonchalance wel wettigen. Men mag daar ook niet te lang mee doorgaan en dat deed hij ook niet. Gaandeweg raakte hij meer bewogen, en toen ging het mis.
De heer Den Uyl gaat gebukt onder het misverstand, dat je de dingen die je belangrijk vindt ook zeer nadrukkelijk moet zeggen. Dit is oratorisch een vergissing van de eerste orde. Het kan voorkomen, dat die nadruk gewenst en zelfs noodzakelijk is, maar men zij daarmee spaarzaam. Ook een paukenslag ontleent zijn betekenis aan een

pianissimo vooraf of een afnemend volume daarna. Men kan niet *blijven* roffelen. De heer Den Uyl sprak alsof hij voortdurend aan het slot van zijn rede bezig was, in een constante opgewondenheid, die zijn toehoorders al spoedig ondermijnde. Het foutieve van deze werkwijze bleek o.a. hieruit, dat de spreker somtijds een spits meende beklommen te hebben en even hoopvol wachtte op een instemmend applaus. Dit bleef echter uit, niet uit onwil, maar omdat de toehoorders in dit slopend landschap van louter toppen niet in de gaten hadden dat hier iets extra hoogs beklommen was.

Wat het gebarenspel betreft meen ik te mogen verklaren nog nooit in mijn leven zoiets eentonigs te hebben meegemaakt. Deze uitspraak, die wat kras klinkt voor iemand die toch in Nederland woont, kan niettemin bewezen worden. Uit het arsenaal van bewegingen koos de spreker slechts één geste en deze bestond hierin, dat hij de rechterhand tot een vuistje balde en daarmee schuddende bewegingen maakte. Het armpje bleef daarbij gekromd, zodat het vuistje voortdurend langs het rechteroor heen en weer flitste. Wanneer men zoiets doet bij de mededeling, dat men zijn tegenstanders verpletteren zal, heeft dit nog wel zin. Maar als zo'n vuistje nog steeds op en neer blijft gaan wanneer men voor de vergroting van het bouwvolume pleit, krijgt men de indruk dat die arm een zelfstandig leven leidt en een soort prothese is, waarvan het inwendige mechanisme en met name de scharnieren niet goed meer functioneren. De suggestie van een kunstarm werd tenslotte zo sterk, dat het mij niet verwonderd zou hebben als dit lichaamsdeel op de grond gevallen en door de voorzitter beleefd weer aangereikt was.

Slechts één keer gaf de spreker, die aan een lichte verkoudheid leed, een verkwikkende variant. Hij snoot toen zijn neus. De enorme verademing, die bij die gebeurtenis door de zaal voer, is te vergelijken met de vreugde van een klokkemaker, die nooit iets anders dan een houten koekoek vernomen heeft en opeens een nachtegaal hoort. Dit klinkt wat overdreven en dat is het ook. Dit komt, omdat ik in gedachten opeens weer in dat zaaltje zit en met een zekere baldadigheid te kampen heb. Dit hadden de aanwezigen ook. Zo herinner ik mij, dat de heer Den Uyl zich bij een bepaalde gelegenheid afvroeg waar toch die 800 miljoen (ik ben vergeten voor wat) vandaan moest komen. Iemand in de zaal riep toen: 'Meteen hoofdelijk omslaan!' In normale omstandigheden kan dit soort scherts enige vrolijkheid wekken, maar nu hingen de mensen helemaal scheef van het lachen.

Men maakt die explosies ook wel na afloop van begrafenissen mee. Het is een contrastverschijnsel.

De onzichtbare tegenstander

Ik mag niet nalaten hier een oratorische wending te behandelen, die men bij tal van politieke redenaars aantreft en die ook door de heer Den Uyl veelvuldig beoefend werd. Het is deze. Men richt zich tot iemand, die niet in de zaal aanwezig is en spreekt deze hartstochtelijk toe. Zo wendde de heer Den Uyl zich met grote felheid tot de heer Veringa. 'Als u, meneer Veringa, soms denkt dat er met ons te spotten valt, dan kan ik u verzekeren...' Het aardige is hierbij niet alleen, dat de aldus aangesprokene er helemaal niet is, maar dat de heer Veringa op zijn beurt in Meppel precies hetzelfde tot de heer Den Uyl zegt. Overal in het land spreken op dit moment lijsttrekkers elkaar bewogen toe, zonder dat een van hen ook maar iets verneemt. Den Uyl ging hierin zeer ver. Zo riep hij niet alleen een zekere heer Schmelzer persoonlijk ter verantwoording, maar hij legde hem ook mogelijke antwoorden in de mond, die hij dan met bitterheid verwierp 'U beweert nu wel, meneer Schmelzer, dat u het niet zo bedoelt, maar mag *ik* u dan zeggen dat ik u volkomen doorzie.' Eénmaal onderbrak hij zelfs zijn imaginaire tegenstander met een handgebaar en riep: 'En vóór u met uw smoesjes aankomt, kan ik de verzekering geven...', zodat ik verschillende aanwezigen verontrust het hoofd zag omwenden om te zien, of de gladde tekkel zich misschien achterin de zaal bevond. Die sprak nu wel in Maastricht, waar hij diezelfde avond Den Uyl de mantel uitveegde, maar het kan toch gebeuren. De gave der bilocatie is in roomse kringen wel eerder voorgekomen.

JAN MULDER

Langs de lijn

We gaan naar de radio, naar het zondagmiddagse sportprogramma Langs de Lijn.

Daar past men al weer geruime tijd de volgende wet toe: 'Houd minstens drie slagen om de arm.'

Want er kán iets gebeuren, op het moment dat je een conclusie trekt, die in schril contrast staat met je beweringen (wie heeft niet die nachtmerrie van Hans Kraay in de herinnering, toen hij in een van zijn eerste televisiereportages van een voetbalwedstrijd het verslag afsloot en er daarna nog vele doelpunten vielen in de laatste minuut, wat zijn hele praatje in mekaar deed storten).

Als de dood zijn de radioverslaggevers voor zo'n afgang. Rukken zij zondagsmiddags uit, dan wordt hun vele malen op het hart gedrukt toch vooral voorzichtig te zijn en duidelijk.

Dat levert 's middags zulke zinnen op: 'Bij PSV wordt Willy van de Kerkhof vervangen door Landsbergen, die er dus inkomt voor Willy. Op het moment dat Landsbergen in het veld staat en Van de Kerkhof er dus uit is, geeft Koeman een pass op links.'

'Lerby brengt Ajax aan de leiding met 1 - 2 in de uitwedstrijd tegen de FC Groningen. Groningen leidt dus niet.'

Bij Helmond Sport-Feyenoord spelen ze al minuten lang in blessuretijd. De scheidsrechter doet het fluitje in de mond voor het eindsignaal en verslaggever Van Gelder zegt: 'We zitten al vier minuten in blessuretijd en de bal is net over de tribunes geschopt, dat betekent dat Feyenoord een kostbare voorsprong op zak heeft.'

'Overwinning' (dat bij 'kostbare' hoort) spreekt hij voor geen goud uit.

Een Langs de Lijn-man houdt rekening met het onvoorstelbare.

Verslaggever Henk Kok.

Dat hij nog lange, lange tijd in de sportjournalistiek moge blijven.

Hij zit bij FC Groningen-PSV.

'We hebben net een kopbal van McDonald op de lat boven het hoofd van doelman Doesburg gezien.'

'Een kopbal van McDonald tegen de lat' vindt Henk te vaag. De luisteraar zou kunnen denken dat hij een lat aan een dakrand of een duivenhok in de buurt van het Oosterpark bedoelt en om dat misverstand te voorkomen zegt hij, dat het hier gaat om de lat boven het hoofd van de heer Doesburg. Doodsbenauwd dat je iets verkeerd begrijpt, of net niet meekrijgt waar het zich precies afspeelt: 'De tussenstand is hier nog 0 - 0, nog geen doelpunten dus bij FC Groningen-PSV in het Oosterpark, waar we nog vier minuten in de eerste helft hebben te gaan, dus nog vier minuten en het is rust bij FC Groningen-PSV.'

Daar is ie alweer: 'Prachtige kopbal van Jurrie Koolhof, links beneden in het doel bij Johan Tukker.'

Niet alleen de verslaggever wordt ingepeperd dat hij voor alles exact exact moet zijn. De aankondiger met die kopstem zegt: 'Muziek nu, uit de lange speelfilm Les uns et les autres.'

'En O Es Langs de Lijn, twaalf voor half vier bijna.' Ze hebben er zo'n plezier in, dat ze elkaar pluimpjes geven na goeie prestaties. Wanneer Felix overschakelt naar Helmond 'Naar Helmond Sport-Feyenoord waar de stand 0 - 1 in het voordeel van de Rotterdammers is,' dan stelt de verslaggever aldaar vast: 'Dat klopt,' en herhaalt het hele zaakje voor de zekerheid.

Daar is Henk Kok met een mooie: 'Pekswolle probeert de 0 - 1 achter vast te houden.'

In zijn jacht naar precisie gaat de Langs de Lijn-journalist het allemaal net fout zeggen. Henk Kok zit bij SC Cambuur. (Jammer, het liefst hoor ik Henk bij FC Groningen, met dat mooie accent van ons, Groningers. Vooral tegen het einde van een wedstrijd als Henk een beetje moe wordt en hij het camoufleren van zijn herkomst zinnen lang vergeet: 'FC Groning moet nog eem' voort, nog één minuut en de eerste overwinning is binne' – plotseling herstelt hij zich.)

Hij zit in Leeuwarden.

'Het uitzinnige publiek scandeert Jaap Bos! Jaap Bos!' roept Henk vanuit de Friese hoofdstad, terwijl hij wordt overstemd door 'Ja-pie! Ja-pie!'

Er wordt een bal naast geschoten.

51

Henk zegt niet 'Naast!' Dat vindt hij linke soep. De luisteraar zou iets anders dan een doel op het oog kunnen hebben waar de bal rakelings naast gaat, dus vermeldt Henk de paal er bij.

'Naast...de paal!'

Voor de radio springen de Cambuur-supporters uit hun stoel: langs welke kant? Normaal gesproken wil 'naast de paal' (bij de paal, langs de paal) zeggen dat het buiten bereik van de keeper was – doelpunt. In hun ongeneeslijk verlangen informatief en exact te zijn, vertellen de Langs de Lijn-verslaggevers het altijd net verkeerd.

J.M.A. BIESHEUVEL

Een hachelijke oversteek

Meneer Fuchs is nu zestig jaar. Zijn vrouw is een jaar jonger. Hij werkt op een ministerie in Den Haag. Nu zijn kinderen het huis uit zijn is het grootste genoegen van meneer Fuchs zijn motorboot. Het is een polyester bootje van zes meter lang dat in de haven van Zierikzee ligt. En iedere week rijdt hij vrijdagsavonds met zijn vrouw naar de jachthaven. Ze nemen lekkere hapjes en te drinken mee. De auto wordt zorgvuldig geparkeerd, die zal een paar dagen onbeheerd blijven staan. Dan begint het inschepen. Fuchs en zijn vrouw lopen met een merkwaardig gezicht over de steigers. Het lijkt of hun gezichten willen zeggen: 'Wij gaan een avontuur beginnen, wij zijn ingewijd in de gevaren van de Oosterschelde en menige landrot begrijpt daar helemaal niets van.' Fuchs maakt de tent van het schip open terwijl mevrouw afwachtend staat te kijken. Dan gaan ze allebei aan boord van het kleine schip. Mevrouw maakt alvast gezellig de bedjes op en begint het avondmaal klaar te maken. Onderdehand wandelt Fuchs over de steigers waaraan nog veel meer scheepjes liggen en maakt hier en daar een praatje. Oh! wat is het gezellig om een eigen schip te hebben. De hele week moet je naar je chef luisteren en zijn orders opvolgen maar in het weekend ben je eigen man, kapitein over een eigen schip waar alles gebeurt zoals jij het wilt. 'I may be a wage-slave on Monday, but I am a free man on Sunday,' zoals een oud Iers lied het zegt. Fuchs ademt de frisse avondlucht in en kijkt een beetje zorgelijk. Zal het weer morgen wel dusdanig zijn dat hij uit kan varen? Fuchs is een beetje angstig uitgevallen. Nooit zou hij met zijn schip van Rotterdam naar Zeeland durven varen. Hij is bang zijn schip te beschadigen tegen de wallekanten van – en de boeien op – de grote rivieren. Hij is een man van zekerheden. Zonder zekerheden zou hij niet kunnen leven. Hij begrijpt mensen niet die, uitgerust met primitieve radar, een kompas en een radio, van IJmuiden naar IJsland zeilen. Dat is volgens hem gekkenwerk. Hij is als de dood zo bang om op volle zee door een tanker te worden overvaren, of in een storm tegen de Engelse rotsen te pletter te slaan. Hij kan trouwens nooit de zee op, onze held, want zijn schip heeft geen kiel en steekt maar twintig centimeter diep. Wel heeft hij vijfhonderd kilo stukjes ijzer als ballast in de bodem van zijn schip gegoten, maar dat zegt een hoge zeegolf niets. Iedere golf van anderhalf à twee meter zou zijn prachtige schip doen kantelen, en zulke golven zijn heel gewoon op de Noordzee, korte hoge golven, vooral op plekken waar het tamelijk ondiep is. Nee, Fuchs heeft zijn schip ooit hierheen laten brengen en zijn leven lang zal hij niets anders doen dan van Zierikzee aan de Oosterschelde, bij gunstig weer, naar Colijnsplaat op de andere oever van de zeearm, op Noord-Beveland, varen. Hij heeft dat oversteken al zo vaak gedaan. De motor die het schip heeft is betrouwbaar. Maar nooit zou hij het wagen om maar zo wat te gaan toeren door Zeeland. Al gaf je Fuchs honderd kaarten mee waarop iedere boei levensgroot staat afgebeeld, dan nog zou hij het niet durven. Een reis van Zierikzee naar Willemstad lijkt hem al gekkenwerk. Hij doet het rustig aan. Hij kent die weg, de oversteek van Zierikzee naar Colijnsplaat, uit zijn hoofd. En dan is het aardige dat je zowel in Zierikzee als aan de overkant in de jachthaven altijd weer andere mensen vindt. Zeilers die van Southampton hierheen zijn gekomen. Journalisten die voor de grap in een klein bootje heel Nederland doortuffen. Graag maakt Fuchs daar een praatje mee. Hij huivert inwendig bij de verhalen die hij dan te horen krijgt. Wat lopen er toch een malle avonturiers rond! Als iemand hem vraagt waar hij vandaan gekomen is, zegt hij met een poker face: 'Ik ben vandaag alleen maar van Zierikzee naar Noord-Beveland overgestoken, een kleine klus.' Daarmee bij mensen de gedachte wekkende dat hij een gewone vaarder is, iemand die op het water alles durft. Fuchs loopt met een fles whisky over de steiger. Hij doet zijn best de indruk van een betrouwbare zeeman te maken. Hij draagt een schipperspet en een schipperstrui van donkerblauwe wollen stof. Hij draagt touwschoentjes zoals mensen die dragen die na een vermoeiende en avontuurlijke tocht uit willen rusten. Hij sjouwt rustig over de steiger en ziet een schip dat een uur geleden uit Lorient, Bretagne is aangekomen. 'Allemachtig,' denkt Fuchs, 'donders nog aan toe, een echte zeezeiler.' Hij ziet een klein mannetje met een gerimpeld, verweerd, bruin gezicht, ongeveer net zo oud als hij, scharrelen in de ruime kuip van het schip. Een prachtig schip, een echte overnaadse puntgatsloep waar je heerlijk mee schijnt te kunnen zeilen. Deze schepen moeten, mits voorzien van een flinke kiel en een behoorlijke zeeman aan de helmstok, heel zeewaardig zijn. 'Quel navire!' roept hij naar het mannetje, 'c'est vraiment une beauté hein?' Het mannetje kijkt glimlachend op en ziet Fuchs met zijn fles whisky op de steiger staan. Hij noodt Fuchs aan boord. Glunderend loopt hij over de loopplank. Daar betreedt hij een echt zeeschip. Samen drinken ze een paar glaasjes. Fuchs, die goed is in Frans, laat zich alles vertellen over de reis van Lorient naar hier. Windkracht acht onderweg, rotsen op tien meter gepasseerd, tweemaal een boei gemist, een gescheurd en weggewaaid fokkezeil. Dat zijn de verhalen die Fuchs graag hoort. Hij verzint het een en ander, hij wijst naar zijn schip waar zijn vrouw aan het redderen is. 'Op het Volkerak haast door een duwboot overvaren.' Een half uurtje blijft Fuchs met de Fransman drinken. Dit zijn de ogenblikken van zijn leven. Een beetje in een haven hangen en stoer doen. Dan gaat hij eten aan boord. Na het eten wandelt hij met zijn vrouw nog wat door Zierikzee. Dan gaan ze weer aan boord en leggen zich te ruste. Fuchs houdt van het geklapper van de touwen tegen de masten om hem heen. Zachtjes hoort hij de golven tegen zijn boot kabbelen en hij is dol tevreden. De volgende dag is het mooi weer. Ze ontbijten nog in Zierikzee. Tegen tienen, het is geen vloed en het is geen eb, dood tij, durft Fuchs de trossen los te gooien en open water op te zoeken. Hij is het haventje nog niet uit of hij ziet aan de overkant, op vijftienhonderd meter afstand, het veilige havenhoofd van Colijnsplaat al. Als hij de geulen aanhoudt zal hij daar over een klein uur zijn, want je moet een heel stuk omvaren. Geriefelijk toch zo'n boot. Er is gas, water en elektriciteit aan boord. Fuchs ziet zijn vrouw in het roefje rommelen. De motor maakt een heel betrouwbaar geluid. Maar nu moet ik u iets verklappen. Verleden week was Fuchs hier ook en ook toen maakte hij de oversteek. Bij een ondiepte – er stonden haast geen golven, het waaide niet en de zon scheen verrukkelijk – wilde hij het anker uitgooien. Hij liep ermee naar de voorplecht. Er zat vijftien meter touw aan, meer dan genoeg voor deze plaats. Met een sierlijke zwaai slingerde hij het anker van zich af. Het touw dat keurig over zijn arm hing wikkelde zich snel af. Nu was Fuchs vergeten om het eind van het touw vast te maken of vast te houden. Snel griste hij een pikhaak van dek om het uiteind van het touw dat in het water lag binnen te halen, hij miste, probeerde het nog een keer, miste weer en toen was het touw gezonken. 'Nieuw anker en een nieuwe lijn kopen,' schreef hij in zijn notitieboekje, maar dat is hij nu vergeten. En dat is iets dat hem nu noodlottig wordt. Als hij midden op de Oosterschelde is, begint het weer plotseling te betrekken. Het gaat een beetje waaien en het gaat regenen. Dat zou allemaal niet zo erg zijn. Fuchs heeft prima ruitewissers voor de ruiten van zijn stuurhutje. Maakt de motor daar niet een vreemd geluid? 'Plof, plof, plof...plof...plof!' De motor valt stil. Donders! Dat is de heer Fuchs nog nooit overkomen. Zijn vrouw roept uit het roefje: 'Is er iets aan de hand Leonard?' 'Nee,' roept hij dapper terug, 'dat is maar een kleinigheid, waarschijnlijk een vette bougie of iets met de carburateur.' Nu heeft hij voor het eerst van zijn leven een avontuur. Het zweet staat hem nu al op het voorhoofd. Omdat de motor is uitgevallen begint het schip al snel licht te rollen. Fuchs licht zijn vrouw niet in over de ernst van de toestand, immers het is eb geworden en het schip begint nu langzaam zeewaarts af te drijven. Fuchs grist zenuwachtig alle schroevedraaiers, hamers, spuitjes en tangen bij elkaar die hij kan vinden. Eerlijk gezegd heeft hij helemaal geen verstand van motoren. Hij begint aan de motor te prutsen, maakt de bougies los en maakt ze schoon. Dan zet hij ze er weer in, maar de motor weigert aan te slaan. Dan begint hij met de carburateur. Die schijnt het toch wel goed te doen, in ieder geval kan hij geen mankementen vinden. Onderdehand begint het iets harder te waaien, er komen kleine kuifjes op de golven die hoger en hoger worden, het schip begint nu echt te slingeren, te stampen en te rollen. Het zicht wordt slechter. In de verte staan de pilonen, hoge masten in het water waarover de kabels zullen worden gespannen waarlangs men de stenen wil vervoeren waarmee de Oosterschelde aan de zeekant gedicht zal worden. Dat is allemaal toekomst, nu is dit nog een open zeearm. Fuchs ziet het wilde water, hij durft niet meer. Zijn vrouw blijft rustig bezig met haar werkjes in het roefje. Af en toe roept ze, alsof ze er vandaag plezier in heeft – dat zou niet eens vreemd zijn: de overtochten zijn altijd zo rustig – : 'Allemachtig, wat gaat die schuit tekeer, is alles echt goed Leonard?' 'Ja Mies, over een paar minuten heb ik de motor weer draaiende,' antwoordt hij manmoedig. Onderdehand heeft hij de motor al half uit elkaar gesleuteld. 'Vuurpijlen,' denkt Fuchs, 'een ton met teer aansteken op het voordek, een anker, morseseinen, een radiobericht, de noodvlag, seinen met een sterk licht.' Maar hij heeft geen van al die spullen aan boord. Een vermaledijde toestand. Ieder ogenblik kan hij op een plaat te pletter slaan, het schip kan kantelen en dan zijn ze verdronken. Rustig onder de snel voorbijglijdende wolken en regenflarden – De Bilt had mooi weer voorspeld – komt de Sophia-werkhaven in zicht. Rustig en onverbiddelijk is het torentje van de kerk van Wissekerke al een half uur geleden aan de horizon voorbij-gekropen. Fuchs doet een schietgebed: 'Heer geef toch dat die motor aanslaat! Kon ik nu maar een anker uitwerpen! Kon ik maar seinen geven!' Natuurlijk is er nu niemand op het water. Dit is de schrik, de grote angst waar de heer Fuchs altijd van gedroomd heeft. Die marteling gaat nog een half uur door. De kracht van de eb-stroom wordt steeds sterker. Het schip wordt nu recht naar een pi-loon toegetrokken. Daarachter is de open zee, de Noordzee met haar eigen gevaren. Voor de donder! ze zullen nog levend verzuipen. Die pilonen staan in het brede ruwe water als levensgrote waarschu-wingstekens, als boodschappers uit het Laatste Oordeel: 'Tot hier-toe en niet verder.' Heeft dan niemand de ellende van Fuchs in de gaten? Achteruit wordt het schip vlak langs een piloon de Roompot uit en de Noordzee opgespoeld. De onderdelen van de motor rollen vervaarlijk rond. De bougies kan Fuchs al niet meer vinden. Wat een waterzee. Een zuigerveer is overboord gevallen. Met een schip zonder kiel of midzwaarden, met een prul dat als een drol of een stuk piepschuim op het water ligt de zee op! Fuchs ziet de grauwe groene golven. In de verte is de branding, daar zijn de golven zeker twee meter hoog. Haast huilend van verdriet en vooral van angst valt Fuchs over zijn motor heen, hij schopt ertegen, waarom wil dat verdomde kreng niet aanslaan? Hij heeft nu alles al geprobeerd. Hij vergeet dat het nu zelfs een vakman wel een uur zou kosten, om de motor weer in elkaar te zetten. Wat een weer, wat een golven, dit is een hel, een Inferno. Ja, nu weet Fuchs het zeker: ze overleven het niet. Ze zijn niet opgemerkt, niemand komt ze achternavaren. Fuchs heeft een droom: het gaat zoals hij het zich had voorgesteld. Met rustig weer komt hij het gezellige haventje van Colijnsplaat binnentuffen. Hij zal met vissers praten en 's avonds gezellig met zijn vrouw mosselen eten in het restaurant De Fazant dat zo mooi uitzicht op het water geeft. Vrede, rust, luisteren naar sterke verha-len. Wat Fuchs nu meemaakt is het sterkste verhaal dat hij ooit had kunnen verzinnen: bij slecht zicht en bij windkracht acht door de eb de zee opgespoeld worden. Geen zeil. Oh, hoe verlangt hij nu naar een zeil, dat zou ervoor zorgen dat het schip tenminste nog een béétje stevig en rustig in het water lag. Fuch is radeloos. Daar hoort hij zijn vrouw, hij zal haar nu toch moeten vertellen wat er aan de hand is. Wat roept ze toch? Fuchs begrijpt het niet. Wat zou hij in het roefje moeten doen nu zijn aanwezigheid bij de motor is vereist? Maar als ze roept moet hij gaan en haar op een gewisse dood voorbereiden. Wat roept ze toch? Nu pas hoort hij het door het loeien van de wind en het brullen van de branding heen en de tranen schieten hem in de ogen, wat een vrouw! wat een kranig vertoon van krankzinnige heldenmoed! 'Leonard,' roept ze, 'de théé is klaar!'

NICO SCHEEPMAKER

Het gele potje

Janna zal een jaar of tweeëneenhalf zijn geweest, toen ze het potje verruilde voor de grote mensen-wc. Wij waren dus heel tevreden, prezen haar de hemel in, en dachten dat althans dit probleem uit de wereld was. Nu die andere zevenentachtig problemen nog!

Maar een paar maanden later wou ze opeens niet meer op de wc. Ze moest en zou op haar gele potje, en als het niet anders kon op haar blauwe (want we mogen dan geen tweede huis meer hebben, een tweede potje hebben we nog altijd wel), maar ze weigerde in ieder geval nog langer op de wc te gaan. Wat was er gebeurd? Was ze een keer door de bril gezakt, met haar kontje op het koude water, of had een vriendje op de peuterspeelplaats onthuld dat nu en dan zeemonsters (krokodillen, of desnoods nijlpaarden) uit de wc-pot oprezen om je op te vreten, we wisten het niet, en we zijn er ook nooit achter gekomen. Over de reden van haar plotselinge vrees bewaarde ze een diep stilzwijgen, en ze liet zich niet meer bepraten. Nee was nee.

Nu was dat thuis niet zo'n probleem, het gele potje (geel omdat het van plastic is; sinds alles van steen en ijzer door plastic vervangen wordt, is ons leven wel een stuk kleuriger geworden!) werd naast de wc gezet, en als ze moest, ging Janna er self-supporting op zitten, en soms ledigde zij het potje zelfs eigenhandig in de wc-pot, want zo bang was ze nu ook weer niet dat ze dat niet durfde. Alleen het zitten, met blote billen boven dat ondoorgrondelijke gat, was een taboe voor haar.

'En op school? Ga je daar dan ook niet op de wc?' vroegen we.

'Op school hoef ik nooit,' zei ze stellig.

Maar ja, een mens is helaas niet altijd thuis, hij is ook wel eens bij andere mensen op visite, of hij doet boodschappen in de stad, en dan wilde het ook wel eens gebeuren dat Janna plassen of poepen

moest. Soms hadden we, in een helder ogenblik, het gele potje meegenomen als we bij vrienden op bezoek gingen, maar we waren nog
niet zo gek dat we het potje ook meesleepten als we boodschappen
gingen doen. In het begin hoopten we nog dat nood ook voor haar
wet zou breken, zodat ze dan in godsnaam maar, stevig door mijn
vrouw of mij vastgehouden natuurlijk, op een wildvreemd toilet zou
willen plassen, maar dat bleek toch nooit het geval. Ze spartelde hevig tegen en begon te gillen, zodat je er al snel van af zag, en wat ongemakkelijk de toiletjuffrouw weer passeerde, met het schuldbewus-
te gezicht van de ongeneeslijke pederast. 'Geef pappa maar 'n handje,' zei ik dan maar gauw, om duidelijk te maken dat dat gillende
speenvarken toch echt mijn eigen dochtertje was. Vervolgens bega-
ven we ons naar buiten om haar achter de struiken, of in een verborgen hoekje, de behoefte te laten doen die zij voor geen goud boven
het natte gat van de wc wilde volvoeren.

Dus toen we de auto inlaadden om met vakantie naar Frankrijk te
gaan, was het gele potje het eerste dat meemoest, zij het ook het laatste dat ingeladen werd, want het moest binnen handbereik blijven.
In het Village de Vacances bleef de status quo gehandhaafd: niet op
de wc, wel op het potje of in de vrije natuur. Tot we een keer zaten
te eten in het hoofdgebouw, wel tweehonderd meter verwijderd van
ons gehuurde huisje. Janna moest nodig, midden onder het eten.
Wat nu? Helemaal terug naar ons huisje met potje? Ik besloot het
toch maar weer eens te wagen op de wc, en kreeg daar een geniale
inval, nadat Janna (inmiddels net drie jaar geworden) gezegd had dat
ze niet op de wc wilde. Ik vulde de pot met overdadig veel wc-papier, riep uit dat het feest was, dat het gat en het water nu helemaal
weg waren ('kijk maar!'), zodat ze nu rustig kon gaan zitten. Ze
keek, en ze vond dat ik gelijk had. Ze ging zitten (stevig door mij
vastgehouden) en deed haar plas. Prachtig vond ze het! De wal van
papier was ondoordringbaar gebleken, niemand had van onderen
toegehapt, opgetogen ging ze aan tafel vertellen wat ze gedaan had!
Vijf minuten later zei ze dat ze weer naar de wc moest. Ik ging weer
mee. Ik deed er nu alleen nog maar pro forma wat wc-papiertjes in,
ze klom eigenhandig op de bril, ik mocht haar niet meer vasthou-
den, 'klaar!', en we gingen weer terug naar de eetzaal. Vijf minuten
later: 'Nu moet ik poepen!' En daar gingen we weer. Ze deed haar
broekje omlaag, klom op de wc (het wc-papier hoefde er toen al niet
meer in), stak haar rechterhand omhoog terwijl de linker nog steeds
de bril vasthield, en zei triomfantelijk: 'Met één hand!'

Nog diezelfde keer bleek ze ook met twee handen omhoog op de wc te durven zitten, en het eerste wat ze deed toen we weer in ons huis- je terugkwamen, was naar de wc hollen, om ook daar, voor iedereen die het zien wilde (en dat wilden we natuurlijk allemaal, zo verstan- dig waren we wel), als een stuntende motoragent haar kunsten op de wc te vertonen. Ze had haar angst overwonnen, het gele potje was een museumstuk geworden.

BEATRIJS RITSEMA

Moeder

– Ik ben vanmiddag bij Moniek geweest.
– Zo, was het leuk?
– Ja, ze begrijpt me altijd zo goed; ze voelt me helemaal aan, zonder dat ik alles in woorden hoef uit te leggen.
– Dat is mooi, dat scheelt een hoop oeverloos heen en weer gepraat.
– Hè, Taco, doe niet zo flauw. Ik bedoel alleen dat het voor vrouwen soms veel makkelijker is om dingen van elkaar te herkennen.
– Ja, dat zal wel. Dat hoor je tenminste wel vaker tegenwoordig.
– Ik voel me altijd tegelijk treurig en heel lekker als ik bij haar ben. Het is daar nogal rommelig met al dat rondslingerende speelgoed en kinderen die in en uit lopen en allemaal vriendjes meenemen.
– Waarom voel je je dan naar, liefje? Toch niet vanwege die kinderen?
– In het begin is het net alsof ik extra met mijn neus op mijn dorheid word gedrukt. Ik voel me als een stuk braakliggend terrein of een woestijn waar niets op wil groeien. Moniek heeft dat altijd heel snel in de gaten en vangt me op. Soms huilen we even samen en dan moeten we weer lachen om hoe we erbij zitten.
– Het is lang geleden dat we het daarover gehad hebben. Ik dacht niet, ik wist niet, ik bedoel, in mijn idee hebben we dat al lang achter ons gelaten. Het speelt voor mij helemaal geen rol meer. We hebben het toch goed samen?
– Voor jou is het nooit een verlies geweest, alleen maar een voortzetting van de status quo. Ik was het die moest accepteren dat ik een onvolwaardige vrouw ben, een soort hermafrodiet. Als jíj een zoon wilt, kun je altijd nog een andere vrouw nemen.
– Ik wil geen andere vrouw, ik wil jou. Maar het komt voor mij echt uit de lucht vallen dat dit jou nog zo dwars zit. Vijf jaar geleden had-

den we het nog over adoptie. Zo'n derde-wereldkindje is niet zo moeilijk aan te komen, maar dat wilde je niet.

– Nee, een kind adopteren heeft me nooit aangesproken. Je weet maar nooit uit wat voor nest het komt, of het soms ziektes onder de leden heeft. Je hebt ook wel gelijk, in het begin vond ik het niet zo erg en dacht ik dat ik best wel een zinvol leven kon leiden zonder dat hele proces van kinderen verwekken, baren en opvoeden.

– Hoe komt het dan dat je van gedachten bent veranderd?

– De leegte van mijn leven, ik weet het niet. Ik zit daar op dat kantoor halve dagen te wachten tot het tijd is om naar huis te gaan en thuis zit ik te wachten tot ik weer naar kantoor kan. Mijn leven is zo doelloos en ik verveel me.

– Wat dacht je van een mooie vakantie in een ver land om er eens helemaal uit te zijn. Ik weet wel dat dit onder het hoofdstuk symptoombestrijding valt, maar we zijn maar zo kort weg geweest dit jaar en vakantie in eigen land telt toch niet echt mee, vind ik.

– Ik wil niet met vakantie, ik wil een kind.

– Wil je alsnog met een adoptieprocedure beginnen? Al die maatschappelijke werksters die ons huwelijk gaan doorlichten. Is dat het je waard?

– Nee, dat zou ook allemaal veel te lang duren, daar gaan jaren overheen en dan zijn we allebei dik in de veertig. Wat vind jij eigenlijk van Moniek?

– Moniek? Nou gewoon. Wel aardig. Ze praat me een beetje te veel en te hard en ik verlies mijn aandacht er wel eens bij, maar het is jóúw beste vriendin, dus...

– Maar vind je haar aantrekkelijk?

– Nooit zo over nagedacht. Een beetje moederlijk type, hè? Fors uitgevallen, niet echt mijn schoonheidsideaal. Hoezo?

– Moniek heeft aangeboden om als leenmoeder op te treden voor mij. Vind je het niet fantastisch? O, ik was zo van mijn stuk dat ik niet wist hoe ik haar moest bedanken.

– Je bedoelt dat zíj voor jou een kind wil baren?

– Ze is bereid mijn zwangerschap over te nemen, ja, omdat mijn eigen lijf het af laat weten, en daarna het kind aan mij af te staan.

– Grote god, wie heeft dat verzonnen? Is het jouw idee of het hare?

– Goh, dat weet ik niet precies hoor. We zaten gewoon in het algemeen over zwangerschap te praten, hoe dat voelt, dat wilde ik graag weten. Moniek zei op een gegeven ogenblik dat ze het zo jammer vond dat ze waarschijnlijk nooit meer zwanger zou zijn, nu ze al drie kinderen heeft en gescheiden is. En toen dachten we op hetzelfde moment aan hetzelfde. Eerst praatten we erover als grap, maar we werden allebei steeds enthousiaster.

– Dus wíj gaan háár kind opvoeden. Vind je dat niet een beetje ver gaan? Ik bedoel, van een geadopteerd kind kun je je nog voorstellen dat het geen ouders heeft, waardoor het eerder je eigen kind wordt.

– Ik zie het louter en alleen als een technische kwestie. Ik ben niet geëquipeerd en zij wel. In de middeleeuwen was het trouwens heel gewoon in de betere standen om een kind, zodra het geboren was, voor jaren bij een min onder te brengen. Wij doen het andersom: Moniek wordt onze min voor de eerste negen maanden.

– En ik moet met haar...

– Ja, jij verwekt het natuurlijk. Dat is ook zo mooi, het wordt veel meer ons eigen kindje dan wanneer we er een zouden adopteren.

– Maar ik heb helemaal geen zin om met haar...ik weet niet...ik vind haar gewoon niet zo aantrekkelijk.

– Des te beter. Het zou vervelend zijn als er een relatie zou voortkomen uit deze bevruchtingssessies. Daar hebben we het ook over gehad. Zij valt ook niet echt op jou. Het leek ons het beste als ik overal bij zou zijn.

– Een triootje.

– Ja, kijk, jij en ik zullen natuurlijk bij de bevalling aanwezig zijn. 't Is tenslotte ons kind dat geboren wordt. Dan is het ook logisch dat ik tijdens de conceptie erbij ben. Je hoeft niet heel uitgebreid met haar naar bed. Je doet gewoon waar je zin in hebt met mij en zij is stand-by om je op te vangen op het moment suprême. Misschien moet je je even gaan scheren trouwens. Moniek zal zo wel komen. Ze had vanmiddag berekend dat ze net in haar eisprongperiode zit. Dus dan kunnen we meteen de koe bij de horens vatten. Doe je dat, liefje? Dan maak ik intussen de slaapkamer even gezellig.

FREEK DE JONGE

De pop

Ik kijk recht in de ogen van mijn dochtertje
of liever gezegd:
ons dochtertje
Ja, ik geloof dat je als ouder
met betrekking tot een kind
nooit moet spreken in de eerste persoon
bezittelijk voornaamwoord enkelvoud
Ik geloof dat een kind voor een ouder
veeleer een stuk gegeven is
waar je je inzicht en doorzicht in elk opzicht
zodanig op projecteert
dat het later zo vrij mogelijk
die samenleving binnenrolt
Tenminste dat is mijn optiek
als u daar anders over denkt
dan moet u dat vooral zelf weten
Ik ben absoluut de laatste die u met een mening
zou willen opzadelen
Tenslotte is onze verhouding ook een beetje
die van ouder tot kind

Welnu, onze dochter zou jarig zijn
Een bourgeois aangelegenheid van de eerste orde
maar goed, haar vriendjes en vriendinnetjes vieren het ook
Dus als je zo'n kind dat feest
in dit stadium van haar leven onthoudt
dan maak je op den duur toch kosten
in de psycho-therapeutische sfeer

en waarom zou je dat geld
nu alvast niet in sterke drank omzetten

Onze dochter wou voor haar verjaardag een pop
Een klote kado
Maar goed, als zo'n kind in haar rolpatroon
bevestigd wil worden
wie ben ik dan om te zeggen:
is een pop nu wel het juiste geschenk voor een meisje?

Ze zei:
als ik de pop had noemde ik haar Truus
Een boerelullenaam van de eerste orde
maar wie ben ik om te zeggen
noem dat ding Cleopatra, Xantippe, Simon Kenau Hasselaar
Hadewych of Joke Smit-Kroes van mijn part

Ze zei:
Als ik Truus had
ging ik haar oogjes druppelen
Onze dochter was kort tevoren aan haar ogen geopereerd
die waren rechtgezet
dat wil zeggen
haar kop was scheef getrokken

Enfin, mijn vrouw en ik bespreken dit
Wij bespreken thuis
ALLES
Bijvoorbeeld wie de vuilniszakken buiten zet
Ik doe het altijd
maar we houden het bespreekbaar
Dat gaat altijd zo:
schat, zet jij de vuilniszakken even buiten?
en dan vraag ik:
Hoe bedoel je even?
en dan lullen we anderhalf uur
en dan zet ik ze even buiten
Voor je het weet sta je zelf bij het ouwe vuil
Dat weet ik nog wel uit mijn vorige huwelijk
Stond ik opeens met een afsluitstrip om mijn nek

op de stoeprand
Eerst de bril in de glasbak gegooid

Toen zegt mijn vrouw tegen mij
want die hele golf
van opkomend ras- en fascisme
is aan ons niet ongemerkt voorbijgegaan
Als wij haar nu eens een zwarte pop
voor haar verjaardag gaven?

Ik moest het voorstel even in al zijn volheid
tot mij door laten dringen
maar toen zag ik er wel iets in
Ja, ik geloofde dat je met zo'n simpel stuk speelgoed
binnen dat kringgesprek van die peuterspeulengemeunschap
zodanig kon infiltreren
dat die integrerende werking
zich als het ware spelenderwijs zou kunnen uitzaaien
over de gezinnen, de buurten, de wijken, de steden
zodat de vreedzame existentie
tussen blank en zwart
een op korte termijn
tot de te realiseren mogelijkheden
moest kunnen worden gerekend

Ik vond het een te gek swingend plan
Ik schonk mijzelf een glas Black and White in
Fluitend zette ik de vuilniszakken buiten
en belde mijn vriendin
dat we maar weer eens van bil moesten

Goed, mijn vrouw koopt die zwarte pop
Mooi wit papiertje eromheen
En het is zover dat onze dochter jarig is
Zij springt traditiegetrouw 's morgens heel vroeg
op dat ene plekje
waardoor ik gelijk klaarwakker ben
meer wakker dan klaar
Zij strekt haar armpjes en vraagt:
mag ik Truus?

Mijn vrouw haalt het pak onder het bed vandaan
Wij slapen nog op de grond
dus ik had al de hele nacht
zwanger van het negervraagstuk gelegen
en geeft het haar
Zij pakt het heel voorzichtig uit
want het papier kan nog recycled worden
opnieuw voor gebruik geschikt gemaakt
Dat zeg ik er even bij voor de Belgen
opdat ze niet denken dat het betekent
dat Eddy Merckx weer gaat wielrennen
Zij ziet de pop
en ik moet zeggen dat ze zich werkelijk fantastisch hield
Geen onvertogen woord
Ik was blij dat ze wisselde
anders had ze het puntje van haar tong eraf gebeten
De tranen spatten uit haar ogen

Mijn vrouw zei:
Ah joh, dat is toch helemaal niet erg een zwarte pop
Wat is het verschil met een witte .pop?
Aan een witte pop kun je zien dat ie vuil is
Daar heb je bij een zwarte pop geen last van

Toen zegt onze dochter:
Negers heten geen Truus
Nou ja zei m'n vrouw
dan noem je haar toch Angela Davis
of mevrouw Maarten Luther King
of tante Tom...
Mij schoten ook absoluut geen negerinnennamen te binnen
Het werd allemaal nog veel erger
toen haar lievelingsoom
oom Frits die middag op bezoek kwam
Oom Frits die nog altijd veel sukses heeft
met zijn Archie Bunker-imitatie
Godallemachtig wat stinkt het hier
zei oom Frits
En het wordt erger naarmate ik dichter bij de kadotafel kom
Het is toch niet die nikkerpop die ik ruik?

Na zes weken hadden wij onze dochter zover
dat ze voor het eerst met haar negerpop
naar school durfde
Mijn vrouw had een raffia rieten rokje
voor de pop gevlochten
Ik had een botje uit de kippesoep gespaard
om door het haar te kunnen steken
en oom Frits had een riksjaatje getimmerd
Onze dochter nam plaats in de riksja
De pop pakte de hengsels en trok haar naar school
Ik bedoel naar de peuterspeulengemeunschap
Het is geen school
Het is een peuterspeulengemeunschap
Kinderen komen ook niet om vier uur thuis
maar staan om half twee al weer voor je snufferd
Onchristelijke rottijden
je bent net je nest uit
staan ze al weer voor je neus
Hallo pap
Ik kom van de peuterspeulengemeunschap

Aan de manier waarop ze haar pop omklemt
kunnen wij ouders zien
dat ze weinig zin in overleg heeft
Ze loopt naar de vensterbank
pakt de gieter
en houdt de pop iets van zich af

Wij ouders kunnen nu constateren
dat de beide ogen in de kop van de pop gedrukt zijn
Heel voorzichtig begint ze de gieter uit te schenken
in de lege oogkassen van de pop
en zegt tegen mijn vrouw:
druppelen zal wel niet veel meer helpen

MIDAS DEKKERS

De cavia

Wat bezielt een mens om een cavia in huis te nemen? Kortzichtigheid? Overmoed? Wat heeft een cavia de mens te bieden? Elegant zijn cavia's niet. Ze zien eruit alsof een zwaar geamputeerde waarvan alleen het hoofd over is, op een onderstel van veel te kleine pootjes wordt rondgereden. Pogingen van fokkers om aan deze speling van de natuur iets te verbeteren hebben de zaak slechts verergerd. Vooral met de vacht wil het maar niet lukken, waardoor het aaien van een cavia onveranderlijk op een teleurstelling uitloopt. Als er dan toch dieren moeten uitsterven, zou je denken, laat het dan de cavia zijn. Voorlopig ziet het daar echter allerminst naar uit. Liefst tweehonderdduizend landgenoten behelpen zich voor het bevredigen van hun troetelbehoefte met niet minder dan tweehonderdtachtigduizend cavia's, die ze elk jaar voor ƒ 15 miljoen vol hapjes stoppen. De knaagdieren vormen volgens het Economisch Instituut voor het Midden- en Kleinbedrijf de snelst groeiende markt voor de dierenspeciaalzaak. Hun taak vervullen ze vooral in de kinderkamer. Naar schatting krijgen jaarlijks vijftigduizend Nederlandse kinderen op hun verjaardag een verse cavia cadeau, veelal met een rood strikje om de plaats waar bij andere diersoorten de nek zit. Cavia's zijn de huisdieren bij uitstek voor jonge kinderen. Dank zij het ontbreken van uitstekende onderdelen zijn ze nauwelijks kapot te krijgen. Kinderknuistjes die achteloos een schildpad slopen om de radertjes eruit te halen, vinden bij een cavia geen houvast. Bovendien kunnen cavia's zo nodig venijnig van zich af bijten, waarbij het kind meteen eens ontdekt wat de voor- en wat de achterkant is. Zo zou alles goed zijn geregeld, als kinderen maar klein zouden blijven. Dat doen ze niet. Op een gegeven moment zijn ze hun cavia ontgroeid en zijn ze aan een hond of crossfiets toe. Nu blijkt de keerzijde van de onverwoestbaarheid van cavia's: cavia's gáán maar niet dood. Zes à zeven jaar is, ik kan daarover meepraten, nog slechts de gemiddelde levensduur. Tegen de tijd dat de dochter met haar eerste vriendje thuiskomt zit menig ouder nog met haar cavia opgescheept.

De oplossing van het probleem komt uit Peru, waar men al sinds de Inka's cavia's houdt. Net zo min als wij in Holland onze koeien weggooien zodra alle melk eruit is, zien ze er in Peru een been in, de knaagzieke speelkameraadjes van hun kinderen te zijner tijd in de pan te mikken. Zo geniet men dubbel van zijn huisdier. De helft van alle dierlijk eiwit in het menu is er afkomstig van cavia's. Voor de huisvesting lichten de Peruanen twee tegels in de keukenvloer en graven daaronder een holletje. Om te voeren hoeft men nu nog slechts het keukenafval in dat holletje te vegen, zoals een ouderwetse kapper dat met afgeknipt haar doet. Ook de bereiding van cavia's is eenvoudig. Een voorbeeld is het recept van Elva Lopez-Nieto van de universiteit van Lima:

Neem de cavia met de achterpoten in de linker- en met de kop in de rechterhand. Druk met de rechterduim tegen de wervels onder aan de schedel en geef met de linkerhand een ruk aan de poten om de nek te knakken. Cavia's worden niet gevild, maar in heet water gebroeid en dan onthaard. Nadat de ingewanden eruit zijn, wordt het dier van onderkaak tot bekken gespleten en als een kadetje opengeklapt. Voor de saus *a la arequipeña* fruit u wat uitjes met knoflook tot ze goudbruin zijn. Kook even door met verse Spaanse pepers en wat zout. Doe er tot slot flink wat pindakaas en enkele gekookte aardappels bij. Laat de opengeklapte cavia in het geheel goed gaar pruttelen.

Het recept werkt ook voor kip of konijn, als u begrijpt wat ik bedoel. Maar je kunt natuurlijk ook een eitje bakken.

EMMA BRUNT

Penthouse of boerenhoeve

Een huis is meer dan vier muren en een dak want het staat ergens en die plek bepaalt voor een deel je kijk op de wereld. Een pas gescheiden kennis kwam van de week langs met zo'n ellenlange computeruitdraai van een makelaars-*pool*, omdat hij zijn nieuwe en betreurde status als alleenstaande enige allure wil geven door een verhuizing van Brabant naar een modieus grachtenappartement in Amsterdam. Popperig klein en peperduur zijn die opgesplitste monumenten en pakhuizen, maar ze hebben het voordeel dat ze in het centrum liggen, waar alles gebeurt, en dat moet ook, want in het grote huis in de provincie dat hij nu bewoont gebeurt te weinig sinds vrouw en kinderen zijn opgestapt.

Urenlang tobden we over de vraag of twee ton te veel geld is voor een *penthouse* van 125 vierkante meter met een platje erbij dat in modern makelaarsjargon 'dakterras' genoemd wordt. 'Waar moeten mijn kinderen nou spelen als ik ze een weekend heb?' vroeg hij zich vertwijfeld af, maar eigenlijk ziet hij er zelf ook tegen op om in de grote stad te gaan wonen. 's Nachts droomt hij van horden haveloze junks op zijn nog aan te schaffen stoep en de met wit marmer belegde etages in de binnenstad doen hem denken aan evenzovele schuiflaatjes, in ieder schuiflaatje een vereenzaamde man of vrouw die met niets of niemand meer wat te maken heeft: de stad als een wanstaltig uitgedijde automatiek in een stationshal en achter elk ruitje een in massaproduktie vervaardigde croquet. *Amsterdam big city.* Hij is niet de enige die de stad ziet als een anonieme en bedreigende omgeving, een wemelende mierenhoop van mensen die onverschillig langs elkaar heen leven. Tal van sociologen en maatschappijcritici vóór hem zeiden het al: de stad is decadent, immoreel, vervreemdend en bestaat uit 'geautomatiseerde' individuen, los zwevende deeltjes in een ijzig heelal. Het dorp, het platteland, en de natuur staan in die gepolariseerde opvatting voor alles wat spontaan, kleinschalig, veilig en warm-menselijk is. Je kunt het zien aan de huwelijks- en contactadvertenties waarin mensen een potentiële partner proberen te overtuigen van hun aardige eigenschappen. Zelden doen ze dat door te benadrukken dat ze het merendeel van hun vrije tijd besteden aan echt stedelijke genoegens, zoals doelloos straatslijpen, een terras opzoeken of doorzakken in het café. Nee, hunkeraars naar contact bekennen bijna zonder uitzondering dat ze een hang hebben naar dineetjes bij kaarslicht en naar ruige wandelingen door bos en beemd. Je zou gaan denken dat een rijk gevoelsleven alleen kan gedijen op een Saksische boerenhoeve die gespaard is gebleven voor de aanleg van elektrisch licht.

Dat is de mythologie, maar is het ook waar? Ik ken mensen die voor veel geld een oude fabriek in het hartje van de stad hebben verbouwd en dit smetteloos gestucte paleis bewonen als was het een belegerde vesting. Bezoekers moeten zich aan het smeedijzeren hek, dat het portiek beveiligt tegen junks, melden via de intercom waarna het hek openzoeft en automatisch weer in het slot valt. Vervolgens moet de monumentale voordeur nog geopend worden en betreed je het souterrain dat met degelijke tralies voor de ramen is uitgerust. Aluminium luxaflex beneemt discreet het zicht op de habituele gebruikers die 's nachts kotsend voorbij komen.

De bewoners schelden op al die ingewikkelde voorzorgen die ze noodzakelijk vinden en klagen dat ze steeds rechtser dreigen te worden als dat zo doorgaat – 'van mij mogen ze allemaal gedwongen worden om af te kicken' – maar onder de ergernis schuilt ook een zekere zelfgenoegzaamheid, vertedering zelfs: de trots van Tarzan die iedere liaan in zijn jungle op een prikje kent. Dat is de andere kant van de mythologie.

Amerikaanse sociologen spreken in dit verband over de levensstijl van de *seasoned urbanite*, de gepokte en gemazelde kosmopoliet die nergens van opkijkt, onder alle omstandigheden zijn kalmte bewaart, hoogstens blijk geeft van een blasé soort geamuseerdheid en als het tot een confrontatie komt soepel improviserend de moeilijkheden tot een oplossing brengt.

Stadsbewoners en verstokte provincialen versterken elkaar in deze romantische beeldvorming. Sinds een jaar ben ik verhuisd van een stadje in de Betuwe naar Amsterdam en nog steeds vragen vrienden hoe het bevalt om 'terug' te zijn. In de toon waarop ze dat zeggen ligt alle meewarigheid besloten die stedelingen koesteren voor mensen die zich moedwillig in ballingschap begeven hebben en hun geestelijke horizon verduisterd zagen in een met streekblaadjes dichtgeplakt gat. In mijn voormalige woonplaats was de consternatie overigens navenant.

Amsterdam? Zou ik dat nu wel doen? Had ik het belang van mijn opgroeiende kinderen in de gevaarlijke puberleeftijd wel voldoende gewogen? Zelfs de plaatselijke verhuizer had na het sjouwen van dozijnen kistjes nog adem genoeg over om me erop te attenderen dat ik op het punt stond een ernstige vergissing te begaan en hij hoopte maar dat ik aan de stad zou kunnen wennen.

Nou, het went, maar op een andere manier dan iedereen veronderstelt. Na ruim tien jaar in de provincie kende ik in dat slaperige plaatsje vrijwel niemand. Geen mens bemoeide zich ooit met me en de namen van de buren had ik niet paraat. Wel was er enig divertissement in de vorm van een gluurder in de tuin, een hardnekkige hijger aan de telefoon, een transseksuele buurman die 's nachts bepruikt door de brandgang sloop op weg naar clandestiene pretjes, een *streaker* die zich meermalen per week naakt onder de straatlantaarn posteerde en een koffiehuis waar de jeugd zich onbekrompen voorzag van sneeuwige poeders en vrolijke pillen. Een vredig bestaan kortom, gelardeerd met veel fietstochtjes langs de bloeiende kersebomen.

En nu? Een dag na aankomst op het nieuwe adres had ik al kennis gemaakt met de buren ter linkerzijde. Een week nadien bezocht ik het eerste feestje in de straat en binnen de kortste keren kende ik iedereen in het blok. Groetend naar alle kanten doe ik mijn boodschappen en de groenteman informeert vriendelijk waarom het licht gisteravond nog zo laat brandde; had ik soms bezoek? Bij de kruidenier kon ik na een paar weken al poffen, want hij wist immers wie ik was: de nieuwe bewoner van nummer 76.

Amsterdam is een stuk kleiner dan de meeste mensen denken.

HERMAN PIETER DE BOER

Dorpsgeheimen

'De gait heb skimmel,' zei Wicher Sopje terwijl hij de laatste aardappel in de bullekesoep doopte.
De ouwe Sopje tilde onder de tafel zijn linkerbeen op en liet er een vliegen.
'Zo dat löcht op,' zei hij, 'wazedde, Wicherjong?'
'De gait heb skimmel.'
'Daor hellup maor ein dinge,' zei de ouwe Sopje, 'en dat wiet je best. Kom mit, zeunen.'
Nog nasmakkend van de goeie bullekesoep, want Moe had er, omdat het Sinte Piep was vandaag, een hele uierboord en een malse darm in gedaan, nog nasmakkend liepen ze achter de ouwe aan, de zonen. Wicher, Klaas en Derk.
In de stal stond de geit te mekkeren, gek van de jeuk.
Ze stelden zich twee aan twee op, ter weerskanten van het geplaagde beest.
'Toe maor dan,' zei de ouwe Sopje. Ze knoopten de broeken los en trokken de zware boerenjongens tevoorschijn. Ze spanden de spieren. Daar kwam het al. Vier krachtige stralen, dampend en bijtend. De geit rukte heen en weer aan de touwen van de schrik. Maar de schimmel op haar huid begon al te kazen en weldra bedaarde ze wat.
De ouwe Sopje, Wicher, Derk en Klaas stonden tevreden te kijken, de broek nog open, toen Geesje de meid de stal binnenkwam.
'Noe Geesje, wat zeggie d'rvan?'
Ze zette de melkemmer neer, deed de handen op de heupen en nam het schouwspel ja-knikkend in zich op.
'Bel, bel,' zei ze (want ze kwam van Wommeveen, waar ze dat zeggen), 'da's een tied gelejen da'k d'r vier tegeliek zag.'
'Dat beduult Derk niet,' zei de ouwe Sopje, terwijl hij de pik weer

75

in de broek borg en de jongens zijn voorbeeld volgden, 'Derk beduult de gait.'

'O, die is fraaie geel,' zei Geesje, 'en stinken duut-ie als dat houten huusje achter het huus, as je begriept wat ik beduul.'

'Dat klupt,' zei Wicher, 'dat krieg je as je op de gait zaikt.'

'Maor de skimmel is gesnokt,' zei Klaas, 'je ken d'r zo afskraopen.'

'Je bint de uier vergeten,' zei Geesje.

'Krakkemik,' zei de ouwe Sopje.

'Ze heb geliek,' zei Klaas, 'we bint de uier vergeten, die zitte nog dik under de skimmel.'

'Maor ik bin leege,' zei Wicher.

'Niks meer in de blaos,' zei Derk.

'Mannen,' zei Geesje, 'mannen die kennen alles maor ten haalve. Vooruut keert de gait umme.'

Zo gezegd, zo gedaan. Klaas en Wicher maakten de touwen los, Derk en ouwe Sopje gooiden de verbaasde geit op zijn kop en trokken de achterpoten van elkaar zodat de uier mooi vrij kwam te liggen.

'Vooruut mit de gait,' zei Geesje. Ze trok de rokken op, stapte met het ene been over de ondersteboven geit en ging op de uier zitten. Een broek had ze niet aan. Die onzin kennen ze niet, de meiden van Wommeveen.

'Niet te hard op de uier drökken,' riep de ouwe Sopje, 'anders kump de melk d'ruut.'

'Je hebt een goeie kont, Geesje,' zei Wicher.

'Krek,' zei Klaas, en de anderen vielen hem bij. Ze had ook een mooi achterwerk, die Geesje. Blank als een roomkaas en zacht als boter, van die grote meidebillen waar de man van houdt.

'Wat al komplimenties,' glunderde Geesje, 'maor intössen kump d'r nog niks.'

'Persen, maid,' zei de ouwe Sopje.

'Mèèè,' deed de geit. Het was ook ongewoon voor het beest, al die visite.

'Kiek, die liekt op die van Derk,' zei Geesje en giechelend duwde ze een geitespeen tussen de benen.

'Jao, wor het noe speulen of piesen!' riep de ouwe Sopje. Maar waarempel, daar kwam het al. De geit schokte omhoog van die onverwachte hete stroom op haar blote uier.

'Een bietje naor links,' zei Klaas. Hij zette de handen aan Geesjes billen en stuurde bij.

'Hèhè,' zei Geesje. Ze wipte nog wat op en neer voor de laatste druppels. Toen was het gedaan.

'Wat zitte noe nog op die uier?' vroeg de ouwe Sopje.

'Het is lekker warm,' zei Geesje, 'ik heb de kont goed warm, vuul maor's.'

Ze kwam uit de gehurkte houding, stapte over de geit. Ze hield de rokken omhoog om het middel en bukte zich uitnodigend.

Beurtelings legden de mannen hun handen op de billen van Geesje.

'Jao, ze heb de kont goed warm,' zei Klaas.

'Het is nat maor behaoglijk,' zei Derk.

'Krek,' zei Wicher.

'Hophop,' zei de ouwe Sopje en kletste haar met de vlakke hand op de billen. 'Aon de slag, maid. De gait afskraopen.'

'Jaowel Sopje,' zei Geesje gedwee, want de boer was nou eenmaal de baas, zo was dat.

Ze sloeg zich nog een keer lachend op de vochtige blanke meidekont, liet toen de rokken vallen en pakte de oude krugge (geiteschraper) van de spijker.

'Wiest er maor veurzichtig mit,' zei de ouwe Sopje nog, voor de mannen de stal verlieten, 'het is een kostbaor erfstök.'

Toen de boer en zijn zonen weg waren bekeek Geesje de krugge in haar hand bewonderend. Door het stalraampje viel een zonnestraal op het blinkende blienkoper. Het heft was fraai bewerkt met voorstellingen uit de overstromingsramp die Turfjedam in 1790 geteisterd had en waarbij de bevolking zich wanhopig aan de spits van de Doopsgezinde kerk had vastgebonden met geitetouwen en palingfuiken, terwijl het woedende water huizen, karren, stallen en vee meesleurde, en de moedige legendarische Bokke Smit, liggend op een losgebroken populier, met de blote handen naar Wommeveen geroeid was om hulp te halen.

'Een kostbaor erfstök,' fluisterde Geesje.

Buiten begon het gebommel van de melkbussen die op de wagen van het fabriek geladen werden. Ze schrok op uit haar dromerij, veegde de oude schimmelkaas met haar schort van de krugge, knielde bij de geit die zachtjes mekkerde, en begon te schrapen.

Op de boerderij hernam het leven zijn gewone gang. De ouwe Sopje pakte de hooivork en ging op de dagelijkse mollenjacht. Klaas hielp hem erbij. Eerst moest de juiste plaats gevonden, daar waar de mollengang vers was. Een opening maken en dan de brandende petro-

leumlappen erin. Ha, dat rookte. Weldra kroop de mol dan hoestend tevoorschijn. Soms op een onverwachte plek verderop in het gras; dan moest de ouwe Sopje vlug zijn. Maar dat was hij wel. De ouwe Sopje was al drieëntwintig jaar de onbetwiste mollenkoning van Turfjedam en omstreken. Hij stak ze de vorkpunt haarzuiver en dodelijk achter het linkeroor en hij was befaamd om het kleine gaatje dat hij dan maakte, waardoor het mollevel vrijwel onbeschadigd bleef. Jan Knoop, die de mollevellen bewerkte en er de Turfjedammer mollemutsen van maakte, was altijd vol lof.
'Die kwalitiet herkenne ik op mielen afstand, die kwalitiet is er maor ene en die is van Sopjebaas.'
Jan Knoop gebruikte de uitdrukking Sopjebaas, want hij kwam eigenlijk van Groft, waar ze de gezinsvaders de toevoeging *baas* achter hun naam geven. Die gewoonte was hij nooit kwijtgeraakt, ofschoon hij toch al zo'n vijfendertig jaar in Turfjedam woonde en er de Turfjedammer mollemutsen zo goed maakte dat veel Turfjedammers van de nieuwe generatie hem voor een Turfjedammer versleten.

Als er zo'n twintig mollen in de jutezak zaten, vond de ouwe Sopje het meestal wel zat. Zo ook vandaag. Hij gaf de zak aan Klaas en zei dat hij hem naar Jan Knoop moest brengen.
Maar daar had je Moe. Uit het keukenraam had ze, terwijl ze een verse uier sneed en in het zuur legde voor de winterdag, de mollenvangst gevolgd en nu kwam ze naar buiten. Ze lachte guitig.
'Wat is het noe weer, wief,' zei de ouwe Sopje. Hij kende dat lachje wel. Klaas bleef nog maar even staan, de zak op de schouder. Hij voelde al wat er komen zou.
'Wat dachie d'rvan, Sopje, als we zundagmiddag weer 's jop-in-de-kop aten?'
'Lekker,' zei Klaas. Hij zette de zak aan de voeten en krabde zich met ijver op het dijbeen. Die slootschurft van vorig jaar was mooi koppig.
'Jop-in-de-kop?' zei Sopje. 'Dat liekt me een goeie gedacht.' Met een listig lachje voegde hij eraan toe: 'Maor waorum vraogde dat zo?'
'Om wadde in de zak heb!' zei vrouw Sopje.
'Wellukke zak?' vroeg de ouwe Sopje onnozel.
'Die bie Klaos staot.'
Klaas ging op de grond zitten en leunde tegen de zeug die daar lag. Hij wist dat dat spelletje weleens een kwartiertje duurde.

Vrouw Sopje zei: 'Je wiet toch wat er veur jop-in-de-kop neudig is?'
'Jaowel,' zei de ouwe Sopje, en hij somde bedachtzaam op: 'Een haalve zure uier, twee reigerkoppen, pond roggemeel, pitjesolie, biest, penzezuur en verder niks.'
'Wiet je niet zeker dat er niet nog wat neudig is, Sopje?'
Zo ging dat nog een hele poos door, de ouwe Sopje scheen daar aardigheid in te hebben. Maar uiteindelijk kreeg vrouw Sopje natuurlijk haar zin. De ouwe Sopje graaide in de jutezak en drukte zijn vrouw een mooie vette mol in de handen. Want dat was wat ze nodig had voor haar jop-in-de-kop.
'Maor pas op dat er genogt jop-in-de-kop is,' dreigde hij haar nog, 'want as d'r jop-in-de-kop is dan mot er ook jop-in-de-kop genogt wezen en je wiet wat ik beduul!'
'Jao heur,' lachte vrouw Sopje, 'je kriegt het grootste stuk van de mol ook!' En vort was ze, met opgetrokken schorten en wapperende mutslinten, blij met de vette mol, op weg naar de keuken.
'Heb je 't gheurd?' zei Sopje tegen zijn zoon die tegen de zeug was ingedommeld. Hij schopte hem goedmoedig met de punt van de klomp in zijn zij. Klaas kwam overeind zitten: 'Heu!'
'We kriegen jop-in-de-kop zundag.'
'Jop-in-de-kop,' gromde Klaas tevreden. Hij krabbelde overeind, gooide de zak met mollen over zijn schouder en ging op pad.
De ouwe Sopje keek hem na. Toen keek hij naar de lucht. Daarna keek hij over zijn erf. Vervolgens keek hij naar de zeug. Toen keek hij naar het ooievaarsnest. Daarna keek hij naar de grond. Toen tilde hij zijn linkerbeen op en liet er een waaien.
'Zo,' zei hij, 'dat löcht up.'

Derk en Wicher waren bezig bij de achtersloot. Over een week was het schouw en dan moest het er piekfijn uitzien. Met langzame slagen maaiden ze het kweekgras en het riet aan de kant weg.
Ze hadden een uurtje gewerkt toen het lijk aan kwam drijven.
Wicher leunde op zijn zeis.
'Daor drieft er ene,' zei hij.
'Jao,' zei Derk. Hij leunde nu ook op zijn zeis.
'Die ziet er niet best uut,' zei Wicher.
Derk moest er om lachen. Zo droog als dat eruit kwam bij Wicher.
Het lijk kwam langzaam dichterbij. Het had lang in het water gelegen, dat zag je zo. Het was blauw van kleur, hoog opgezwollen.
Nu dreef het tussen hen. Wicher hield het tegen met de punt van

zijn zeis. 'Da's een mooi kostuum wiest,' zei hij, 'een fiene kamgaoren, zo te zien.'

'En een loziekettinge op de buuk,' zei Derk.

'Een deftig heerskap,' meende Wicher.

'Notaoristiep,' dacht Derk.

'Ken jie 'm?' vroeg Wicher.

'Ikke niet,' zei Derk.

'Dan wiete ik het ook niet,' zei Wicher. Hij knielde, haalde het lichaam iets meer naar zich toe met de zeis en trok het horloge uit de vestjeszak. Hij keek erop. 'Half vief,' zei hij. Hij keek omhoog naar de stand van de zon om te vergelijken. 'Dat klupt niet,' zei hij.

'Meskien staot het stille,' zei Derk.

Wicher trok de ketting los uit het vest. Hij had het horloge nu met ketting en al, en kon eraan luisteren.

'Krek geliek heb je,' zei hij, 'het leupt niet.'

'Maor het is niet verruust,' zei Derk.

'Dan is het een gouden lozie,' zei Wicher.

Hij trok de zeis uit het lichaam, legde het horloge voor zich in het gras. 'Gao je weg of ik pakke je weg,' zei hij tegen het horloge.

Het horloge ging natuurlijk niet weg!

'Dan pakke ik je weg,' zei Wicher, en stak het horloge in zijn broekzak.

'Goeie reis,' zei Derk tegen het lijk. Hij gaf het een duwtje met zijn zeis en moest toen even wrikken om de punt weer uit het sponzige lichaam te krijgen. Hij keek hoe het kadaver weg dobberde.

'Nooit eerder ontmuut,' zei hij.

'Een vreemdeling zeker,' konstateerde Wicher.

'Wat zuukt-ie ook hier,' zei Derk.

Later in de middag kwam Arregje Stroop even buurten, zoals altijd op vrijdag. Het was nog een hele onderneming voor haar, nu ze weer op de eieren zat. Maar ze kwam toch, want ze had er een hekel aan, de regelmaat te onderbreken. In haar omstandigheden kon ze natuurlijk niet zelf fietsen, om over lopen maar helemaal niet te spreken.

Lange Jeune, de knecht, bracht haar op de kruiwagen. Ze zat er eigenlijk wel genoeglijk bij, zo'n beetje achterover in het zonnetje, de mollige benen met de zwarte kousen en de gele klompjes wiebelend over de zijkanten, want met eieren zat je eigenlijk altijd wijdbeens, dat was nu eenmaal zo.

De ouwe Sopje en zijn vrouw zaten net aan de middagkoffie toen Lange Jeune met de kruiwagen het erf opkwam.

'Daar is Arregje,' zei vrouw Sopje, 'krek op tied.'

'Jao, daor ken je de klok op geliek zetten,' zei de ouwe Sopje, en hij voegde de daad bij het woord. Met zijn eeltige wijsvinger schoof hij de grote wijzer van de Groftse klok naar de vier toe, zodat die zijn slagen bomde toen Lange Jeune de kruiwagen op de keukenmat zette.

Met zijn drieën tilden ze Arregje van de kruiwagen. Lange Jeune had haar onder de oksels, Sopje en zijn vrouw namen ieder een been voor hun rekening.

Zo droegen ze haar naar de divan bij het fornuis.

'Veurzichtig, veurzichtig,' zei Arregje Stroop.

Vrouw Sopje verwende haar met kussens in de rug. Daar zat ze dan, de kousevoeten op de divan, de knieën opgetrokken en ver uit elkaar, een houding die ze goed kenden van de broedvrouw.

'Wat zal het wezen,' vroeg vrouw Sopje, 'koffie?'

'Nou, as het oe hetzelfde blieft, dan liever een advokaatje. Dat trekt zo lekker tussen de dieën, die warmte, en da's goed veur de eiers.'

Lange Jeune lustte wel een pikeurtje, de ouwe Sopje en zijn vrouw namen een berenburgertje.

'Waor zitte noe up?' vroeg de ouwe Sopje.

'Ze zit up de wulp,' zei Lange Jeune, trots op zijn meesteres.

'Hoevele?' vroeg vrouw Sopje.

'Twaolf stuks,' zei Arregje en ze keek tevreden op van haar advokaatje, 'het is een updracht van de Friese Wulpenbond. Willie ze zien?'

'Jaowel,' zei de ouwe Sopje.

'Toe maor,' zei vrouw Sopje.

Arregje zette haar glaasje weg en drukte, steunend op de handen, het lichaam omhoog, terwijl vrouw Sopje haar de rokken opschortte. Nu zat ze in de zwarte wollen broedbroek. De mannen keken goedkeurend naar het zachte witte vrouwvlees tussen de broek en de zwarte kousen.

'As je me de boks een bietje omlaogskuuft, Pietje,' zei Arregje.

Vrouw Sopje deed het. Arregje trok nu het elastiek een eindje van de buik en zo konden ze in de broek kijken.

'Wat een lief dozientje,' zei vrouw Sopje.

Ze lagen er knus bij, die twaalf wulpeëieren met hun zachte kleurtjes, een beetje verscholen tussen de rossige vochtige haartjes in het warme holletje tussen de benen van Arregje.

81

'Ze hebben het daor goed naor de zin, geleuf ik,' meende vrouw Sopje.

De ouwe Sopje zei dat hij het ook wel naar de zin zou hebben als hij daar lag, en daar moesten ze allemaal hard om lachen.

'Heu,' hikte Arregje Stroop, 'as ik zo muut lachen, pies ik me altied in de boks. Kiek maor.' Inderdaad, de eieren waren nat. Ze glansden.

'Da's goed veur de broei,' zei Lange Jeune.

'Ik leg je de keukenduuk onder de billen,' zei vrouw Sopje, 'dan ken je zoveul lachen en piesen as je wil op m'n divan.'

Ze schoof Arregje een vrolijke boerebonten doek onder het achterwerk, netjes dubbelgevouwen.

Of het nu van dat kruiwagenritje in de meizon kwam of van die gulle warme stroom uit Arregjes onderlijf, in elk geval was daar opeens een klein getik te horen, terwijl ze met zijn allen in de broek staarden.

'Ik geleuf warempel dat het kump!' riep Arregje.

Geboeid bleven ze kijken, Lange Jeune, de ouwe Sopje en vrouw Pietje Sopje, hoe het wonder zich ging voltrekken. Terwijl Arregje het zweet op het gezicht parelde, en op de buik waar het een vijvertje vormde in de diepe navel, zagen ze de barst in het eerste eitje komen en daar was even later het wulpesnaveltje.

'Achchut, dat klaine ding,' zei vrouw Sopje.

En toen was het in enen een getok en gekraak en gefritsel van belang in Arregjes broek: kopjes, natte veertjes, snaveltjes werden zichtbaar, alles begon te bewegen.

Om haar wat lucht te geven haakte vrouw Sopje het katoenen jakje van Arregje open en knoopte ze de borstrok los. Je kon zien dat het in volle gang was, Arregjes tepels stonden stijf te trillen. Het leek of ze gingen openbarsten als lentebloesemknoppen.

Lange Jeune hield zorgzaam het elastiek van de broek omhoog terwijl hij, met een zachtheid die men van deze grote kerel niet zou verwachten, de buik van zijn meesteres streelde die met het toenemen van het jonge leven in haar schoot steeds heftiger op en neer ging. Vrouw Sopje veegde met de hand het gutsende zweet van Arregjes borsten en soms kneep ze er even in alsof ze wou zeggen: rustig maar, wij zijn bij je.

Het prachtige broedvrouwenlichaam begon nu te trillen en te schokken.

'Daor kump de leste uut het ei, heur!' riep vrouw Sopje triomfantelijk. Arregje steunde, ze kwam overeind, de mond wijd open, een hese vreugdekreet kwam uit haar keel, allemaal keken ze ademloos toe, toen gleed ze zacht terug in de kussens.

Het was gedaan.

Lange Jeune viste behoedzaam alle eierschalen tussen de wulpekuikentjes vandaan. Toen hij klaar was kwam Arregje, steunend op de ellebogen, weer overeind en keek ze in haar broek die Lange Jeune trots grijnzend voor haar openhield. De o zo kleine wulpjes scharrelden piepend tussen de zachte dijen en de krullende nesthaartjes of koesterden zich dicht bij de warme opening.

Een gelukkige glimlach kwam over Arregjes gezicht.

'Wat een heerlijk spölletje is het toch,' zei ze. Met haar vinger duwde ze een klein brutaaltje terug dat het kopje al in de verleidelijke opening gestoken had en naar binnen wou. Toen trok ze zelf de broek weer voorzichtig omhoog. Het gepiep werd gedempt van toon, in het donker werden de jongen rustig en weldra bewoog het nergens meer onder de stof van de broedbroek, de kleintjes sliepen, veilig en behaaglijk in Arregjes schoot.

'Noe löst ik er nog wel ene,' lachte Arregje opgelucht.

Terwijl ze genoten van hun welverdiende glaasjes, praatten ze nog wat na. Lange Jeune meende dat de kleintjes de andere dag wel opgehaald konden worden door de meneer van de Friese Wulpenbond, maar Arregje dacht dat ze ze toch nog beter een dagje of twee in de broek kon houden.

Vrouw Sopje vroeg of het meegevallen was of tegen. Arregje zei dat het meegevallen was. Lange Jeune haalde nog eens op over de lepelaarseieren van vorig jaar, dat was een heel karwei geweest.

'O ja, zeker,' beaamde Arregje, 'dat waoren toch kanjers. Ik was tenslotte helegaor stief, zo wied muust ik mit de benen. Nee, geef mie maor wulpen of skoleksters, en wat heel fien is, dat bint die hele klaine winterkeuninkjes, die ken je zonder bezwaor in de kötte uutbroeden, en as je d'r dan een poasnetje underbindt, dan ken je d'r zelfs mit leupen, as je de benen een bietje van elkaor houdt.'

Ze waren het erover eens dat broedvrouw een mooi beroep was dat veel bevrediging schonk.

Intussen was Klaas teruggekeerd van Jan Knoop. Hij mocht ook even in de broek kijken, net als Wiecher en Derk die even later kwamen. Ze feliciteerden Arregje met de mooie jonkjes en dronken er ook een glaasje op. Wicher vertelde van het deftige lijk en liet het

83

horloge zien en zo werd het een gezellige namiddag, vooral toen de ouwe Sopje zijn linkerbeen optilde en er ene liet horen en ze allemaal in koor riepen van 'Dat löcht op!'

'Is Geesje nog niet klaor mit de gait?' vroeg iemand.

Maar daar was ze al, warm en moe van het geduldwerkje met de krugge. 'Ik heb d'r helegaor skoongeskraopt en ze liekt zo goed als nieuw,' zei ze.

'Hebbie de krugge swik goeie ophangen?' vroeg de ouwe Sopje, die soms echt nog het zuivere oude dialekt sprak als hij goeie zin had.

'Jaowel,' zei Geesje, en toen mocht ze ook even naar het jonge spul kijken.

'Kittelt dat niet, vrouw Stroop?' vroeg ze nieuwsgierig.

'Jao,' lachte Arregje, 'maor daor heb ik niks geen bezwaor tegen.'

Vrouw Sopje, die goed in de oude spreekwoorden was, zei: 'Mit een kieken tössen de benen, kan de kötte niet verstenen.'

'Zo is het maor net,' zei Arregje.

'Wat een aordige diertjes,' zei Geesje, 'mag ik ze ook even in de boks, vrouw Stroop?'

'As je veurzichtig bint,' zei Arregje.

'Geesje de broedvrouwe,' grapte Derk, maar Geesje liet ze rustig lachen. Die mannen snapten toch niet hoe een vrouw dat aanvoelt. Ze ging naast Arregje op de divan en ze kreeg, daar de Wommeveense meiden er nou eenmaal geen dragen, een schone roze broek van vrouw Sopje. Die trok ze aan en terwijl iedereen met belangstelling toekeek hoe Geesje het er vanaf zou brengen, verhuisde Lange Jeune met voorzichtige vingers alle wulpjes uit de broek van Arregje naar die van Geesje. Tenslotte zaten ze er allemaal in. Geesje gluurde met rode wangen in de broek naar de kleine pluizebeestjes die daar tussen haar dijen krioelden.

'Geef ze noe maor weer aon mie, Geesje,' zei Arregje, 'het is maor een leeg gevuul zo zonder leven tössen de benen.'

'Het begon juust te wennen,' zei Geesje spijtig. Maar Lange Jeune was de piepende kleintjes alweer aan het verhuizen. Geesje gaf de broek weer terug aan vrouw Sopje, en toen was het weer tijd voor het afscheid van Arregje Stroop. Ze zetten haar in de kruiwagen en Lange Jeune duwde de kar de deur uit.

Met zijn allen zwaaiden ze de broedvrouw na.

Zo wisselden de kleine gewone gebeurtenissen van alledag elkaar af. Niets duidde erop dat de plattelandsrust verstoord zou kunnen worden. Het lijk dobberde verder door de vele sloten van het wijde landschap. Hier en daar haakte een maaiende boer het even naar zich toe, maar niemand kende de overledene, dus was er geen reden tot opwinding. De broedvrouw kreeg bezoek van de Vriendenkring Grutto. Ze hadden haar adres doorgekregen van de Friese Wulpenbond en wilden hun moederloze grutto-eieren ook graag bij haar laten uitbroeden want de Wulpenbond had hoog van haar opgegeven. Natuurlijk zegde Arregje met genoegen toe.

Op de boerderij van Sopje genoten ze die zondagmiddag van een heerlijke jop-in-de-kop, waarbij de ouwe Sopje zich zijn extra grote molsdeel goed liet smaken.

Wicher kreeg het gouden horloge waarachtig weer op gang en hing het aan een spijker in de bedstee die hij met broer Derk deelde.

Jan Knoop naaide zijn Turfjedammer mollemutsen.

Op maandagmiddag, vrouw Sopje had op de kalender gezien dat het Sinte Jöne was dus het kon best weleens zes weken mooi weer blijven, op maandagmiddag kwamen de meisjes.

Ze stond in de keuken uier te snijden voor de inmaak toen ze op het raam klopten. Ze deed open.

De meisjes stonden, warm van het fietsen, tegen hun blinkende rijwielen geleund. Aan de weg hadden ze gezien dat er een zomerhuisje te huur was, klopte dat?

'Jaowel,' zei vrouw Sopje. Ze liet de meisjes binnen.

'Dorst, maidjes?' Ja, dat hadden ze. Vrouw Sopje gaf ze een beker koude biest met zure uiersnippers, dat was lekker met die hitte. Maar de meisjes waren misschien toch niet zo erg dorstig, want ze nipten er alleen maar even aan. Ze waren wel gezellig en spraakzaam. Vertelden dat ze een trektocht door Nederland maakten en dat ze het hier zo mooi vonden, dat ze wel een paar dagen wilden blijven.

'Noe, dat treft dan,' zei vrouw Sopje, 'we hebben nooit eerder aon toerisme gedaon, maor dit jaor bint we toch ook maor een huusje begonnen. Je bint aigenlijk de eersten in Turfjedam.'

Ze waren een jaar of twintig. Zo precies kon vrouw Sopje dat niet schatten want ze zagen er zo anders uit dan de meiden van Turfjedam en Wommeveen, een ander soort gestalte, meende ze, en ze liepen anders.

Het ene meisje was vlasblond. Ze had lichte, helblauwe ogen. Het andere meisje was een Indiaanse of zoiets met blauwzwart haar, en ze sprak met een rollende r. Allebei droegen ze spijkerbroeken die ze rafelig hadden afgeknipt tot bijna in de liezen, en blauwe spijkerstofbloeses, waarvan ze de slippen aan de voorkant geknoopt hadden, waardoor hun middel bloot was. Raar, dacht vrouw Sopje, geen borstrok.

'Waor kump jullie weg?' vroeg vrouw Sopje.

'Uit Haarlem,' zei het vlasblonde meisje.

'Maar we studeren in Amsterdam,' zei het donkere meisje.

'Zo?' zei vrouw Sopje. 'Wat is dat veur studeren?'

Ze zeiden haar die vreemde woorden wel driemaal voor, maar vrouw Sopje kon ze niet nazeggen. Ze had trouwens helemaal moeite om ze goed te verstaan.

Vrouw Sopje ging de meisjes over het graspaadje voor naar het huisje. Het stond aan het water.

'Geesje de meid heb het juust skoongemaokt,' zei ze, 'veur de toeristen. Je bint de eersten.'

Het donkere meisje hopste op en neer op het tweepersoonsbed met de donsdeken. 'Het piept gezellig,' zei ze. De ander gooide het raam wijd open en keek over de plas. 'Ha, zwemmen,' zei ze.

'Hier ken jullie koken,' zei Sopje en ze wees op het flessegasstel.

Toen liet ze de meisjes alleen, want ze had het druk. Ze moest nog heel wat uier snijden en in het zuur doen, want voor je er erg in had was het winterdag, en als de mannen dan terugkwamen van het rietsnijden, dan was het tijd voor warme uierpannekoeken.

'Dat bint aordige maiden,' zei Klaas bij het avondbrood.

Wicher sneed een mooi plat stuk van de varkenskop en legde dat op zijn boterham. Een oogje van het varken had hij al verschalkt. 'Veur stadse maiden valt het mit. Ik heb er alooit 's een paor gezien, maor die zaoten in een grote otomobiel de keuningin uut te hangen en die lachten me uut, waorom, dat wiet ik ook niet.'

'Ik was niet zo veur dat zomerhuusje want je wiet nooit wat je op het erf kriege,' zei Derk, 'maor het valt mit. Niks hoovaordig, heur, ze zwaoiden naar me toen ik langeskwam mit de boot.'

'Een bietje maoger bint ze,' zei de ouwe Sopje.

'Die eten haost niks in de stad,' zei Geesje, terwijl ze haar roggesnee in de bullekesoep doopte en er handig een groot stuk pens mee opschepte, 'dat heb ik geheurd.'

'Van wie, maid?' vroeg Klaas.

'Van Lubber de Bol, die heb wel is in een stad wiest. Ze eten daor haost niks.'

'Maor joe ete hog teveule,' zei vrouw Sopje, die soms, zonder dat ze het zelf in de gaten had, terugviel in de taal van Turfjedammerbovenvelde waar ze eigenlijk vandaan kwam. 'Joe liekent wel hog drachtig, zo dikke worre joe. Kiek 'ns, vuul 'ns eumpjes.'
Ze schulpte haar hand onder een van Geesjes borsten en woog hem. 'Da's hog krek een ponde of vier!'
Nu wist Derk weer een spreekwoord: 'Beter een zwaore tiet dan een raore tiet.'
'Da's ook weer waor,' zei vrouw Sopje.
De meisjes kwamen langs het raam met hun fonkelende fietsjes. Ze zwaaiden: 'Dag!'
'Het is toch ekstra verdienst mit dat huusje,' zei vrouw Sopje. 'Bin toch blie dat we 't gedaon hebben.'
De ouwe Sopje tilde onder de tafel zijn linkerbeen op. Maar het lukte niet.
Zijn vrouw zei: 'Wat kiek je verbaosd, Sopje?'

De meisjes uit de stad schenen het goed naar de zin te hebben in Turfjedam. De volgende morgen fietsten ze zingend door het dorp en toen over de dijk naar het Bosje van Haas. Ze kwamen terug met kamperfoelie.
Daarna zwommen ze een poosje bij het zomerhuisje in de plas. Uit de verte kon je hun hoge stemmetjes horen.
In de middag kwamen ze hier en daar een beetje kijken, in hun kleine broekjes.

Het donkere meisje klom op de rug van het paard en reed een eindje over het weiland. Ze hield zich vast aan de manen. Klaas kwam eraan lopen: 'Niet vallen, heur!' Ze riep terug dat ze niet bang was.
Klaas grinnikte en schurkte zijn broek over zijn dijbenen. 'Oe,' zei hij, want het jeukte weer knap, en dan was het een weldaad om zo te krabben.
Het meisje kwam naar hem toerijden. Ze vroeg wat hij mankeerde dat hij zo krabde.
'Niks bezunders,' zei Klaas, 'gewoon slootskörft.'
'Wat is dat?'
'Dat wiet ik ook niet. Ik heb het, dat wiet ik.'
Het leek wel of ze kwaad werd. 'Dan moet je naar een dokter!'
'Naor een dokter?' Klaas begreep er niets van.
'Je kan zo niet rond blijven lopen.'

87

'Waorom niet,' zei Klaas, 'het is toch juust lekker, zo'n bietje krabben as het jukt? Dat gaot deur je hele lief heen. Ze willen het allemaol wel hebben, slootskörft. Jie niet dan?'
'Nee, smeerpijp,' zei ze. Ze gleed van het paard af en liep weg. Klaas keek naar het kleine billebroekje en krabde zich nog maar eens. Smeerpijp?

Mensenlief, wat een hitsig weer. Terwijl Geesje de geit molk in de geurige warme stal werd ze jeitserig in de liezen en moest ze telkens weer denken aan die donzige vogeltjes die ze in de broek gehad had, dat was toch maar een lekker gefriemel en gefiezel. Die vrouw Stroop had een mooi beroep. Je voelde nog eens wat. Misschien werd ze ook wel broedvrouw, Geesje.
Op de warme uier. Dat was ook fijn...
Geesje hield het nu toch niet langer uit. Ze trok de rokken op en bond ze om het middel. Toen, Geesje was een sterke meid van Wommeveen, toen gooide ze de geit ondersteboven. Het dier mekkerde een beetje maar het had het warm en had niet veel lust om tegen te spartelen.
Geesje ging met het gezicht naar de achterpoten zitten, deed die uit elkaar en zette zich zachtjes op de uier, die ze ruisend natplaste. Genietend schoof ze de grote meidekont heen en weer over de uier. Toen nam ze een van de spenen in de hand en wreef die op en neer tussen de benen. Het was er glad en heet. Hè, zo ging het al beter met Geesje.
Vrouw Sopje kwam langs de staldeur. toen ze binnenkeek zag ze Geesje bezig. 'Jeitserig, maidje?' vroeg ze.
'Jao, jeitserig,' lachte Geesje. Vrouw Sopje liep door, ze had het druk in de keuken met de inmaak.
Alweer belangstelling. Nu dat blonde meisje. Wat een lange blote benen. Geesje ging ongemerkt vlugger met de speen. 'Jeitserig, och kind, ik bin zo jeitserig.'
Wat keek ze verbaasd, dat stadsmeisje. Het leek wel of ze geschrokken was. Ze hield even op. 'Wat is 't, maidje?'
'Wat doe je daar?' Nu stond het andere meisje er ook al bij.
'Kijk nou!' zei de blonde.
'Jessusmina,' zei de donkere.
'Als je straks ook wille, dan zeggie het maor,' zei Geesje gastvrij, 'maor ik mot noe eerst even klaorkummen.' Ze sloeg geen acht meer op de meisjes en duwde de speen naar binnen. Met dichtgeknepen ogen gleed ze op en neer.

Ze hoorde de meisjes praten, maar ze verstond dat taaltje niet goed. Ze was trouwens te bezig om te luisteren, och kind, wat was het toch altijd hemels, dat ding erin. 'Het kump, het kump!' riep ze ineens. Ze deed de ogen open en staarde naar de blote middeltjes van de meisjes. 'Huuuuuum!' kreunde ze.

Ze stond op en liet de rokken zakken. 'Heu, dat löcht op.'

'Waarom doe je dat?' vroeg het blonde meisje. Ze wees op de geit die loom overeind krabbelde en een pluk gras begon te vermalen.

'Wa's dat noe veur een stomme vraog,' zei Geesje verwonderd, 'je mot toch wat doen as je de kriebel in de kötte heb?'

Het donkere meisje kwam met nog een stommere vraag: 'Waarom doe je het niet gewoon met een man?'

'Da's toch leugisch,' zei Geesje, 'ik bin niet getrouwd.'

'Moet dat dan?' vroeg het blonde meisje.

'Jao natuurlijk. Je mag toch niet mit een man op de kötte as je nie veur de kerke mit 'm getrouwd bint. Wiete dat niet?'

Ze ging weer verder met melken, maar de meisjes bleven nog en kwamen zelfs bij haar staan.

'Mag ik je een wetenschappelijke vraag stellen, Geesje?' vroeg de blonde.

'Wetenskap?'

'Ja, waarom doe je niet net als alle andere meisjes.'

'Wat dan, maidje?'

Het antwoord was een woord dat Geesje niet kende.

'Wat is dat?'

De meisjes haalden ongelovig hun schouders op en zeiden een heleboel dingen tegen elkaar in dat malle spraakje.

'We hebben besloten om het voor te doen. Wat je nou doet is zeldzaam onzindelijk.'

'Eerst zorgen voor schone handen en schone nagels,' zei het donkere meisje.

'En dan gaat het zo,' zei de lange blonde. Ze schoof twee balen hooi tegen elkaar, trok haar broekje uit en ging liggen, de benen van elkaar. Geesje kwam nieuwsgierig dichterbij.

'Kijk,' zei het blonde meisje, 'zo met de vingers masseren, hier en een beetje hier. Zie je hoe ik het doe? Mmmm.'

Geesje keek met grote ogen naar die glippende lenige vingers en ze voelde warempel de jeitserigheid onderin weer opkomen. Maar opeens drong de vreselijke waarheid van wat ze daar voor zich zag tot haar door.

'Maor dat is vies, dat is smerige zunde!'
'Je bent mal,' zei het donkere meisje, 'kijk dan, dat is toch veel klie-ner. Ik doe het ook altijd.'
'Mmmmm,' klonk het van de hooibalen. Het blonde meisje had de benen nu ver uit elkaar in de lucht gestoken en zat er tussen met de vingers van beide handen.
'Je steekt me aan,' zei het donkere meisje. Ze begon haar broekje uit te trekken.
'Dat ken ik niet aonzien,' krijste Geesje.
'Schreeuw niet zo, kind.'
'Dat is vies, dat mag niet, mit de aigen vingers aon de aigen kötte! Skande!'
Huilend en ontdaan vluchtte ze de stal uit. Ze keek nog een keer angstig om en zag dat ze de staldeur van binnenuit dicht deden.

Vrouw Sopje zat er maar mee, met die verhalen. Eerst Klaas die kwam mopperen dat die zwarte meid hem een smeerpijp genoemd had omdat hij krabde.
'Trek het je niet aon, Klaos,' had ze gezegd, 'da's alles de kift van die maid dat ze zelf geen slootskörft heb. Da's toch een zegen, mien jong, as je dat heb. Dat bietje genot willen die stadsluu ons nog ont-zeggen. Maor ik zeg je, het is allenig de kift.'
Maar het zat Klaas toch niet lekker. Hij deed zijn broek omlaag en keek naar zijn rode, goed door en door geschilferde dijbenen. 'Wat is daor noe smerig aon,' mompelde hij, 'het ziet er toch prachtig uut?'
Op dat moment kwam Geesje binnen. Ze was een beetje gekal-meerd, want ze had eerst nog een hele poos in het konijnenhok geze-ten met het zachte, kriebelende snufneusje van Flap, de langoor, tussen de benen.
'Jao, ik wiet het nog van vroeger,' zei vrouw Sopje, 'dat bewegende neusje tegen de kötte, dan kump een maidje zo mooi lang aon d'r ge-rief. Maor, vertel me noe's, wat was er noe mit de stadsmaidjes dat je zo geskrokken was.'
Geesje vertelde zoveel als ze begrepen had. Van dat ze gezegd had-den dat zij, Geesje, vies en smerig deed met de geit. 'En toen ging die vlassige het veurdoen en toen zat ze...' Geesje dorst het bijna niet te zeggen.
'Zeg op dan,' zei Klaas. Hij krabde zich maar het ging niet van har-te. Geesje fluisterde nu haast, zo schandelijk was het wat ze vertel-

len moest. 'Toen zaoten ze mit de aigen vingers aon de aigen kötte.'
'Owo,' zuchtte vrouw Sopje, en toen ging ze onderuit. Juist kwam
de ouwe Sopje binnen. 'Heu, wat is hier beurd!'
Klaas stond met de broek op de schoenen naar de vloer te kijken,
waar ze lag. 'Moe heb flauwvallen,' zei hij.

'Daor heb je de notaoris weer,' zei Derk.
'Die wor steeds dikker,' zei Wicher.
'Hoe kumptie noe op de plasse?'
'Mit de wind mit naor buuten gedrieven,' veronderstelde Wicher.
'En het blieft maor naost de boot drieven,' zei Derk.
'Hie vindt het hier zeker gezellig,' lachte Wicher.
'Hallo!' klonk er over het water.
'De stadsmaidjes,' zei Derk, 'daor zwemmen ze.'
'Heu!' riep Wicher.
Met snelle slagen kwamen de meisjes dichterbij. De donkere haakte
als eerste een natte glanzende arm over de boorand. 'Mogen we even
uitrusten in de boot?'
Ze trokken de meisjes binnenboord in het schommelende vaartuig-
je. Hun maagjes gingen snel in en uit van het zwemmen, ze hijgden
en proestten nog na.
'Mot je een stök worste?' vroeg Derk.
Dat wilden ze wel.
Derk brak de worst in tweeën en gaf ze ieder de helft. Zelf deelde
hij een andere met Wicher. De mannen hapten er gretig in. 'Dat
smaokt op het waoter.'
De blonde was uitgehijgd. Ze nam een hap. Haar gezicht vertrok.
Ze hield op met kauwen. De donkere had ook een hap genomen. Ze
maakte een grimas en spuugde het uit over de rand in het water.
'Wat is dat?' vroeg ze.
'Goeie molleworst,' zei Derk verbaasd.
'Worst van mollen?'
Het blonde meisje spuugde het onmiddellijk gillend uit over de andere
rand en begon nog harder te krijsen toen ze de opgezwollen man zag.
'Een lijk!'
'Wat geeft dat noe,' zei Wicher, 'niemand kent die man hier.'
'Dood gaon doen we allemaol,' zei Derk, 'de ene in bedde, de andere
in de plompe.'
Maar de meisjes waren al overboord gesprongen. Ze zwommen heel
snel in de richting van het zomerhuisje.

91

'Die bint geskift,' zei Wicher.

'Ik wou dat ik slootskörft had,' zei Derk toen, 'dan had ik tenminste wat aongenaoms om te doen.'

'Ik zal blie zien as ik mag trouwen van vaoder,' zei Wicher, 'die maidjes bint geskift maor ik bin toch jeitserig geworden van die benen en die blotighaid.'

'Ik ook,' zei Derk. 'Nou ja, we hebben altied het spechtegat nog in de dikke berk. Kum, broer, dan gaon we d'r even in, dat zal oplöchten.'

Ze roeiden naar het land. De dikke berk stond naast het zomerhuisje.

Wicher, die er het meest aan toe was, klom als eerste in de boom.

Hij maakte de broek los toen hij op twee meter hoogte was, want daar zat het vertrouwde spechtegat.

'Ik heb hem goed stief,' riep hij naar beneden.

'Toe maor,' riep Derk.

Wicher stak hem in het gat, omklemde de dikke berk, waarin al zoveel geslachten Sopje hun jongenszaad hadden gestort en hij begon.

'Die maiden,' riep Derk van beneden, 'staon veur het raom van het huusje te kieken of ze nog nooit een jeitserige jongen in de boom gezien hebben!'

'Jao jao,' gromde Wicher, 'ik bin noe bezig, man. Hoei, het kump al haost.'

Even later, toen Derk in de dikke berk was, zag Wicher de stadsmeisjes weghollen over het graspaadje met hun glimmende fietsjes, alle bagage alweer achterop.

'Ik zie ze,' riep Derk van boven. Hij staarde ze na, met hun korte broekjes, en ging vanzelf wat vlugger in en uit.

'Volgens mie waoren het slechte maiden,' zei de ouwe Sopje.

'Het is toch waor,' zei Klaas, 'er kump geen goed volk uut de stad.'

'Ze draoien alles om,' zei vrouw Sopje, 'dat is de verwarring van de duvel die die maiden zaoien. Wat goed is en in ere mot worre gehouen dat noemen die slecht. Wat niet deugt, dat noemen die goed.'

'Met de aigen vingers aon de aigen kötte,' zei Geesje. Ze kreeg een rooie kleur toen ze merkte dat haar vingers door de kapotte zak in haar rok waren afgedwaald naar de onderkant van haar buik waar het weer jeitserig gloeide. Gelukkig had niemand het gezien. Straks maar even naar de geit.

'En ze lösten geen molleworst ook,' zei Wicher. Hij was nu klaar met de petroleumlappen. Derk stak ze aan. De vlammen lekten al gauw aan het hout.

De jongens kwamen er bij zitten in het gras.

'Het vuur begint al warm te straolen, da's goed veur mien eiers,' zei Arregje Stroop die er ook bij zat.

'Ze zit noe op de grutto,' zei Lange Jeune trots.

'Jao, ene is d'r naor binnen geglejen,' zei Arregje, 'maor ik zal wel goed wied zitten, dan kneust-ie niet.'

'Zuver geskift en vals,' zei Derk, 'skreeuwen om een onnozele dooie en goeie molleworst uutbraoken.'

'Alles de verwarring van de duvel,' zei vrouw Sopje.

'Jao,' zei Wicher. Hij krabde zich op de dijbenen.

'Dat gaot goed,' zei Klaas. 'As je nog ene nacht bie ons in de bedstee kump, dan breek het wel deur. Kiek, Derk krabt ook al. Bie hem ziet de slootskörft er al mooier uut dan bie mie.'

Derk tuurde in de vlammen en dacht aan die korte broekjes en blote middeltjes die daar een paar uur geleden nog rondgelopen hadden.

Die zwarte had steeds zo met het kontje gezwaaid als ze liep. En die blonde had met de eigen vingers... Derk keek naar de dikke berk die door de vlammen in een flakkerend licht stond. Hij schoof dichter naar Geesje toe.

'Duvelspraot en duvelskunsten was het,' zei vrouw Sopje, 'van de biest dronken ze ook al niet.'

Tenslotte zeiden ze niet veel meer.

Ze zaten daar maar en keken naar het brandende zomerhuisje, ieder met zijn eigen gedachten.

Het dak begon al te kraken.

Giethoorn, juli 1972

LÉVI WEEMOEDT

Bingham & Co.

Dat alles wegwaait, alles verdwijnt, o ik heb dat nooit beter gevoeld dan tijdens de eerste kampeervakantie met mijn ouders, 1956 in het Sauerland. We stonden op een pre-historische camping, een stuk land dat voor het vee te steil en te bonkig was, boven een boerderij waarvan ik mij nog het duidelijkst het open hartje in de deur van het schijthuis herinner, diep in het dal.

Ons onderdak was een grauw-witte kolossale tent, waarop met sombere, zwarte letters, akelig zichtbaar, een aantal maal de woorden BINGHAM & CO SCHIEDAM te lezen stonden. Bij die firma had mijn vader het gevaarte gehuurd om voor het eerst met het hele gezin plus mijn neefje als speelkameraad voor mij naar het buitenland te gaan. Europa herstelde zich voorspoedig van de oorlogswonden en ook in ons milieu werd wat geld overgehouden, maar het bleef natuurlijk verstandiger de eerste keer een tent te huren dan te kopen.

Het kamperen toen kende nog niet de luxueuze excessen van onze dagen: op een diep doorbuigende imperiaal werden gewoon dezelfde spullen meegenomen die dagelijks in het huishouden werden gebruikt: moeilijk te stapelen voorwerpen als de rondborstige Holland Electra stofzuiger met zijn vele uitsteeksels, de hand-koffiemolen, het stalen vergiet, de zinken afwasteil, de oude vertrouwde staande fietspomp (met daarop de door mijn vader geschilderde witte letters: KOOP ER ZELF EEN!), tientallen lakens, slopen en dekens en verder allemaal levensmiddelen, levensmiddelen en nog eens levensmiddelen. Je kon in de wagen geen voet verschuiven of je stootte tegen een vleespan; bij het verzitten kwam er met de wandelstok steevast een pakje boter naar beneden en drukte er plotseling een tentstok in de oksel. En al die conservenblikjes die de hele weg tegen de benzinetank rammelden! Die ontelbare handige artikelen, zo fijn zo licht zo

waterdicht, die de kampeerder tegenwoordig tot zijn beschikking staan, ze waren er toen doodeenvoudig niet.
Maar men had toen nog wel ruim baan op de Europese wegen! En zo'n vijfentwintig jaar terug zwaaiden landgenoten nog naar elkaar in het buitenland. En tot grote ergernis van mijn vader toeterden zij daar nog luidruchtig bij ook, een apeliefde die in zijn misantropisch gemoed geen sprankje genade vond. Maar hij wreekte zich hiervoor op de terugreis. Want hij had de gehele vakantie dit stompzinnige ritueel vrij kalm en slechts binnensmonds vloekend over zich heen laten gaan, toen eenmaal voor het laatst bij Wuustwezel de Nederlandse grens was gepasseerd, sloeg hij bij iedere tegenligger buiten zinnen op de claxon en krijste door de ingedommelde Volkswagen: 'HOLLANDERS!! HOLLANDERS!!'

Uit een vaag maar in ieder geval langdurig vrijgezellenbestaan dat zich voornamelijk had afgespeeld in een tweevoetsjol op de vlieten en de Vaart bij Vlaardingen had mijn vader een passie overgehouden voor knopen leggen. De veters in mijn schoenen, eenmaal door hem gestrikt, zaten voor het leven vast; zelfs als ze knapten hield ik altijd nog die gave strik in mijn hand. Mijn zusje heeft eens een hele middag huilend in de bloedhete zon gelopen met haar capuchon op, waarvan mijn vader 's morgens, toen er een buitje dreigde, de koordjes stevig onder haar kin had vastgesnoerd. En ik herinner me ineens dat ik een keer, toen ik een boodschap voor hem moest wegbrengen, in dolle drift mijn fietsje in elkaar heb getrapt, omdat daarop het pakje zó geraffineerd was vastgebonden dat het nergens kon worden losgemaakt. Want mijn vader had altijd een hekel aan endjes touw die er zo maar los bij hingen: *dat gaat klapperen en slaan,* zei hij, en dus knipte hij die stukjes vlak boven de knoop af.
Niets bracht hem zo in verrukking als een kluwen hagelwit zeiltouw, soepel en krachtig, met aangeslagen ogen om doorheen te halen. Lang vóór het uur van vertrek, die eerste vakantiedag, zag ik hem op het keukentrapje over de imperiaal van de Volkswagen gebogen staan en hoorde ik hem hijgend sjorren, doorhalen en overgooien. Toch was zijn stouwerstalent niet bestand tegen het volkomen systeemloos aanreiken door mijn moeder van de meest ontmoedigende voorwerpen. En dus klonken er weldra enige overgekookte *godvers* vóór de steeg, die ik maar moeilijk voor mijn vriendjes verborgen kon houden.
En het vertrek zelf vond plaats in een sombere en bedrukte sfeer,

waarbij duizend spanningen en emoties nèt niet tot ontlading kwamen en bij ons kinderen zo maar ineens tranen begonnen te rollen van angst en verdriet. Toch moesten wij, met verwrongen gezicht, opgewekt en blij gedag zwaaien aan vriendjes, buren en aan tante Neel die in haar zwarte jurk, de handen drogend aan het bloemetjesschort, juist op tijd voor de uitgang van de steeg stond. Het had allemaal meer weg van een Uitvaart dan van een vrolijk begin van een fijne vakantie ('Jij gaat *fijn* op vakantie! Heb je een *fijne* vakantie gehad, *ja* zeker, hè...?') Die stemming werd er, de eerste honderd kilometer, niet beter op. De conversatie tussen mijn ouders op de voorbank beperkte zich tot het snauwerig uitwisselen van beledigingen en het insinuerend opsommen van artikelen die *ook wel weer vergeten zouden zijn.* Op de achterbank maakten mijn neef en ik beverig aantekeningen in een dagboekje, god mag weten welke idioot ons dat idee had aangepraat. Het zal wel iets te maken hebben gehad met de unieke belevenis van de eerste keer buitenland. Triest schreef ik er voorlopig alleen wat plaatsnamen in, die ik op willekeurige momenten door mijn raampje voorbij zag schieten. En verder probeerde ik stiekum te ontcijferen wat mijn neef schreef. Maar die kreeg het in de gaten en hield zijn hand ervoor.

De eerste nacht dat de tent in volle glorie overeind stond werd hij ook weer neergesleurd. En het had mijn vader nog wel zo'n moeite gekost de zware tabernakel op zijn poten te krijgen! Aan ons had hij in elk geval weinig hulp gehad: in beslag genomen door al die 'bergen' om ons heen en het indrukwekkende stuwmeer dat diep onder ons lag, hielden we de tentstokken òf te laag òf te hoog, zodat de aansluiting met die van mijn vader pas na veel gepor en geprik tot stand kwam. En zelf heb ik sterk het vermoeden dat tóen, door al dat gepook met die scherpe punten, in de nok een scheurtje in het tentdoek moet zijn ontstaan, een scheurtje dat later op die dag nog wel een staartje zou krijgen! Maar op een gegeven moment stond de tent en liep mijn vader trots als een aap om het lelijke, logge ding heen, terwijl hij hier en daar een scheerlijn aantrok en ter versterking van de nok een extra lijntje spande. Van het asgrauwe zeildoek schreeuwde het BINGHAM & CO SCHIEDAM je om de meter tegemoet, vooral nu het doek zo strak stond.
Het avondeten moest binnen in de tent gekookt worden want het was zachtjes gaan regenen. De ingang werd versperd door het blauwe butagasstel, omgeven door een ring van vlijmscherpe, openge-

trokken blikjes. Mijn neef en ik zaten achter in de tent en moesten daar noodgedwongen blijven wachten. Er viel niets anders te doen dan in het dagboekje te gaan zitten schrijven maar er was nog maar zo weinig gebeurd! *'De tent staat, we gaan eten,'* las ik naast me. Die had blijkbaar ook niks anders.

Nog maar net lagen we op de keiharde luchtbedden (zelf, met een steeds groter gevoel van duizeligheid opgeblazen, want de fiets-pomp paste er niet op) of het begon opnieuw te regenen maar nu harder en met dikkere druppels. *'Hè jongens, gezellig dat getik op de tent, dàt hoor je niet in een eerste-klas-hotel,'* zei mijn vader voor in de tent. En meteen zette hij in: *'Het regent, o wat regent het / Ik hoor het in mijn warme bed / Ik hoor de regen zingen...'*
Mijn neef en ik hoorden de regen helemaal niet zingen, want de neerslag was in alle forsheid toegenomen. Het leken nu wel hagel-stenen die op ons dak kwamen. Het zeildoek begon nu ook licht heen en weer te gaan en vanaf mijn plaats, achter de tentstok, zag ik de letters BIИGHVW ⅋ CO naar binnen en naar buiten gaan, alsof de tent ademhaalde. Mijn vader was aan het volgende lied begonnen en omdat wij dat ook kenden zongen we enigszins trillend en bedeesd mee: *'In 't groene dal / In 't stille dal / Waar kleine bloehoempjes bloeien...,'* maar net was mijn vader, die ons iets vooruit zong halver-wege de regel: *'Daar ruihuist een blàhanke waterval...,'* of er beukte een enorme windstoot op de tent neer en op dat ogenblik krijste er een geweldige scheur vanuit de nok naar beneden. Vrijwel meteen voelde ik nattigheid op mijn kussen. *'Godverdomme!'* brulde mijn vader en direct zat iedereen overeind. De tent begon te schokken als een gek want door de plotselinge jaap kreeg de onverwacht opgesto-ken storm greep op het binnenste van ons gezellige nachtverblijf. Nu eens stond de tent ongelooflijk bol, dan weer scheen alle lucht eruit weggezogen en werden wij als vacuüm verpakte koffiebonen in het tentdoek gedrukt. Bij de volgende klap sloeg een windstoot een hele tentflap open waardoor ik schuin onder mij de letters BINGHAM & CO weer in normaal schrift kon lezen, terwijl dikke hagelstenen op mijn hoofd ranselden. *'Aan de tentstokken!'* schreeuwde mijn vader en snel trok ik mijn hoofd terug. Mijn neef en ik grepen de achterste staander en kregen versterking van mijn zusje. Mijn ouders hoorde ik voor in de tent jeremiëren rond de andere stok.
Er werd nu niet meer gezongen in onze tent. Geen stem had trou-wens dit razen der elementen kunnen overdonderen. We hadden bo-

vendien de handen vol aan de stok die als door een boze geest bezeten de krankzinnigste bewegingen maakte en ons alle drie meesleurde als hij plotseling naar een totaal onverwachte kant uitsloeg. Mijn
handpalmen gloeiden om de kokende staaf en ik verbaasde me erover dat mijn zusje nog helemaal niet gehuild had. Midden in het
geloei hoorde ik het rinkelend geluid van tentstokken die uit de nok
op de grond vielen en ineens stortte een grote lap tentzeil als een ge-
waad over ons neer en zaten we in het pikkedonker. We konden nu
ook onze ouders niet meer horen. Maar het hield wel onmiddellijk
op met lekken waardoor het behaaglijk warm werd en op een bepaald moment zijn we zo, met ons drieën om de tentstok in slaap gevallen.

Ik was het eerste wakker, volledig in paniek. Ik had gedroomd dat ik
blind was en toen ik mijn ogen open deed was het nog echt waar
ook! Pas heel langzaam, bij het voelen van het kletsnatte tentdoek,
kwamen de herinneringen aan de vorige nacht terug. Ik moest helemaal onder mijn zusje uitkruipen en probeerde mij ook onder de
klamme last van al de gescheurde zeilen uit te werken. Eindelijk had
ik mijn hoofd naar buiten, waar ik meteen verblind werd door een
stekende zon. Toen ik mijn ogen open kon houden, drong zich een
uitermate triest tafereeltje aan mij op. Ik zag dat de tent die nacht fi-
naal door midden was gescheurd. Wat nog restte waren twee schamele wigwams, gedrapeerd rond de tentstokken en slechts verbonden door het lijntje dat mijn vader voor de zekerheid langs de nok
had aangebracht. Van beide tentjes kwam een enorme damp, alsof er
binnen driftig werd gekookt.
Droef keek ik naar het gedeelte waar nu mijn ouders onder lagen.
Het zag er nog veel geteisterder uit dan het onze. Rafels en flarden
hingen van de punt naar beneden. Op een reep, precies over de
lengte, stonden duidelijk leesbaar de zwarte letters BINGHAM & CO
SCHIEDAM. Het hing er als een laatste groet. De zon begon nu erg
warm te worden maar ik had het koud tot diep in het hart en voor
het eerst verlangde ik sterk naar mijn dagboek.

JAN MULDER

De vliegende kiep

Hij is uit zijn doel. Hij drijft, brutaal ver uit zijn strafschopgebied, met de bal aan de voet richting middellijn. Een wild gevoel heeft zich van hem meester gemaakt. Hij passeert mannetje op mannetje, want keepers zijn sterk aan de bal.

Ik heb eens een keeper gezien die zich midden in zo'n uitspatting plotseling met beide handen naar het hoofd greep, zich omdraaide en zonder bal naar zijn doel terugrende.

Soms neemt een keeper een penalty. Daarvoor moet ie dus naar de overkant. Als hij mist moet hij als de weerlicht terug, dat is het nadeel ervan.

Ach, hoe verging het Iremonger, de kiep van Notts County, toen hij eens een strafschop nam.

Iremonger, moeten we even vertellen, was een boomlange, magere lat van een doelman. Een skelet met een zonneklep op. Het was al geen gezicht toen hij dat hele veld overstak om de penalty voor Notts te nemen. Maar het zou erger worden.

Destijds aanwezige toeschouwers die het gezicht van Iremonger hebben gezien, nadat hij het vonnis had voltrokken, zouden de details het best kunnen beschrijven, maar het kwam ongeveer op het volgende neer.

Hij schoot tegen de lat.

In zijn zenuwen op tijd terug te zijn, struikelde en hobbelde Iremonger als een dronkeman langs vriend en vijand, woest met de armen om zich heen meppend.

Hij was niet snel. Er was al geruime tijd een ongelofelijke scrimmage aan de gang, toen hij in zijn eigen strafschopgebied arriveerde. Iremonger trof er een wild getrap op leven en dood (geen keeper in

99

de goal!) aan. De verdedigers waren in paniek, de aanvallers waren te begerig, de bal schoot alle kanten op, een carambole, iemand kreeg 'm tegen de schouder, Iremonger viel en krabbelde weer omhoog – hij wilde zijn doellijn bereiken – , en in een desperate poging de boel te redden schoot hij in eigen doel.

PETER SMIT

Wat verstrooiing

De mens heeft rust nodig. De boog kan niet altijd gespannen zijn en wie na een dag hard werken afgedraaid thuiskomt heeft behoefte aan wat verstrooiing. Voor wie niet al te krap behuisd is en geen bezwaar heeft het aangename met het lucratieve te verenigen, kan het houden van bejaarden een ideale vrijetijdsbesteding zijn.

Nog worden bejaarden niet vaak bij particulieren gehouden. Alleen al het horen van het woord 'bejaarde' doet bij veel mensen de rillingen over de rug lopen, terwijl juist diezelfde mensen een Oostblokjongetje of een Derdewereldweesje schattig vinden.

Hoe komt dit toch?

Dit heeft een aantal oorzaken.

Zo worden bejaarden van oudsher gezien als voorboden van de naderende dood. Daarbij komen dan nog hun vaak afschrikwekkende uiterlijk en hun bemoeizuchtig karakter.

Ook hebben de grote aantallen bejaarden die op sommige plaatsen een ware plaag zijn gaan vormen, de reputatie van de soort in ongunstige zin beïnvloed. Tel daar dan nog bij op dat bejaarden die niet goed onderhouden worden al snel naar circustreinen gaan stinken en het kwade daglicht is verklaard.

Echter, wie voldoende aandacht besteedt aan onderhoud en even door de zure appel heenbijt zal spoedig hun beminnelijke karakter en hun – weliswaar begrensde – intelligentie leren kennen.

Vooral de verstandige, opmerkzaam rondziende ogen zal men moeilijk kunnen weerstaan!

Allereerst moet u besluiten hoeveel bejaarden u kunt en wilt nemen. Beginners raden wij aan dit voorzichtig te doen. Twee bejaarden is voor hen een goede start. Dan mist u natuurlijk wel het karakteristieke gekrakeel dat het houden van een grotere groep bejaarden zo aantrekkelijk maakt, maar u vermijdt dat de typische beginnersfouten u boven het hoofd groeien en u kunt door het toepassen van foefjes toch aan uw trekken komen.

Gooi bijvoorbeeld eens wat huisvuil of een handvol stofzuigervulling in een hoekje van het bejaardenverblijf! U kunt er verzekerd van zijn dat het vrouwtje zodra zij het merkt tegen het mannetje begint te snateren en dat de kop van het mannetje langzaam een prachtige purperrode kleur aanneemt!

Het bejaardenverblijf moet koel en schemerig zijn en beslist tochtvrij. Dat komt niet alleen de levensduur van uw bejaarden ten goede maar verhoogt ook hun levendigheid.

's Avonds kunt u de thermostaat wat hoger draaien maar vergeet u 's ochtends niet deze weer in haar oude stand terug te zetten (12 à 15° C) want anders blijven uw 'oudjes' soezen en hebt u niets aan ze.

De verdere inrichting van het verblijf kunt u, naast de noodzakelijke slaapplaats, naar eigen goeddunken uitkiezen, al zouden wij u willen adviseren niet mee te doen aan de huidige mode van discolampen en stroboscopen. De oudjes voelen zich hierbij niet op hun gemak en komen in een sober ingericht verblijf beslist beter tot hun recht. Een paar café-stoelen en een houten tafel zijn goedkoper en voldoen uitstekend!

Wanneer u beslist wat voor voedsel u wilt gaan geven dient u zich te realiseren dat wat erin gaat er ook weer uitkomt.

Het lijkt op het eerste gezicht wel aantrekkelijk om een blik goedkope erwtensoep op te warmen maar het wordt gegarandeerd een enorme stank- en smeerboel. Geeft u liever dingen als witbrood en droge rijst met doperwten. De benodigde vitamines en mineralen kunt u er dan in tabletvorm bij doen. De ontlasting zal dan compact, reukloos en sporadisch zijn en het zo vervelende verschonen is in een wip gebeurd. Denkt u overigens niet dat wanneer de helft van het eten op de vloer belandt u 'dus' tweemaal zo veel moet geven. Geeft u liever iets minder, dan zal de bejaarde het gemorste zelf van de vloer halen en blijft het verblijf langer schoon. Zorgt u wel altijd voor schoon water.

Het verdere onderhoud van de bejaarde bestaat voornamelijk uit het kort houden van de nagels en het schoonhouden van de lichaamsopeningen. Voor wat de ziekten betreft raden wij u aan het standaardwerk *Bejaardenziekten en hun bestrijding* te raadplegen.

Nog een handige tip: bejaarden die last hebben van incontinentie kunt u in bad laten slapen.

CRI STELLWEG

Rijk

Door het nauwe contact tijdens de gebruikelijke vakantielogeerpartij ben ik weer aardig op de hoogte met wat mijn kleinkinderen bezig houdt. Het is voornamelijk en nog steeds het leven der volwassenen, zoals zich dat adembenemend en kleurrijk maar volstrekt onbegrijpelijk aan hen voordoet.

Geld speelt momenteel de grote rol. Wie is rijk, wat is rijk. Vraag Drik wat een Jaguar kost en hij zegt het op galmende toon: '65 duizend gulden en 750 gulden.' Alleen hij beseft hoe verschrikkelijk rijk je dan moet zijn, want voor het zomerhoedje dat hijzelf kocht moest hij een groen papiertje uit zijn portemonnee peuteren plus nog eens driemaal zo'n spiegelende ronde rakker van een gulden. Dat was een hoop geld. Maar hij is dan ook niet rijk. Pas als je een Jaguar hebt ben je rijk. Wie heeft een Jaguar? Slechts één persoon in de voor de gelegenheid ruim bemeten kennissenkring. Die is dus rijk? Nee. Want die werd onlangs failliet verklaard. Het huis werd verkocht met al wat daarin was, uitgezonderd tafel, stoelen en bedden. De Jaguar ook? Nee, want die stond op mevrouws naam. Niet rijk en toch een Jaguar, dit gaat alle verstand te boven.

We brengen een bezoek aan een huis met in de tuin een groot zwembad. De kinderen komen, één oog op het spiegelende blauwe vlak, aan mijn oor zachtjes om bevestiging vragen: die mensen zijn zeker rijk? Maar eer ze het water induiken klinkt het: 'Denk erom, eerst je voeten afvegen voor je erin gaat en je koekje tevoren opeten aan de kant.' Bevreemd wachten ze op de argumenten waarmee de bevelen toch moeten worden onderbouwd. 'Anders wordt het water vuil. Het kost veel geld om het weer schoon te krijgen.' Een dergelijk zwembad en dan tillen aan een koekkruimeltje en een grasspriet? Is dàt nou rijk. Rijk is immers: 'Je doet maar?'

We maken een wandeling, drie uur lang, boterhammen mee, rol drop, pepermunt en appels. Iedereen moe maar voldaan, passeren we, al dicht bij ons eindpunt, een lange, fraai geschoren haag van eeuwig groen. Daarbinnen staat een kapitale villa. Door de haag klinkt opeens de stem van een kind, een paar vingertjes scheiden de daar dunne takken. 'Kom je met me spelen?' zegt het kind tegen mijn langstrekkende kleine kudde. Ze staan op slag stil, slaan de invitatie beleefd af, zeggende dat ze moe zijn en nu naar huis willen maar een andere keer graag, en nemen ondertussen goed het kind en zijn omgeving achter de haag in ogenschouw. Een speelplaats voor een vorstenkind is het die ze daar zien. Schommel, wipwap, poppenwagen uit een Sint-Nicolaasfolder, een miniatuur-Dallas-set en zelfs een badje vol helderblauw water waarop schaterende kunststof watervogels dobberen. 'Goh! Wat veel spullen had die!' zuchten ze perplex, terwijl wij onze weg langs de stugge rug van de haag vervolgen. Al het daar uitgestalde moois trekt nog eens langs hun geestesoog voorbij. 'Zag je die skelter ook?! Die is hartstikke duur, mam!' 'Hartstikke rijk is dat kind zeker, zeg!' Eindelijk dan toch een echte rijke, maar, bedenkt er nu een: 'Ze had niemand om te spelen.' 'Nee en ze moest door de heg staan roepen naar kinderen die voorbijgaan op de stoep of ze alsjeblieft bij haar willen komen.'

Ik wacht met spanning op de conclusie die onstuitbaar de kant van de negentiende-eeuwse kinderliteratuur opgaat. 'Misschien', oppert er een met grafstem, 'misschien mag zij wel nooit gezellig met z'n allen grote wandelingen maken, met boterhammen en drop mee, omdat ze zo rijk is...' Ik zing als een wedergeboren Hieronymus van Alphen: 'Misschien moet zij altijd maar in een Jaguar zitten, dat arme, arme rijke kind...'

Onder het zonnehoedje is het kraken van Driks hersens haast hoorbaar.

NICO SCHEEPMAKER

Eendje

Oma had een blauw-wit clowntje voor Janna gebreid, dus kreeg Sara de week daarop een blauw-wit gebreid eendje van oma, dus wou Janna natuurlijk ook een gebreid eendje want met een clowntje kun je niet quitte spelen tegen een eendje, dus kreeg Janna de week daarop een rood-wit gebreid eendje van oma. En wat waar is is waar: ze was er heel blij mee. Het was niet bepaald haar eerste speelgoedbeestje, ook niet haar eerste eendje, maar wel haar eerste rood-wit gebreide eendje, en daar gaat het maar om.

De volgende dag was het eendje zoek. Heb je het misschien mee naar de kleuterschool genomen om aan juf te laten zien? Nieuwe laarzen, nieuwe kleren, nieuwe poppen moeten altijd mee naar school om aan het oordeel van juf te worden onderworpen, van wie dan geen eerlijke mening maar ongebreideld enthousiasme wordt verwacht. Maar nee, ze had het eendje niet mee naar school genomen. Dan kan het niet weg zijn, dan is het nog in huis, dus zoek nog maar eens goed, zeiden wij. Nu moet ik eerlijk zeggen dat het niet helemaal waar is dat iets dat niet het huis is uitgegaan per definitie nog te vinden moet zijn, want in de loop der jaren zijn al verschillende dingen op raadselachtige wijze verdampt, – een gloednieuw schoentje, herinner ik mij, dat van de ene dag op de andere verdween en nooit meer teruggevonden is. Janna ging dus maar weer eens zoeken, maar vinden ho maar!

Ik zoek niet, ik vind, zei Picasso al. Maar die verloor geen rood-witte eendjes, dus hij hóefde ook niet te zoeken. Ik moet wèl zoeken, maar vond toch ook geen rood-wit-eendje. Ik keek overal waar rood-witte gebreide eendjes zich plegen te verstoppen, tussen de kussens van de bank, in de verkleedkist, domweg tussen de andere poppen net als E.T., noem maar op, maar ik vond het eendje niet. Hij komt wel weer te voorschijn, zei ik, ik heb nu lang genoeg gezocht, ga nu maar met je andere beestjes spelen, je hebt er genoeg! Die avond waren Janna's laatste woorden voor het slapen gaan: 'Ik heb niet meer om m'n eendje gezeurd, hè pap?' Ze was hem dus nog steeds niet vergeten.

Toen ze de volgende ochtend om 7 uur wakker werd begon ze meteen te schreien om haar eendje. Ik besloot nu de definitieve razzia onder alle speelgoedbeesten en poppen van Sara en Janna te houden en daarbij zo systematisch te werk te gaan dat het rood-witte gebreide eendje zich onmogelijk nog langer voor ons verborgen kon houden. En tegelijkertijd besloot ik een inventarisatie op te maken van alle poppen en dieren die Sara en Janna in de loop van zeveneneenhalf jaar en viereneenhalf jaar hadden verzameld, – al was het maar om even te controleren of het waar is dat de welvaart zich de laatste dertig jaar langs een opwaartse spiraal bewogen heeft (mijn vrouw had als kind één pop). Ik noteerde, groot en klein door elkaar, maar met voorbijgaan van het type legopoppetjes en opwindbare beestjes, de volgende voorraad:

26 meisjespoppen, 12 konijntjes, 10 beertjes, 7 hondjes, 6 clowns, 4 olifantjes, 4 aapjes, 4 poesjes, 3 eendjes, 3 uiltjes, 3 divanpoezen, 2 meterslange slangen, 2 zeehondjes, 2 lammetjes, 2 muizen, 2 jongenspoppen, 2 lappenpoppen, 2 dubbelpoppen, 2 nijlpaardjes, 2 leeuwtjes, 2 babypopjes, 1 poesje plus muisje, 1 kippetje, 1 haan, 1 kikker, 1 panda, 1 mol, 1 vogeltje, 1 wasbeertje, 1 negerinnetje, 1 haai, 1 ijsbeer, 1 biggetje, 1 kameeltje, 1 gnoompje, 1 ondefinieerbaar wezen, 1 huilpop, 1 mooie pop, 1 stenen pop, 1 sprekende pop, 1 handolifantje, 1 handkikkertje, 1 handbeertje, en in het gebreide genre (afkomstig van de bejaardenbazar) 4 popjes, 3 poesjes, 2 hondjes, 1 eendje, 1 visser en 1 beertje.

En dan nog de identificeerbare poppen en beesten: 3 Barbies, 2 Chichi's, 2 Mickey Mouses, 1 Kermit, 1 Fozzy Bear, 1 Miss Piggy, 1 Holly Hobby, 1 Nijntje, Ernie en Bert, 1 Gerdapopje, 1 Troll, 1 Misjkabeertje, 1 Curious George (een aap), 1 Pino, 1 Soldaat Schwejk, 1 Jan Klaassen en 1 Volendammer Visser. En natuurlijk niet te vergeten, 3 Snoopy's.

Alles bij elkaar dus 161 stuks, en dan zal ik ook nog wel iets over het hoofd hebben gezien. In deze sector zou een stapje terug niet onmogelijk moeten zijn, zou ik zo denken. Waar is de tijd gebleven dat een meisje 'al haar poppen' een eigen naam gaf? En dan toch nog zum Tode betrübt als het rood-witte gebreide eendje spoorloos verdwenen is! Ook na die grondige inventarisatie (wie het huis uit wilde moest eerst zijn aktentas openmaken om te laten zien dat hij het rood-witte eendje niet mee wilde smokkelen!), bleef het eendje zoek. Totdat Janna in de kamer naast de tafel op de grond zat en opeens, onder het tafelblad in een uitsparing van de poot het rood-witte gebreide eendje zag zitten, dat zij daar zelf verstopt maar weer vergeten had. Ik noteerde: 162 rood-wit gebreid eendje.

RENATE DORRESTEIN

Wankelend onder de bloemkolen

'Nooit met lege handen naar de keuken,' zei mijn moeder vroeger altijd. Dat moeten meer moeders gezegd hebben, want je ziet haast nooit een vrouw met zomaar niets in haar handen. Wezenskenmerk van de vrouw is dat zij dingen draagt. En dat hoeven er niet weinig te zijn. Zelf voer ik gemiddeld toch gauw drie uitpuilende plastic draagtassen met mij mede, vier zelfs als ik mij toevallig in een aanval van breiverslaving bevind en geen seconde buiten mijn pennen en knotten kan. Wat zit er in die tassen? Mijn schone sokken uit de wasserette, slagerszakjes voor mijn damespoezen, laarzen die naar de hakkenbar moeten, een pakje dat van het postkantoor is afgehaald en leeftocht voor een dag of drie, minus de sinaasappels en het wc-papier dat ik vergeten ben.

Vroeger woonde ik in een buurtje met vele winkels en had ik geen weet van zulke dingen, maar ik moest zo nodig hogerop, naar een stadsdeel met nette-mensen-woningen. Stom, stom, stom: in heinde en ver geen middenstand te bekennen. Kon ik voorheen spelenderwijs bekomen wat ik behoefde, thans is het aanschaffen van een schoenveter al een complete expeditie. Nooit beseft wat de mens qua dagelijkse dingen eigenlijk allemaal nodig heeft. Nooit geweten ook, wat dat allemaal wéégt, want als ik momenteel eindelijk een winkel bereikt heb, moet ik in één keer natuurlijk zo veel mogelijk naar huis zien te slepen. Mijn armen moeten het laatste half jaar zeker vijf centimeter langer geworden zijn.

Sinds ik zelf zo sjouw, tors en zeul, valt het me pas op dat andere vrouwen dat eveneens doen. Bepakt en bezakt, bedolven onder bloemkolen en volkorenbroden wankelen zij voort. Niet zelden is er ook nog sprake van een kind op een heup of in een kar of beide, en van een sikkeneurig huisdier aan een riem. Vooral wanneer men markten bezoekt, ziet men dat dragen de natuurlijke habitus van vrouwen is. Het maximum haalbare lijkt misschien een ton ooft, drie Edammer kazen en een aluminium keukentrapje, maar dat is niet zo. In de spelonken van die niet te tillen tassen is altijd nog wel een gaatje te vinden voor een geranium, vier bokkingen, een pond pinda's en een half mud aardappelen, een heel als je even propt. Bleek van ontzag sla ik gade hoe hier zonder enige aarzeling nog een appeltje uit de aanbieding aan toe wordt gevoegd. Zelf zou ik op dit punt de aanvechting krijgen om op de stoep te gaan zitten en alles maar vast op te eten, want voor dat doel koop je het meeste toch, dus daar ben je dan gelijk mooi van af. Maar nee, kloek neemt het naar huis transporteren van de vracht een aanvang. Dat gebeurt vaak per rijwiel. Daarop zijn twee kinderzitjes gemonteerd alsook een groot aantal manden en fietstassen, doch nooit genoeg. Met krakende velgen komt men zo traag in beweging dat het evenwicht lange tijd twijfelachtig blijft. De puk achterop, die een doos eieren en twaalf bananen omklemt, zwaait levensbedreigend van links naar rechts. Het voorste kind zet het maar vast op een krijsen, voor het geval van je weet maar nooit. Het huisdier wordt tengevolge van het zwenken zowat gewurgd door zijn aan het stuur bevestigde lijn en kan nog net een appel uit een uit elkaar barstende zak ontwijken.

O, wend de blik af, dit is niet om aan te zien. Laat ons met lijn 3 naar huis gaan. Welnu, dit hebben meer personen gedacht. Met hun korven en buidels staan zij in de regen bij de halte. Degenen die hen, tot de dood intervenieert, zullen beminnen, respecteren en verzorgen, zitten op hun kantoor in afwachting van de koffiejuffrouw uit het raam naar hun auto op de parkeerplaats te staren.

Maar daar is de tram reeds. Kan men naar binnen met een driewieler, een lampekap, twee tassen en een kinderwagen waarin tussen de dozen Pampers, wasmiddel en kattebrood nog net een mensenkind zichtbaar is? Ja, dat kan, en ook van de vertragingen van het openbaar vervoer begrijpen we nu meer.

Eenmaal binnen, ontstaat er in ieder oog een ijle blik van: kon ik me gewicht maar effe van me voeten gooien. Is er ginder nog een plaatsje vrij, naast die mevrouw met die tassen vol prei? Punt is alleen: wat nu te doen met de aangekochte waren? Waar het kind te parkeren, de driewieler te plaatsen en de lampekap te laten? Die tassen, die kunnen godlof op schoot. Over de rand valt nog net rond te gluren en diefstal van de overige goederen in de gaten te houden. Maar men zit nog niet, of er ontstaat een gevoel van alarm. Tassen worden opengerukt en tot de bodem omgespit. De karnemelk? Waar is de karnemelk! De karnemelk is vergeten! Terug, nu het nog kan? Maar tegen de tijd dat men met have en goed de uitgang bereikt heeft, is men reeds veertien haltes verder. Nog los van de vergeten boodschap is dit reeds een stop voorbij het eigen uitstappunt. Uit zo'n tram geraken is namelijk oneindig veel gecompliceerder dan erin. Men dreigt voor de eeuwigheid beklemd te raken tussen andervrouws pakken en zakken. De baby werpt inmiddels met gulle hand kattebrood om zich heen en blaast bellen ten gevolge van de consumptie van het waspoeder. In de lampekap zit een lelijke deuk. De driewieler schampt de kuiten van medereizigers. Hee! ziet men het uitstappende lastdier ineens denken: zat er aanvankelijk niet een kind op dat fietsje? Heeft ze dat kind soms ergens laten liggen? Zit dat nu verweesd te wenen bij groenteman of slager? O nee, de hemel zij geprezen, de driewieler was een geval van reparatie, net als de lampekap. Wat wordt men toch verstrooid, van het denken aan zovele honderden details. Men ziet er licht een over het hoofd. Zoals die verhipte karnemelk. Maar dan klaart men op. Men glimlacht opgelucht. Men denkt: Ach, morgen ga ik toch weer boodschappen doen?

DRS. P

Gewichtige aankondiging

U denkt zeker dat Aznavour, Eddy Wally en Nana Mouskouri gewoon maar zingen wat er op zo'n avond in hen opkomt. Onjuist. Die nummers zijn van te voren gemaakt en uit het hoofd geleerd, en ingestudeerd met de muzikanten. Ook de volgorde is afgesproken. Men gaat in dat vak heel zorgvuldig te werk. Zelfs het *soort* nummers is niet toevallig. Men streeft naar afwisseling – na een geestig lied iets romantisch, na een droevig lied iets opwindends, enfin u begrijpt me wel – en naar aansluiting bij de emoties en opvattingen die op dat moment de aanwezigen beheersen. Zo is het slordig om daags na een stormramp iets te laten horen in de geest van *De speelse wind fluistert mij zoete geheimpjes toe.*
Zo'n tour de chant is te vergelijken met een weldoordachte maaltijd, waar immers de meest verschillende smaken, geuren, substanties en kleuren zo onderhoudend mogelijk zijn gerangschikt, zonder kwetsing van gevoelens (spek voor Moslims) en met begrip voor de actualiteit (rabarber voor figuranten).
Jongstleden zomer moest er een televisieprogramma van me worden opgenomen, en ook hier kwam overleg aan te pas; zo vond men het wenselijk dat ik me nu eindelijk eens milieuvriendelijk zou uiten. Dat idee leverde een halve dag vergaderen op. Ik zal u niet deprimeren met een beschrijving van het slag mensen dat over zulke dingen vergadert: ik zat er overigens bij, dus dan heeft u al een indruk.
Goed, een milieuvriendelijk nummer. Geen probleem: dat kon worden geleverd. Maar het beeld? Wat moest ik doen, en waar, terwijl ik dat lied voordroeg? Iets met bloemen (tuin, veld, markt)...dat vond iedereen te afgezaagd. Een strandwandeling werd geopperd. Daar zag ik niets in, en de regisseur viel me bij. Als ik me dan eens bij dieren ophield? Paarden, kippen, runderen, 'n vrolijke herders-

hond of zo. Ik drukte dit voorstel vastberaden de kop in. Nadat enige duizenden woorden hun nutteloosheid hadden bewezen, noemde iemand de openluchtsport. Niet kwaad. Buitenopnamen kunnen dan wel mooi zijn, maar actie maakt het pas echt interessant. Al vond ik het begrip 'sport' veel te ruim en hachelijk. Terstond sprak ik mijn veto uit over racen per auto, motor of rijwiel (of te voet), tegen bergklimmen, speerwerpen, hoogspringen, zwemmen, boogschieten, roeien en nog veel meer vermoeienissen.

Jagen viel onbesproken af, evenals stierenvechten. Over bleef zo weinig, dat we er een tijd naar moesten zoeken, maar het bleek een uitmuntend vehikel voor een natuurbehoudend nummer te zijn – golf. Golf. Golf. U heeft toch wel eens van golf gehoord? Het is een tijdverdrijf waarbij een klein balletje van een plek naar een gat verplaatst wordt, dan opgevist en naast het gat gelegd, waarna het in een ander gat moet terechtkomen en zo vervolgens. Er zijn achttien gaten met hoogstens 500 meter tussenruimte. Wacht even. Roep nog niet uit: 'Dat is iets voor mij!' Het is namelijk niet toegestaan de bal in een zakje van plek naar gat te brengen. Ja, men mag de bal niet eens met de hand aanraken (afgezien van het opvissen) en ook niet met de voet voortschoppen. Het is de bedoeling dat men dit tamelijk kleine, harde, ronde voorwerp met een stok wegzwiept, vervolgens gaat kijken waar het is beland, opnieuw het voorwerp wegzwiept en wederom onderzoekt waar het tot rust is gekomen, om het nogmaals weg te zwiepen. Men heeft de keuze uit wel meer dan een dozijn stokken, elk voorzien van een speciaal gezwel aan het eind, en van een soortnaam.

Na verloop van tijd blijkt de bal in het eerste gat (ingewijden spreken van *hole*) te zijn gestort. Na opvissing hervat men de wegzwieping in de richting van het tweede gat. En zo vervolgens. Als men lang genoeg in deze manier van doen volhardt, zal de bal in het laatste = achttiende gat afdalen.

Er zijn volwassen mensen die aldus handelen. Er zijn zowaar wedstrijden. In dat geval telt men de slagen, die de diverse deelnemers van beginplek tot aan verplaatsing naar het eindgat hebben toegebracht, men vergelijkt de totalen en stelt vast dat een daarvan het laagst is. De bijbehorende speler geldt als winnaar – vreemd, daar hij minder werk heeft gedaan dan de anderen, maar zo wil de traditie het. Winnaars van golfwedstrijden worden bewonderd, en scheutig beloond.

Deze sport vindt plaats in een landschap, waarin zich struikage, zandgrond, kuilen, heuvels en andere ornamenten moeten bevinden. Niet voor de schilderachtigheid maar ter bemoeilijking. Het zal u niet ontgaan dat golf een bezigheid is die voor het capteren* van buitengezang ontworpen had kunnen zijn. Makkelijk te volgen met camera's, veel natuur, geen ongezonde sensatie, geen uitlaatgassen, geen storende weggebruikers.

De vergadering was nu spoedig afgerond: terwijl vaklieden het nummer schreven, zou ik een spoedcursus golf krijgen van een instructeur. Deze man zag terug op successen in de golfsport en kon er in elk geval nog met kennis van zaken over vertellen. Hij leerde me de namen en toepassingen van de verschillende sticks (zoals hij de stokken noemde) en deed me voor hoe men ermee omging. 'Doet u het nu eens zo,' zei hij na zo'n slag. Ik sloeg. Hij zuchtte. 'Dat doet me denken aan die keer...' begon hij dan, en zo verstreek de tijd. Hoe dan ook, ik kon op de duur enige slagen geloofwaardig weergeven, en inmiddels was mijn lied voltooid en ingediend. De dichter en componist hadden eer van hun werk. Vanzelfsprekend was het een lofzang op de natuur (puur, azuur, rustig uur, niet duur) en bovendien op de weldadige, milieuvriendelijke golfsport. Het tempo was min of meer heroïsch (dat krijg je vanzelf, wanneer je als vocalist door een mooie omgeving stapt) en de tekst markant.

Ik vrees geen tijger en geen wolf (muziek: ploem ploem ploem ploem ploem ploem)
Wanneer ik bezig ben met golf (muziek: ploem ploem ploem ploem ploem ploem)
Bij voorkeur speel ik in de nacht (muziek: ploem ploem ploem ploem ploem ploem)
Mijn handicap is minstens 8 (muziek: ploem ploem ploem ploem ploem ploem)

Vroeger zou ik me op een handicap niet zo hebben beroemd, maar ik wist van mijn instructeur dat zoiets bij het golfspel tot aanbeveling strekt. Nu begonnen de werkzaamheden pas goed. Het nummer diende op de geluidsband te worden gezet; u moet namelijk weten dat u een zanger die op tv in het want klautert – of een zangeres die voor 80 kinderen uithuppelt – *niet hoort zingen* op dat moment. Ze maken articuleerbewegingen, maar het geluid komt van de band.

* Vlaams voor 'opnemen'.

Dit bedrog heet playback. Toen de bandopname gereed was (laatste refrein met koor), deed zich het vervelende incident voor, waarvan u terecht onkundig bent gehouden. Ik verdween voor een tijdje uit de samenleving, hetgeen me belette om de visuele uitvoering van *Golf onder de sterren* in te studeren. De regisseur verwerkte deze tegenslag luchtig. 'Geen probleem. Bij de opname leg ik het wel even uit. Laat alles maar aan mij over. Dit wordt iets heel bijzonders!' De regisseur kan dan het camerawerk bepalen, de uitvoerenden merken pas ter plaatse hoe ze moeten bewegen, en waar precies. Onze locatie bestond uit een ongerept fragment van een dunbevolkte provincie. Glooiingen, veldplanten, diepten, zandpartijen – de natuur had in alles voorzien. Bijna alles: de holes met bijbehorende vlaggetjes waren door mensenhand aangebracht.

Het was rijkelijk laat toen ik aankwam. Ik had gehoopt, tijdens de ochtend weer in de circulatie te zijn en het terrein bij daglicht te leren kennen. Bureaucratie en ook de noodzaak om ongemerkt uit mijn tijdelijk adres te voorschijn te komen leverden echter veel vertraging op. Nu ja, het moest een nachtopname worden, dus het stak niet op een uur of zo. Na de hete junidag was het daar weldadig koel. Een wolkenloze hemel, zonder maan maar alle sterren aanwezig, zo te zien. De regisseur kwam me toespreken terwijl ik nog aan het uitstappen was. O ja, dat is waar ook – de *regisseur*, een snelle figuur, had afgedwongen dat het nummer 's nachts zou worden opgenomen. 'Heel ander effect! Romantisch! Mysterieus! Moeten we doen!' Het werd ook extra betaald. 'Goed dat je er bent. Je kunt je dáár verkleden. Wacht ik loop wel even met je mee, je ziet er goed uit, ken je je tekst, hoe was de reis, wat zeg je wel van deze locatie, prachtig weer hè?'

Na consumering en make-up bracht hij me naar het uitgangspunt. 'Zie je dat vlaggetje daar? We starten de band, je slaat de bal in die richting, dan kijk je in de camera en je lipt de eerste vier regels.' Dit shot leverde geen moeilijkheden op. Vervolgens moest ik (een eind verderop) regels 5 en 6 synchroniseren, terwijl ik veerkrachtig liep. Een volgspot (zoeklicht) op een hoog gevaarte reed voortdurend met me mee. De derde opname bestreek regels 7 en 8. Ik stond nu bij de eerste hole, en de bal lag daar een meter vandaan (dat was niet de bal die ik had weggezwiept). Zorgeloos galmend gaf ik de bal (buiten beeld) een tikje. Later zou een tussenshot worden ingevoegd van de bal die, feilloos geraakt door de instructeur (buiten beeld), in de hole belandde. Zo volgden de shots elkander op, en het liet zich aanzien dat de opname vlot zou verlopen. Maar toen ik de bal – dat was al de zoveelste – naar de dertiende hole wilde meppen deed ik iets verkeerd, en het ding trof een massa wit struikgewas. Een onthutst geblaat steeg op; de struiken gingen zich wanordelijk verplanten. De regisseur haastte zich naar de plaats des onheils, vanwaar enige mannen hem dreigend tegemoetkwamen. Hij sprak met hen, en keerde toen terug. 'Die figuranten altijd,' mopperde hij. 'Overal hebben ze wat op aan te merken.' Enige tijd later, toen we al in het derde couplet zaten, maakte ik weer een fout. Van vier voyant geklede mannen, die buiten beeld onderweg waren naar een mij onbekend reisdoel, viel er een abrupt van zijn olifant. 'Dat was de Koning van Kasjmir,' riep de regisseur ontstemd uit. 'De Koning van Kasjmir?' U kunt zich mijn verbazing indenken. 'Ja nou, ja goed, een figurant natuurlijk. Dan moeten we het maar met één minder doen.' De achttiende hole bevond zich bij een landelijk onderkomen waarin het hoorbaar druk was. 'We gaan hier naar binnen,' zei de regisseur toen mijn laatste golfslag was vereeuwigd. 'Dan zing je daar het laatste refrein. Ja, de volgspot kan nu uit!' riep hij tussendoor naar boven. 'Schrik niet als je binnenkomt, ik heb er een stal van laten maken. Milieu dus, hè? Er is wat vee, maar heel mak hoor, en er zijn herders, en ik had ook vier koningen voorzien – alle rangen en standen verenigd in hun liefde voor de sport en de natuur, alleen is die ene koning dan nu komen te vervallen. O, en dat vergat ik haast. Er doet ook een jong gezinnetje mee, man, vrouw en pasgeboren kind, dat leek me een goed idee, dat levert altijd mooie plaatjes op, moederschap, jong leven, enfin, weer eens wat anders dan een dansgroep. Ik had gedacht van de man een ambachtsman te maken, zo'n ouderwetse zonder machines. Enfin, dat zingt allemaal het refrein mee – playback uiteraard. Lijkt het je niet formidabel?' Ik moest erkennen dat er veel sfeer van die scène uitging. Zelden zal een lied over de golfsport op zo stemmige (en milieubewuste) wijze zijn afgesloten. Drie exotische koningen, enige herders, een timmerman, zijn vrouw en hun eersteling in een wiegje, en dan nog een ezel en een os – en niet te vergeten een gevierd zanger van het lichte repertoire...je moet er maar opkomen!

U moet beslist kijken; de uitzending is gepland voor eind december, zowat een week voor Oudejaar. U heeft nog nooit zoiets gezien, dat weet ik zeker.

JAN CREMER

Toeristen

Hammamet, juni 1972

In de grijze schemer van een nieuwe dag, met een zachte bries vanuit zee en het enige geluid de ruisende golfslag die stukslaat op het
gele strand, komen de toeristen aangeslopen. In ochtendjas, met dikke ogen van de slaap en ongekamde haren en met een kater van de
vorige avond worden ze door hun vrouwen erop uit gestuurd om het
strand te bezetten. Met handdoeken, plastik tassen en sandalen mar-
keren ze hun terrein: de parasols en strandstoelen, de ligbanken
rond het zwembad. Voldaan strompelen ze terug naar hun bed voor
nog een paar uur slaap. Om zes uur in de ochtend is elke plaats voor
die dag bezet.

Op dit uur gaan de Arabische arbeiders van het hotel langzaam aan
de slag. De groene overalls besproeien de met geurende bloemen-
pracht getooide tuinen en gazons terwijl in blauwe werkpakken gestoken arbeiders zich over de tientallen hoge afvaltonnen, volge-
propt met stinkende vuilnis, buigen. Twee in slobberige witte katoenen pakken gehulde Tunesiërs maken het zwembad schoon. Het
waterpeil is gezakt en voorzichtig krabben ze de dagelijks vette rand
van aangekoekt snot, zonnebrandolie en gespuide diarree van de
lichtblauwe tegels. Een karwei waar ze uren mee bezig zijn. De fa-
brieksschoorsteen van de keuken blaast bakgeuren vermengd met de
walm van oliestook over het azuurblauwe water. Een geur die door
vroege badgasten met verrukking worden opgesnoven.

Met veel lawaai wordt het zwembad ontdekt door nieuwe hotelgasten op verkenning; een Italiaanse body-builder vergezeld van twee in kleine tijgerbikini's geklede donkere schonen. Voordat iemand hem kan waarschuwen maakt de Italiaan zich met veel drukte los van zijn gezelschap, neemt met grote passen en onder aanmoedigende kreten van de meisjes een aanloop en duikt in het bad. Terwijl de schoonmaker juist wegslentert met een hem in de weg staand bord *Ondiep. Niet duiken!* De zwemmer duikt onmiddellijk weer op met een diep over de ogen getrokken rode badmuts die langzaam over zijn gezicht en lichaam uitvloeit. Gegil aan de kant. De twee Tunesische schoonmakers kijken elkaar schaapachtig aan.

Onder de harde blauwe hemel liggen de toeristen te braden door de onbarmhartige koperen ploert. Als knakworsten op de gril, druipend van het vet keren ze zich, om alle kanten gaar te stoven. Verbrande neuzen bedekt met dikke moppen Nivea of uitgeknipte stukken karton. Roze kraterlandschappen op de verbrande rug waarop elke huidlaag een andere kleur rood heeft. De verplichte pokkeninjecties hebben grote ronde zweren achtergelaten. Mensen die in de buitenlucht werken worden herkend aan rode afgesneden koppen en armen of dragen een interlokhemd van wit vel. Een knappe Française staat enkele uren per dag op het strand in een omkleedzak te trappelen waaruit ze telkens weer in een ander zwempak te voorschijn strompelt. Aangebrande badgasten houden hun schoenen en sokken aan op het strand. Rond het zwembad liggen vrouwen op hun buik, met losgemaakte bh-bandjes, op ongemakkelijke ligstoelen, met van zweet gutsende lichamen en roodverbrande koppen. De krulspelden nog in. Hun mannen worstelen agressief met neerklappende zonneschermen, jagen met *De Telegraaf* en *Bildzeitung* de vliegen van het vet en geven de vrouwen elke paar uur, in een verplicht ritueel, gelaten een smeerbeurt met enkele liters olie.

Het zwembad krioelt van de mensen en overstroomt als er vier tegelijk in duiken. Zonnebrandolie drijft op het water als ogen op de soep. Als de zon op zijn hoogst staat tussen de middag zit iedereen aan tafel. Bijna iedereen, want achterdochtige hotelgasten houden de wacht bij hun plaatsje en laten zich aflossen door familieleden.

De schoonmakers vissen met schepnetten de drollen en de bladeren van het wateroppervlak. De Italiaanse herrieschopper zit stilletjes voor zich uit te staren vanonder een wit verband en geniet zijn maaltijden aan de rand van het zwembad. Broeiend laat hij zich gewillig voeren door de twee donkere schoonheden. Zijn schaamte is voorbij als een paar dagen later, na vele klachten, de duikplank wordt vastgezet door een met Engelse sleutel uitgeruste hotelemployé, wiens aandacht wordt afgeleid door een op hoge hakken voorbijwiegende Italiaanse stoot, waarbij een sportieve gast ongeduldig op de duikplank springt en met de plank in de nek een slordige duik neemt.

Hoewel het eten drastisch is aangepast aan de Europese smaak blijft de helft van de tafels in de eetzaal onbezet. Zonnebrand of maagklachten dwingen de meeste toeristen, niet gewend aan Afrikaans klimaat en keuken, om de eerste dagen bibberend van de koorts en uitgemergeld van de buikkramp, in hun hotelkamers of in de onmiddellijke nabijheid van een toilet, door te brengen. Bleek en moedeloos sjokken ze naar het spreekuur van de hoteldokter die met gulle hand, tegen forse betaling ampullen, pillen en zalf uitdeelt.

Door het hete mulle zand sloft een eindeloze karavaan bruine marskramers langs de zonnebaders. Krom lopend onder een vracht kleden, matten, sjaals, hemden en doeken, behangen met schapevellen, trommeltjes, vazen, gevlochten riemen en kralenkettingen, dragen ze dozen mee vol zoetigheid en vruchten. *Loukoum*, dadels en vijgen. Snel proberen ze zaken te doen met de toeristen, die onvakkundig afdingen. Voordat ze weggejaagd worden door hotelpersoneel want dezelfde rommel is in de hotelwinkel te koop voor tien keer de ver overvraagde prijs.

Een magere bultenaar, slechts gekleed in een rafelige kniebroek, een halfvergane strohoed op zijn bruine hoofd, sjokt moeizaam op blote voeten door het zand, twee zware emmers aan lange uitgerekte armen meezeulend. Hij wordt besprongen door een groep toeristen die gretig in de emmers kijkt. De metselaar is met cement op weg naar zijn werk. Een met kleden en strohoeden uitgedoste figuur wordt weggeschreeuwd en met stenen begooid door de Tunesische badmeesters. Het blijkt een keurige Franse dame te zijn die haar souvenirs op de markt van Nabeul heeft gekocht en langs het strand terug is komen lopen.

De toeristen kunnen aan een aantal strafexpedities deelnemen. In een wankele sloep de zee op; degenen die geen zonnescherm of strohoed hebben meegenomen komen 's avonds met zwartgeblakerde koppen van boord en brengen de rest van hun 'vakantie' door in een verduisterde hotelkamer. Op magere paardjes, ezeltjes en kamelen kan een ritje over het strand gemaakt worden. Per bus worden de toeristen naar de kamelenmarkt gevoerd.

In smalle winkelstraatjes hameren de smids op hun aambeeld, zitten kleermakers gehurkt voor het open raam, knippen de kappers in de openlucht. Bij de bakkers brengen vrouwen in klederdracht zelfgekneed deeg mee om in de oven te laten bakken. Bij de slager worden de koeien op de stoep geslacht en bloeden ze langzaam leeg. De kop wordt van het kadaver gesneden en aan een haak gehangen. Een loeiende kameel met afgehakte poten ligt hopeloos te wachten op de genadestoot met het scherpe mes en kijkt met treurige ogen naar de vrolijk uitgedoste voorbijgangers, die de kameel gretig op film vastleggen. Kleine jongetjes bieden reuzensalamanders te koop aan, wanhopig kronkelend in de ijzeren draad door hun bek. Zigeuners bedelen om geld en houden de toeristen smerige babies voor, overdekt met zweren en vliegen. Kippen en hanen liggen in levende bossen aan poten vastgeklonken tot ze verkocht en geslacht worden. Hoge bergen donkerrode pepers liggen uitgestald en verspreiden de zoetige geur van harissa.

De jongen die mijn glas muntthee brengt in het marktcafé dat wordt koelgeblazen door een ronkende propeller, heeft in grote hanepoten 'Ajax' op zijn witlinnen jasje gekalkt met een viltstift. Ook hier is Johan Cruyff populair. Terug in de bus heeft iedereen zich zilveren oorbellen, ringen en armbanden, schapevellen, vogelkooien, schilderijtjes op glas en kleurrijke kleren aan laten smeren.

's Avonds in het hotel lijkt de hal op een vliegveld waar gestaakt wordt. Mensen van alle nationaliteiten spelen kaart en spelletjes, praten en klagen dat de zee te zout, het water te koud, de wind te hard, de zon te heet, de schaduw te fris, het zwembad te lauw, het eten te scherp is. Een groep Belgen met wielrennerspetjes op en een batterij drankflessen vermaakt zich het best. Later op de avond zingen de Hollanders *'Ajax wint de wereldcup'* en de Duitsers *'Warum ist es am Rhein so schön?'* Met behulp van reiswoordenboekjes en gebarentaal heeft men elkaar gevonden. Ook de twee uitgestotenen. De paria's waar niemand zich mee bemoeide en die aan geen tafel welkom waren. Als zij de eetzaal binnenkwamen verstomden de gesprekken. Een magere Engelse homosexueel, een dikke bril en een slechtgeverfde toepet op een afgetobde zware-industrie-kop en de prachtige forsgebouwde platinablonde vrouw waarvan gefluisterd wordt dat ze in Hamburg op de Reeperbahn werkt. Elk apart aan een eenpersoons tafeltje genoten ze stil van hun maaltijd.

In het donker zitten deze twee nu bij het zwembad. Een fles whisky op tafel. Ze lachen hard. In de Tunesische nacht kraaien de hanen aan één stuk door en blaffen in de verte de honden.

MAARTEN 'T HART

De hoed

Toen ik onlangs weer eens in Maassluis wandelde, viel het mij op dat al die vertrouwde hoeden- en pettenwinkels uit mijn jeugd verdwenen zijn. Waarom dragen mensen nog maar zo zelden een hoed, een pet of een muts? Ik vind dat jammer, al was het alleen maar omdat de toekomstige generatie de mop van de gek dan niet meer zal kunnen begrijpen. Die gek wilde uit het gesticht en vervoegde zich bij de directeur. 'Ik wil eruit, meneer,' zei hij. 'Dat kan,' zei de directeur, 'als je goed antwoordt op twee vragen. Wat gebeurt er als ik je ene oor afsnijd?' 'Dan kan ik niet meer zo goed horen,' zei de gek. 'En wat gebeurt er als ik je andere oor afsnijd?' 'Dan kan ik niet meer zien,' zei de gek. 'Nee,' zei de directeur, 'ga jij maar terug, jij bent nog gek.' 'Wacht even,' zei een dokter die er ook bij was, 'waarom zeg je dat nu? Dat is toch onzin, dat je niet meer kunt zien als ze ook je andere oor afsnijden?' 'Ja, man, je begrijpt er niks van,' zei de gek, 'dan zakt mijn hoed toch over mijn kop.'
Een tweede reden waarom ik het jammer vind dat de hoed verdwijnt, is de volgende. De hoed speelde een belangrijke rol bij het groeten. Vroeger groetten twee mannen die elkaar op straat tegenkwamen als volgt. Ze klemden aan de voorkant hun hand om de hoed en bogen dan de rug een weinig door. De hoed bleef zodoende op zijn plaats maar het hoofd ging omlaag zodat er een kleine ruimte ontstond tussen hoed en hoofd. In de standaardwerken over deze materie kan men altijd lezen dat de hoed wordt gelicht of dat de hoed omhooggeheven wordt, maar dat is niet juist. De hoed wordt niet geheven, het lichaam wordt omlaag gebracht. Tegelijkertijd wordt de arm voor het gezicht gehouden om te voorkomen dat de groeters elkaars gezicht zien, een wijze voorziening want mensen die elkaar groeten, kijken elkaar meestal aan alsof ze elkaar willen

vermoorden. Doordat je je hand aan de hoed brengt en dus de arm voor het gezicht, blijft zo de blik van haat bedekt.

Deze wijze van groeten was vooral heel aantrekkelijk in het tijdperk waarin sommige mannen nog wel, andere al geen hoed meer droegen. Ik herinner me nog goed dat ik als student herhaaldelijk hoogleraren tegenkwam die nog een hoed droegen. Zelf droeg ik geen hoed. Als de hoogleraar je goed kende, wilde hij je, daar je tenslotte als student zijn heus niet schamele broodwinning symboliseerde, vanzelfsprekend groeten. Dan kon je het volgende doen. Bij zijn nadering keek je even oplettend naar hem en deed je het voorkomen alsof je wilde gaan groeten. En jawel hoor, daar ging de rechterhand al omhoog naar de hoed. Het hoofd dook en de schedel, al dan niet (meestal niet) behaard, werd zichtbaar. Het was dan de bedoeling dat je terug groette. Maar dat deed je nu juist niet, integendeel, je liep rustig voort en juist voorbij de hoogleraar keek je even om. De man stond daar nog, ook, en nogal verbaasd, naar jou omkijkend terwijl hij het hoofd alweer wat dichter bij de hoed bracht. Omdat je echter omkeek en weer die beweging maakte dat je wilde gaan groeten, ging het hoogleraarshoofd opnieuw een klein stukje omlaag. Je keek dan weer gauw voor je, tegelijkertijd een paar passen doend, en keek dan opnieuw om. Weer diezelfde verbazing bij de inmiddels ook verder lopende maar toch tersluiks omkijkende hoogleraar die het hoofd al bijna op oude hoogte had gebracht. Schielijk dook dat hoofd dan weer omlaag.

Het kwam er natuurlijk ook op aan dat je de techniek van het net doen alsof je wilde gaan groeten, goed beheerste. Als je er heel goed in was, kon je de periode waarin hoofd en hoed gescheiden waren, wel tot een à anderhalve minuut laten oplopen. En het mooiste was natuurlijk als je beloond werd met een krachtige nies, het ondubbelzinnige bewijs dat de reeds te lange ontbloting van de schedel, kouvatten tot gevolg had gehad, en al wat daar verder uit voortvloeide: gedurende enige tijd geen colleges meer, geen examens of tentamens. Een van mijn vrienden heeft zelfs twee hoogleraren op deze wijze een longontsteking bezorgd. Het is stellig aan het verdwijnen van de hoed te wijten dat de gemiddelde leeftijd is toegenomen. De kans op kouvatten is veel geringer geworden. Het enige dat vreemd is, is dat men dit niet eerder heeft ontdekt. Waarom dachten mensen vroeger dat het absoluut noodzakelijk was dat je een hoed of een muts droeg? Vroeger haalde je het niet in je hoofd om je hoofd bloot te laten. Waaraan is die geruisloze kentering te danken? Je kunt aan allerlei oorzaken denken.

De bekende antropoloog J. Schaufenster brengt in zijn standaard-werk *Der Hut, Wesen, Werden, Wirkung* het verdwijnen van het hoofddeksel in verband met de ontkerstening.

Vroeger moest je wel een hoed dragen omdat a) de vrouwen in de kerk, naar het woord van de apostel Paulus, niet met ontbloot hoofd in het bedehuis mochten worden gesignaleerd terwijl b) de mannen juist wel het hoofd ontbloot dienden te hebben. Maar je kunt pas een ontbloot hoofd tonen als het eerst bedekt is geweest. Deze hypo-these van Schaufenster zou dan verklaren waarom mensen op zon-dag minder vaak een hoed dragen (ze gaan niet meer ter kerke) maar voor de door de weekse dagen gaat hij niet op.

Toch is er ontegenzeglijk verband tussen kerkgang en hoofdbedek-king. Mijn grootvader zaliger kreeg op zijn veertigste te horen dat hij zwakke longen had en altijd op moest passen voor kouvatten want daaruit kon gemakkelijk een longontsteking voortvloeien. Van-af dat ogenblik is mijn grootvader een zwart zijden pet gaan dragen die hij nooit afzette. Maar het gevolg daarvan was dat hij door ou-derlingen op huisbezoek werd vermaand. Hij zette ook in de kerk de pet niet af. Tenslotte is hem vlakweg de toegang tot Gods huis ont-zegd, simpelweg omdat hij weigerde zijn pet af te zetten. Voor de volledigheid wil ik vermelden dat hij in bed geen pet droeg maar een slaapmuts en dat 's avonds bij het naar bed gaan de dochter bij wie hij inwoonde voorzichtig de slaapmuts op het hoofd schoof, terwijl haar man tegelijkertijd en met dezelfde snelheid de pet wegschoof. Zodoende kwam nog niet het kleinste richeltje schedel bloot te lig-gen. Op zijn vierentachtigste kon mijn grootvader de jeuk op zijn hoofd (44 jaar niet gekrabd!) niet meer uithouden. Hij krabde zich, vatte kou en overleed.

Prof. J.H. van den Berg is stoutmoediger dan Schaufenster. Hij brengt in zijn monografie *Het Ontblote Hoofd* de verdwijning van de hoed metabletisch in verband met de opkomst van de pil. Die op-komst betekent immers dat een ander voorbehoedmiddel, dat in de droom altijd Freudiaans gemetamorfoseerd wordt tot hoed, geleide-lijk aan minder frequent gebruikt wordt.
Misschien is de verdwijning van het hoofddeksel echter pas te be-grijpen als we er even van uit gaan dat hoed, muts noch pet in vroe-ger tijden gebruikt werd om kouvatten te voorkomen maar om te voorkomen dat de hoofdluis al te gemakkelijk van het ene hoofd

naar het andere kon springen. Toen de hoofdluis verdween, verviel daarmee ook de noodzaak om hoofdbedekking te dragen. Nu de hoofdluis weer opmarcheert, moet ook een toename van het dragen van hoofddeksels te verwachten zijn. Iets van die toename kun je inderdaad waarnemen. Het ligt voor de hand dat de meest vooruitstrevende, verlichte groepen in de samenleving het eerst zullen grijpen naar de hoed of het hoedje. Vandaar dat de feministes tegenwoordig weer hoedjes dragen, kleine, bruine, fleurige hoedjes.

Als eerste aanzet tot bestrijding van de hoofdluis valt deze bescheiden opkomst van het hoedje natuurlijk te loven. Maar er is één bezwaar. Walter Scott schrijft in zijn roman *Peveril of the Peak*, dat vrouwenogen van onder een plat hoedje naar je kijkend, zoveel guitiger en verleidelijker zijn. Nu is er vanzelfsprekend niets tegen guitigheid en verleidelijkheid maar ik vind het persoonlijk niet prettig dat, als ik op straat loop, mij uitgerekend door feministes het hoofd op hol wordt gebracht. Ik denk dat ik ook maar een hoed ga dragen, een heel grote die tot over mijn ogen zakt als ik hem opzet, dan kan ik tenminste die guitige ogen van feministes niet meer zien.

RENATE DORRESTEIN

Het dilemma van de verliefde feministe

Nu het voorjaar weer davert, dringen zich nieuwe dilemma's aan het feministisch bewustzijn op. Rust is er nooit, voor haar die zuiver is in de leer. Want hoe zullen wij in dit seizoen van groei en bloed de verliefdheden nu eens regelen? Alvorens daartoe over te gaan, zo dicteert de bewegingsdoctrine momenteel, dient onderzocht te worden of met s dan wel m, dan wel sm is en hoe en waarom dan wel (of niet). Prefereren wij zwepen boven boeien, rubber boven leer, vernedering boven pijn – dat is een brandende kwestie in het hedendaagse feminisme. Er zijn meeslepende polemieken over dit aspect der erotiek gaande, dus al worden we in sociaal-economisch opzicht steeds verder in de kou gezet, als we ons straks weer met z'n allen achter het fornuis bevinden, weten we in ieder geval eindelijk hoe onze seksualiteit in elkaar zit. (Natuurlijk zijn we m, alle vrouwen zijn m, dat wist Freud al.) Ook moeten wij meer met onze eieren communiceren, vernam ik laatst: twee maal daags moeten wij ons concentreren op onze eierstokken en wat daar zoal uitrolt. Dat schijnt tot nieuwe inzichten te voeren, waarmee we het nog ver zullen schoppen in de wereld.

Na het oplossen van de sm-probleemstelling en de eierenkwestie, komt de verdere invulling van onze erotische voorkeur aan bod. Uit politieke keuze, melden welingelichte bronnen, mag men niet meer lesbisch wezen aangezien men de geliefde dan als pamflet gebruikt en degradeert tot uitroepteken achter de eigen ont-zet-ten-de radicaliteit. Uit overtuiging kan lesbisch nog wel. Of Ho, zoals dat heet. Je hebt dus Ho en He. En Bi. En katten. Daar hebben veel feministische vrouwen iets mee, met katten. Waarschijnlijk omdat ze zo'n prima alibi zijn om hardop tegen zichzelve te praten als men alleen woont omdat er nog niet besloten is of men Ho dan wel He, hetzij misschien Bi is (Godnogaantoe, hoe houden we het vol). In alle gevallen zullen zij overigens pas de volledige celebratie van ons vrouw-zijn beleven als ze ejaculeren via de G-plek, G voor Gekte. Nu neigen wij persoonlijk naar He, zolang het tegendeel nog niet bewezen is. Het geslacht van het object van onze verliefdheid staat dus vast, maar we onderscheiden daarin meer dan één categorie. Enerzijds staat er tot onze beschikking: de getrouwde man. Hij heeft nogal wat begrip, maar geen schone sokken en warme maaltijden nodig, zodat we toch nog veel tijd voor onszelf overhouden. Maar hij veroorzaakt een dilemma: mogen we het wel met hem doen, met het oog op de feministische solidariteit? Het tussenbeense, bedoel ik, want daar doen He's over het algemeen nog aan. Is men Ho of Bi, dan is er helemaal geen beginnen aan, zoveel dilemma's als men alleen al op het lijfelijke vlak ontmoet. Maar terug nu naar de getrouwde man, anders is het straks herfst voor we eruit zijn. Strekt onze zusterschap zich uit tot de partner van onze minnaar of is het nu juist feministischer om louter voor ons eigen belang op te komen – en is onze solidariteit toch niet aan haar besteed omdat ze een geborneerde burgertrut met abnormale bezitsdrang is?

Ik vind het dilemma van de getrouwde man daarom zo interessant, omdat alleen vrouwen volgens mij A) zwakzinnig genoeg zijn om zeven jaar lang genoegen te nemen met een minnaar die hen uitsluitend op zondagmiddag bezoekt tussen het einde van de voetbalwedstrijd en het moment dat moeders thuis de piepers opzet en B) hersenloos genoeg zijn om zich in die kansloze positie schuldig te voelen en zichzelf te kwellen met de vraag of het 'wel eerlijk is tegenover z'n vrouw'. Ik vind dat wel hartverwarmend hoor, maar tevens behoorlijk onnozel. Zulks lijkt mij niet werkelijk onze verantwoordelijkheid, aangezien niet wij met z'n vrouw getrouwd zijn. Hij is degene die met haar getrouwd is en haar als oud vuil behandelt, dus met zo'n eikel zouden we ons om te beginnen al niet moeten inlaten, want sta je er wel eens bij stil hoe het zou zijn als jij met hem getrouwd was, maar daar hebben we het nu niet over. Het treft voor mannen wel prettig dat wij zulk met schuldgevoel beladen types zijn, dat we krom lopen van bezwaardheid: huiverend zullen wij genoegen nemen met de buitenechtelijke kruimels en nimmer zullen wij eisen durven stellen, zodat zij minimale last en optimale lol van ons hebben en plezierig van het ene overspelige bed in het andere kunnen wippen. Freud deed ons nog tekort – vrouwen zijn M-kwadraat, masochisten en martelaars.

De gehuwde minnaar afgeschreven hebbend, rest ons nog slechts één andere groepering: die der ongetrouwde mannen. Op grond van simpele logica dient men hen te wantrouwen: waren ze werkelijk de moeite waard, dan waren ze op hun leeftijd niet ongetrouwd. Waren ze werkelijk zo aardig en interessant als ze die eerste vijf minuten leken, dan stonden ze beslist niet alleen in het leven. Men kan er vergif op innemen, wel twee hele eetlepels vol, dat de ongetrouwde dan wel anderszins ongebonden man zich bij nadere inspectie zal ontpoppen als iemand met een akelige moederbinding, enge hobbies of vervuilde voeten. Eigenlijk hoeven we verder geen woorden aan hem vuil te maken: hij wordt domweg afgeraden.

Dit alles zo zijnde, hebben wij, M-kwadraat vr. He, weinig andere keus dan uit te wijken naar het nieuwe Celibaat, een gezegende staat die zich kenmerkt door afwezigheid van dilemma's en een solistische aanpas van het tussenbeense. En verveling, want heerindehemel, wat moeten we in vredesnaam de hele zomer dóén, als we niet zo'n levensgevaarlijke halve gare hebben om over te tobben.

GERRIT KOMRIJ

De hormonenindustrie

Er heerst nog veel analfabetisme in Holland. Als we de mensen mee-rekenen die nauwelijks kunnen lezen en maar 'n paar woorden kun-nen schrijven (hun eigen naam bij voorbeeld), dan zijn er in Neder-land een half miljoen analfabeten. Dit hebben de onderzoekers ons meegedeeld. Eén op de twintig Hollanders zou 'n analfabeet zijn. Persoonlijk vind ik deze schatting aan de lage kant. Tijdschriften als *Story, Weekend, Mix en Privé* lijken me betere graadmeters. *Story* gaat er prat op achthonderdduizend abonnees te hebben, en vier miljoen lezers. Er moeten dus minstens vier miljoen analfabeten in Holland zijn.

Want 't is duidelijk dat al die abonnees maar een *paar* woorden kun-nen lezen. *Weekend* beloofde onlangs 'alles' te onthullen over het 'geheime' liefdesleven van Elvis Presley, verpletterend zou de waar-heid zijn! Maar als je dit 'schokkende omslagverhaal' ten einde had gelezen, waren er nog geen dertig seconden verstreken. Er staat in die vodjes nooit één artikel waarvan de lezing meer dan dertig se-conden in beslag neemt.

Er zijn er onder die vier miljoen lezers ongetwijfeld heel wat die zelfs na dertig seconden al 'n stekende koppijn van 't lezen hebben. Voor dit soort houden deze tijdschriften er speciale rubrieken op na, *Menne over mensen, Hans van Willigenburg praat even met u bij, In-grid hoorde...,Met reporter Ger Lammers achter de schermen (wat ver-tel je me nou?)* – het geheim van deze rubrieken is dat je 'alles' wat maar enigszins 'verpletterend' is aan je geliefde tv-ster binnen drie tot tien seconden kan hebben verorberd. Daarna mag je, doodmoe, zolang als je wilt plaatjes kijken.

Maar owee, als er op zo'n plaatje toevallig een boek staat! Bij de ru-briek van Hans van Willigenburg in *Mix* stond altijd 'n fotootje waarop hij bij 'n boekenplankje achter een portable schrijfmachine zat, 'n echte *alfabeet* dus. Een lezer reageerde verontwaardigd op deze foto. Zijn gebelgde gebarentaal was door Hans als volgt ontcijferd: 'Die boekenkast en schrijfmachine behoeven niet wekelijks terug te komen: zonde van de ruimte!'

Waarop Hans, in zijn oneindige goedheid, vijf foto's van zichzelf laat afdrukken, *zonder* boekenkast, dus met 'n *optimaal* gebruik van de ruimte, en de lezers vraagt er daaruit zelf maar één te kiezen.

De analfabeten worden op hun wenken bediend. 'Vlot en pittig'. 'Zonder moeilijk gedoe'.

In samenwerking met 'een bekende psycholoog' stelde *Privé* tien richtlijnen op voor een leuke dag. Eén daarvan luidt: 'Neem wat tijd voor uzelf. Nadat u bent opgestaan, maar voor u aan de dagelijkse routine begint, zou u een half uurtje iets moeten doen, waar u veel plezier in hebt. Bijvoorbeeld met uw kinderen spelen, een korte wandeling maken, of een paar bladzijden uit een fijn boek lezen.'

Een paar bladzijden! Dat is héél gewaagd! Dat duurt zeker twee minuten! Daar krijg je ruggemergkanker van, een páár bladzijden! *Privé* balanceert met dit oneerbare voorstel, ja deze wanhoopspoging om haar lezersbestand door geestelijke uitputting niet onaanzienlijk uit te dunnen op 't randje. Of doemt hier de lelijke drift tot opvoeding op? Nee, zeker niet. Want dan zouden de oneerbare voorstellers, de *makers* deugen. Het zijn juist de makers van deze tijdschriften die niet deugen.

We moeten het niet bij de analfabeten zoeken, dat was maar gekheid. En luchtig gejok. Met analfabetisme kan je 't best een heel eind schoppen. Het voorbeeld van André van der Louw bewijst ons dat iemand, zonder ooit een boek te hebben gelezen, nog heel goed burgemeester kan worden van 'n middelgrote gemeente. We moeten het zoeken bij de analfabeten die alle anderen voor analfabeten verslijten.

Het zijn absurde mensen, die de blaadjes als *Mix, Privé, Story* & c. volschrijven; er borrelt een bouillabaisse van cynisme en domheid in hun hersenpan. 'Ze geven de mensen wat ze willen.' Goed. Maar daarna gaan ze ervan uit, met een ijzeren rechtlijnigheid, dat 'de' mensen *nooit iets anders* willen, of het nu dag is of nacht, of het nu hagelt of tropisch bliksemt, dan gezanik over televisiesterretjes en adellijke prinsessen. De stumperds zouden zich liever om zeep helpen dan één moment verstoken blijven van het wonderstrottenhoofd van Marco Bakker of de kunstnier van Ank van der Moer.

Waarnaar verlangt de mens, volgens deze vodden?

Hij verlangt naar de driehonderdste keer dat Ton Lensink vertelt dat het toneel hem de keel uitkomt. Het wordt knap vervelend, dat verhaal, maar men verlangt ernaar.

Er wordt ook, jaar in jaar uit, véél verlangd naar de Zangeres Zonder Naam, die zo mooi kan klagen en steeds weer in haar eigen woorden vertelt hoe goudeerlijk ze is. Daar krijgt men niet genoeg van. Daar is een warm verlangen naar.

Brandend is het verlangen dat heerst naar prinsessen en prinsen. Vier miljoen lezers en lezeressen in Nederland worden geacht in onmacht te vallen, zodra prinses Irene vertelt dat ze zelf haar portaaltje wil schrobben! En dat terwijl bij Mies Bouwman ook niet meer dan twee keer in de week een werkster komt...Assepoesters, ocharm!

Extra veel brandend verlangen heerst naar prins Bernhard. Aan dit verlangen kan tegenwoordig ruimschoots worden voldaan omdat hij door de vodjes niet alleen is opgenomen in het royalistische circuit, maar ook in dat van Aage M., Richard Nixon en Al Capone.

Tenslotte willen de gedwongen analfabeten graag horen dat hun idolen ziek zijn. Iedere ster in *Story*, *Privé*, *Mix* en *Weekend* is zo ziek als 'n hond of op z'n minst op 't nippertje aan de dood ontsnapt. *Door-het-oog-van-de-naald* verhalen, daar kikkeren ze van op. 'n Stervende vrouw, overdekt met vreselijke zweren, is genezen in Lourdes. Pia Beck heeft op vrijdag de dertiende haar bekken gebroken. 'De Tumbleweeds keken de dood in de ogen' (ze hadden 'n aanrijding). Vader Abraham stapt lijkbleek uit een roeibootje nadat hij 'behoorlijk' in de piepzak had gezeten, daar het bootje hardnekkig naar een rotsblok koerste. Prins Bernhard heeft nog maar een jaar te leven. Donald Jones zijn benen moeten worden geamputeerd. Gerard Cox heeft nog maar veertien dagen.

Gut, daar horen we, analfabetische stumperds, van op. Dat smaakt naar meer. Dat is wat we willen horen. Zó herkennen we ons zelf. We zijn erg ziek. Dank u zeer.

Maar wie is zieker? Er zijn vier miljoen patiënten...natuurlijk. Er is veel pijn. Zieker, evenwel, zijn de anesthesisten.

Het zieke deel der Nederlanders krijgt de wekelijkse vodjes *Mix*, *Story*, *Privé* en *Weekend* toegediend als medicijn. De redacties van die tijdschriften noemen we zo: de heelmeesters van het zieke deel der natie. Maar: heelmeesters die hun patiënten 'geven wat ze willen' zijn stinkende heelmeesters.

'Er borrelt in hun hersenpan,' zei ik, 'een bouillabaisse van cynisme en domheid.'

De domheid is dit: ze geven de mensen niet wat ze willen, maar wat ze bekend voorkomt. De parasitaire pers leeft op de sterretjes van de tv, omdat iedereen die sterretjes kent. De treurbuis heeft de weg geëffend. De buisblaadjes plukken de vruchten. Ze plukken de vruchten van de grootste gemene deler, een deler die, zoals we weten, vervloekt royale vruchten draagt. Het sociale credo, ja de altruïstische kreet 'dat ze de mensen geven wat ze willen' is niets dan dit: domme hovaardij.

Het cynisme is dit: de heelmeesters doen niet meer dan de diagnose stellen. Ze verkondigen hun publiek dat het ziek is, en presenteren het meteen de rekening. Ze verdienen aan hun lezers door ze toe te bijten dat ze hopeloze gevallen zijn, dat ze niet deugen en dat ook nooit zullen doen. 'Dat wordt dan één gulden vijftien, mevrouw.' Ronduit slingeren de woekerdieren van de treurbuis je in het gezicht dat er van alles aan je ontbreekt. Je benen zijn te vet. Je bent te dom om je diploma's te halen. Je kop is raar. Je verdient te weinig. Je haar valt uit. Je borstomvang is ook niet om over naar huis te schrijven.

De aasgierorganen voeden zich met de gevoelens van minderwaardigheid die ze bij hun lezers en lezeressen veronderstellen. Vooral *Privé* is er goed in, omdat de hoofdredacteur, Henk van der Meyden, zelf als het ware is *opgetrokken* uit minusgevoelens, met een plebejische variant van vrouwenhaat als fundament.

De heelmeesters genezen niet, maar brengen kortstondige troost door hun aas voor te houden dat hun zo beroemde en rijke idolen er nóg beroerder aan toe zijn.

En inderdaad: je leert leven met je spraakgebrek, wanneer je éénmaal Rob de Nijs hebt horen zingen. (In zijn nieuwste levenslied, dat we een maand lang dagelijks op de treurbuis ten gehore zagen brengen, en waarin een pederastische nymfomane een onschuldig jongetje verkracht, tot genoegen van heel een volk, zingt de heer Nijs immers: 'Ik was een man toen ik de son in de see sag sinken', of iets wat even subtiel en smartelijk klinkt.)

En je leert met je armoede leven wanneer je hoort waarom René van Vooren een zwembad bij zijn huis heeft. *Story*: 'Dat zwembad heeft hij alleen maar laten aanleggen uit puur zelfbehoud.' Van Vooren probeert de zwemkunst 'machtig te worden' omdat hij vreest dat fans hem nog eens in het water zullen gooien...Zo groot is de last die op de roem rust!

131

De lezers zijn ziek, dus ze kunnen, week in week uit, de ziekte krijgen, zoveel ze willen. Tegen betaling wordt ze de ene kwaal na de andere voorgeschoteld, met peterselie en 'n klontje boter. Henk Molenberg lijdt aan slapeloosheid. Romy Schneider had een buikvliesontsteking ('nauwelijks had ze zich van deze schok hersteld of een auto-ongeluk kostte haar bijna het leven'). Ank van der Moer lag in het ziekenhuis. Rita Hovink lag *voor de drieëndertigste maal* in het ziekenhuis. Maar nu is ze weer dolgelukkig, want ze heeft twee nieuwe borsten! 'Openhartig' en 'exclusief' praat Rita Hovink daar zelf over, honderduit. *Openhartig* betekent dat geen onsmakelijk detail over tepels van polyethyleen ons bespaard blijft, en *exclusief* dat ze de hele handel aan twee van die tijdschriften tegelijk opbiecht. Waarlijk, dit soort blaadjes lijkt nog 't meest op een medisch bulletin.

En welke ziekte, naast de televisie, hebben de meeste mensen gemeen? In deze idiote tijd, die wij zonder trots de onze noemen?

Dat is de vetzucht.

Op elke pagina vind je daar wel iets over. Een dikke buik bestrijd je door eens wat minder te vreten, mevrouw, sorry dat ik 't zo zeg, zo rondborstig zeg, maar ik ben nu eenmaal niet als de vogelaar die liefelijk op de fluit speelt en intussen de vogels fopt – maar thans is het zo gesteld, dat je een dikke buik bestrijdt door te klagen over een dikke buik. Zo steekt ons eerloos consumptietijdperk in elkaar.

De pafferige Henk Molenberg ontvangt de redactie van *Story* met een doos roomsoezen en klaagt vervolgens over zijn buikje.

Een 'buikje', zo heet in ons eervergeten tijdperk een kolossale buik. Als je een 'buikje' hebt, dan heb je een pens van jewelste.

Ank van der Moer leefde zelfs in haar ziekenhuis op zemelen en yoghurt.

Het zieke deel der natie slaat nu zijn vrije tijd stuk met geweeklaag over corpulentie. Dus: deze tijdschriften staan er vol van. 'Hoe het afliep met de Limburgse dikzak.' 'Rotterdamse arts laat u bijna een pond per dag afvallen.'

Het vodje *Privé*, onder redactie van die heilmasseur van het positieve denken, en als altijd de brutaalste van het stel, paart zonder blikken of blozen de twee gevreesde ziektes, de nieuwe en de klassieke, aan elkaar: een dokter beveelt, in zijn rubriek, tegen kanker een hongerkuur aan.

Een hongerkuur? De heilmasseur Van der Meyden moet hebben ingezien dat onder zijn lezers en lezeressen er niet één in staat zou zijn zo'n ridicuul advies op te volgen. Er moet een storm van protest zijn geweest. Want al een week daarop beveelt *Privé* het uitbundig eten van abrikozen en perziken als geneesmiddel bij uitstek tegen kanker aan. Dat klinkt al beter.

In organen voor het zieke deel der natie gedijen medische advertenties het best. Nú blijft het nog bij vermageringspillen en muggendoders, maar ik voorspel dat over vijf jaar in Story *et alia* de volgende produkten zullen worden geadverteerd: steunzolen, pruiken, spataderkousen, schriftelijke cursussen dieetkunde, toupets, eikehouten beha's, Big Mama Panties met kruisen tegen vulvovaginitis, zetpillen, de Tros, korsetten, weegschalen en amuletten.

Omdat het fijn is om jezelf te zijn.

We hebben ons een tijdlang onder de vier miljoen lezers van *Mix,
Weekend, Story* en *Privé* geschaard, en gezien dat 't verkapte medische bulletins zijn. We konden er ook in lezen hoe de wereld van vier miljoen Nederlanders eruit moet zien.

Moet zien.

Want dat de vervaardigers van deze vodjes de lezers 'geven wat ze willen', dat hebben we al: domheid genoemd en: hovaardij. De vervaardigers van deze vodjes geven slechts uiting aan de frustraties die ze ook zelf kennen. Ze zetten hun lezers en lezeressen slecht voer voor, want ze hebben zelf een bedorven maag.

De wereld zoals die er van de parasitaire pers uit moet zien, is op z'n zachtst gezegd schokkend. Vier miljoen Nederlanders lopen rond met een 'wereldbeeld' dat armzalig is, en om akelig van te worden. Het is deerniswekkend ook. Het is erger dan kanker.

Op alle hoeken van hun geestelijke straten staat een zangeresje. Ze zingt daar niet, ze valt er af. Of ze *ontwikkelt* er juist iets, te weten haar buste. Want 'vrouwen die een stevige, goed gevormde boezem bezitten weten maar al te best wat een heerlijk en opwindend gevoel dit geeft. Een mooie buste trekt de aandacht, wekt zelfvertrouwen en geeft iedere vrouw, ongeacht haar sociaal niveau, een hartverwarmend gevoel van eigenwaarde,' aldus Lous Haasdijk in een interview in *Mix*.

Lous Haasdijk is geen zangeresje, zoals u misschien mocht menen, maar een juffrouw die op de tv tussen twee programma's door haar heerlijke toet vertoont en dan even bah-bah doet met haar lipjes. Ze wordt daar niet voor gegeseld, zoals u opnieuw mocht menen, en terecht, maar krijgt er een flink salaris voor. (De wereld zit wonderlijk in elkaar.) Hoe het ook zij: terwijl in het geestelijk wegenpark van de *Story*-lezeressen op elke hoek een zangeresje staat om daar af te vallen, hangen uit al hun immateriële zolderramen tv-omroepsters die bah-bah doen.

In dit wereldje van zesderangs zangers en verschoten sterretjes (zo duikt met 'n toch wel aangrijpende manie elk jaar weer Ramses Shaffy op om ons mee te delen dat hij, nagenoeg als de jury van de Nijhoffprijs voor vertalers, nog steeds met lege handen staat), in dit wereldje is ook altijd een vast clubje kadavers te gast, definitief verschoten sterren, dooien die naar het schijnt in 't hiernamaals een uitgaansvereniging hebben opgericht. Daarvan zijn bij voorbeeld Ester & Ofarim, Romy Schneider, Nina en Frederick, Wim Sonneveld en Farah Dibah lid. Ze zijn niet weg te branden. Ze bestaan allang niet meer, maar omdat ze node gemist kunnen worden, vrolijken ze na soms tientallen jaren nog elk partijtje op, door met hun knoken het angelus te kleppen en een *de profundis* te spelen op een verdwaalde ellepijp van Shirley Temple.

De wereld van vier miljoen Nederlanders ziet eruit als een voddenmand. Een handjevol tv-sterren bepaalt de normen en wetten ervan, de huwelijksduur en het kapsel. Het is er allemaal even lelijk. Er is nooit eens plaats voor iets moois.

't Is heel aardig, bij voorbeeld, om eens te zien hoe Kunst en Antiek in onze medische vlugschriften aan bod komen. Want Kunst en Antiek komen er wel degelijk in aan bod. Maar er wordt, dat spreekt vanzelf, de analfabeten een heel andere Kunst en Antiek geboden dan de werkelijke Kunst en Antiek. Ook wat dit betreft heeft de wereld van *Story* en *Privé* niets met de echte van doen.

Oh, 't hoofdstuk Antiek is nog heel begrijpelijk: in dit geval heeft de onechte wereld niet alleen op papier, maar ook in de meest stoffelijke zin allang plaats gemaakt voor de echte. Wandel eens langs de talloze winkels en markten die de laatste jaren zijn verrezen, kijk goed uit uw ogen, en u zult zien dat 't voor velen daar nauwelijks verschil maakt of ze er een bordeel of een antiekhandel op nahouden. Menigeen die 'een paar vrouwtjes heeft zitten', heeft er nu ook een nering in lampetkannen en lampekappen bij. In die wereld is alles mogelijk. Voor 'n vernikkelde fietsketting vragen ze je honderd gulden. Altijd dragen die eh...antiekhandelaars dikke bundels vol bankbiljetten in hun achterzak. Duizend gulden laten ze je, zonder met hun ogen te knipperen, neertellen voor een deerlijk veronachtzaamd eierrek, dat op een vuilnishoop nog zou hebben geschreid, stilletjes geschreid van schaamte.

Dit zijn, zo blijkt uit de heelkundige vliegende blaadjes, de Oudheden waarmee de Sterren zich bij voorkeur omringen. Want op talrijke foto's mag je ze temidden van hun 'spulletjes' aanschouwen.

'Helemaal in klassieke stijl ingericht is de huiskamer van de woning van Ben Cramer,' lees je, en in een kunstzinnige drang die lof verdient wordt eraan toegevoegd: 'Hij voelt er zich lekker op z'n gemak.' Op de foto zie je de heer Cramer dan als het ware ingeklemd tussen de eierrekken. En lekker op zijn gemak zit hij op een verzilverde lampetkan. Helemaal klassiek!

Of je leest over Corry Konings, wie dat verder ook moge zijn (ze schijnt te zingen): 'Op de antiekmarkt liepen Corry en haar Piet uren rond om al de verzamelde koopwaar goed te bekijken.' Op de begeleidende foto wordt het je dan vergund te aanschouwen hoe Corry Huppelpup opgetogen naar een roestig kasregister loert, terwijl haar Piet een wellustig oogje heeft laten vallen op...nee, niet dáárop natuurlijk! – maar op een al evenzeer naar roest hunkerende kruising tussen een vernikkelde fietsketting en een verzilverde lampetkan.

Of je leest over een Ciska Peters (wéér iets dat zingt! het wemelt er van, het houdt maar nooit op): 'In de keuken van haar fraaie huis maakt Ciska vaak de heerlijkste hapjes klaar.'

En wat zie je? Wat mág je zien?

In de fraaie huiskamer van Ciska Hieperpiep staat in vol ornaat een geheel uit eierrekken opgetrokken kloostertafel te pralen. Maar in de keuken prijkt fier slechts één voordeelblik Weense knakworst. Met 'n innemende glimlach, ja als de gepoetste lampetkan zelve, poseert Ciska naast dat ene blik met knakworst: 'In de keuken van haar fraaie huis maakt Ciska vaak de heerlijkste hapjes klaar.'

Ze bedonderen je waar je bijstaat. Nu dus: de Kunst.

Knakworsten, mits formidabel van lengte, zijn in de tijdschriften *Story, Privé, Mix* en *Weekend* 'heerlijke hapjes'.

Een roestende schuimspaan en een wankel theezeefje zijn: antiek.

De zingende borrelworstjes van de treurbuis zijn wonderkinderen zonder weerga.

Het is de smaak van de bordeelhouder waarmee we worden geconfronteerd. De bordeelhouder heeft zijn ambachtelijke dressoir (van massief karton) *volgestouwd* met schuimspanen, theezeefjes en sieraden, sierlijk als fietskettingen. De bordeelhouder lepelt, terwijl hij naar Veronica luistert, heerlijke hapjes uit voordeelblikken.

't Zijn de pooiers, die in deze tijdschriften hun eigen voorkeuren en frustraties exploiteren. En er zijn onder het publiek, dat als een vrouw is, velen met een zwak voor pooiers. Of liever schrijf ik: voor bordeelhouders, want het woord *pooiers* ontspruit maar node aan mijn pen.

Zo krijgen we in *Story, Privé,* etc. geregeld verhalen te lezen over de ex-kraker Aage M., die in Goes een bordeel heeft geopend. Die verhalen zijn altijd enthousiast en lovend. Aage M. staat op de foto's steevast te stralen tussen 'zijn' meisjes. 'Het is toch zo'n lieverd, hij doet alles voor ons,' roepen *zijn* meisjes. Niet alleen is in de parasitaire pers een knakworst een heerlijk hapje, een pooier (laat *mij* die lui maar noemen zoals ze heten) is er ook een filantroop. De ene bordeelhouder prijst de andere. Laatst werd ons toevertrouwd dat arme Aage 'overhoop met zichzelf' lag. Dat stak 'm *niet* in gebrek aan vrouwen, zo werd er geruststellend aan toegevoegd. Nee, 't was meer iets...zakelijks, een tekort aan contanten, leek me eerder. Een daling in de *cash-flow.* 't Was heel erg. Maar, zo besloot de bordeelhouder van het blaadje die dit voor ons opschreef, 'we hopen voor Aage dat-ie het gauw weer wat makkelijker met zichzelf krijgt.'

Nu, dat hopen we zeker. Want 't is geen manier van doen, wanneer je als 'de goedheid zelve' de hopman bent van een bordeel vòl meisjes die met je dwepen, en tòch nog ongelukkig. Dat slikt het romantische deel der natie niet. Wie was niet graag zelf een pooier (het moet, het moet) of zou, mits tot 't in voortdurende staat van emancipatie verkerende geslacht behorend, niet liefst voor Aage M. willen werken?

Zo komt het dat lezers hun favoriete sex-exploitanten en straatmadelieven soms te vuur en te zwaard verdedigen. Enige tijd geleden stond er in *de Volkskrant* een ingezonden brief van de heer H. Treuren uit Ridderkerk waarin deze de 'linkse intellectuelen' verweet niets af te weten van 'wat er in de arbeiderswereld leeft', telkens als ze zich smalend uitlieten over de Tros en Veronica. Want dan zagen ze brutaalweg de 'bijna mystieke band' tussen de ongeschoolde arbeiders en deze omroeporganisaties over het hoofd. 'Het doet mij denken,' zo besloot deze ridder van de droevige figuur, 'aan de vele kritiek op bladen als *Story* waarin de arbeidersvrouw kan meeleven met het wel en wee van haar favorieten zonder door linkse politici betutteld te worden.'

Het stond er! Jawel!

Zo'n man doet *mij* denken aan een schildpad, die met luide uitroe-

pen van enthousiasme de smaak en de geur aanprijst van schildpad-
soep.

De heer Treuren en zijn arbeidersvrouw zullen het bordeel waarin
ze huizen wel anders noemen. Een huis van plezier, een massagesa-
lon. In hun wereld heet een knakworst een heerlijk hapje, grootmoe-
ders theezeefje antiek en Aage M. Florence Nightingale.

't Is maar hoe je het oppoetst. Zoals je het noemt heet het. Henk van
der Meyden slaagt er met *Privé* in zijn hoogstpersoonlijke obsessies,
te weten impotentie en nymfomanie, om te toveren tot verhalen
over zingende borrelworstjes en toneelspelende theezeven, zonder
de woorden impotentie of nymfomanie ook maar één keer te noemen. Inmiddels zijn ze de scharnieren waar èlke zin in *Privé* om
draait.

Zoals je het noemt heet het. De oudheden die bij de bordeelhouders
op de bordpapieren kast staan heten antiek. Dat is de norm. Knakworst is een verhemeltestreler. Inbreken is prinselijk. En wat is
kunst? Kunst is waar de bordeelhouder met zijn verstand bij kan.

't Komt zelden voor in deze blaadjes: kunst. Maar ik wil 't tot slot
van deze bespiegelingen over vier miljoen Nederlanders vermelden.
't Is zo kenmerkend voor de dubbele moraal van de bordeelpers.

De straat wordt steeds onveiliger, je waagt je kind niet meer alleen
te laten, maar een tot pooierdom vervallen ex-crimineel wordt beju-
beld. De erotische mankementen worden gekitteld met de zweep
van het schijnfatsoen. Als de kunst ter sprake komt, geschiedt dit
steevast met grote minachting voor kunstenaars.

Hoe doen ze dit? Door schilders naar voren te halen die net zo lelijk
schilderen als u op zondagmiddag. Die de kwast hanteren zoals Nor-
bert Schmelzer de piano.

(De kunstenaars Carel Willink en Anton Heyboer, die we *elke* week
in *alle* vier blaadjes tegenkomen, tellen niet mee. Het gaat hier
slechts om de paringsdrift: bij de eerste om *hoe* hij het doet, en bij de
tweede om *hoe vaak*.)

Ach, u kent die schilders...een verlopen kasteelheer, verbitterd omdat de Nederlandse staat niet zijn tweehonderd damherten in olie-
verf en dertig eekhoorns in gouache à raison van de belachelijk lage
som van vijf miljoen gulden wil kopen, de artiest die in cafés en res-
taurants portretten maakt 'omdat hij te trots is zijn hand op te houden', de godvrezende tekenaar van de natuur die vindt 'dat de mensen recht hebben op een begrijpelijk plaatje', de Larense klaploper
die het juist weer 'te min' vindt om voor geld te schilderen en *be-*

roemd is in Amerika, omdat hij eens met zesentachtig anderen op een benefiettentoonstelling in Milwaukee heeft gehangen. Bij allen: wrok tegen de kunst. Het resultaat: kalenderplaatjes à la Place du Tertre. Een stoet kleine Van Meegerens.

Alles om aan te tonen dat *ook u* 'n slapend miljonair bent.

Kitsch en vervalsing, de knakworst als kaviaar, Lous Haasdijk als de prinses van Lombardije: hiermee beëindigen we onze beschouwingen over de bordeelpers. Ik ben wederom blij dat die troep de deur uit kan.

YVONNE KROONENBERG

Mooie mannen

'Vrouwen, zijn dat niet de mooiste wezens die er bestaan?' riep de slijmerd in het café. Zijn metgezel trok een zuinig gezicht: 'Nou,' zei hij, 'Olifantjes vind ik ook heel mooi.'
Mannen die beweren dat ze gek zijn op vrouwen zijn bijna altijd slijmerds. Ze lijken op enge ooms die precies weten waar kinderen van houden en dan moppen gaan vertellen waar veel pies en poep in voorkomt. In het café zie je ze soms. Ze spreken iedere vrouw die geen boom van een kerel bij zich heeft aan, en laten daarbij de blik zakken tot borsthoogte. Lang geleden, toen alle mannen nog dachten dat het zo hoorde, ergerde ik me eraan, maar sinds het verschijnsel zeldzaam is geworden, moet ik er om lachen. Het ziet er wel komiek uit, zo'n man.
'Wil jij wel eens gauw voor je kijken, snotneus!' dreig ik, en dat is doorgaans voldoende. Zou een slijmerd echt denken dat hij een vrouw op zwoele gedachten brengt als hij zo tegen haar op staat te rijen?
Smaken verschillen. Er zijn vrouwen die een rafelige snor-met-sik een sieraad voor het gezicht vinden, anderen zien graag pyjama's of lichtgele slip-overs.
Er is ooit een onderzoek gedaan naar de manier waarop vrouwen naar mannen kijken. Vinden ze brede schouders belangrijk? Stevige billen, sterke benen? Het bleek dat de meeste vrouwen zich niet veel aantrokken van de lichaamskenmerken van een man. Lijkt hij op de held uit de Bouquetreeks met zijn donkere haar, zijn grijze ogen, brede schouders en borsthaar, dan is dat mooi meegenomen, maar het hoeft niet. Ik denk dat de conclusies van het onderzoek juist zijn. Je ziet vrouwen inderdaad met de wonderlijkste vogelverschrikkers aan hun zijde.

Maar mooi of lelijk, er zijn een paar uiterlijke kenmerken die alle romantische gevoelens vermorzelen en doen omslaan in wanhoop. Neusharen bijvoorbeeld. In de neus groeien haren. Dat hoort zo. Ze zorgen dat er geen ongerechtigheden in de ademhalingswegen terechtkomen. Inwendig scheren is dus niet raadzaam. Maar er is een goede reden om de haren die buiten de neus hangen af te knippen. Die haartjes klitten namelijk en gaan dan verdacht veel lijken op een stukje neusvuil. Een man met een vieze neus kun je niet serieus nemen, laat staan dat hij erotische gevoelens wekt.

Sommige mannen denken dat ze filmcowboys zijn. Ze lopen met grote onverschillige stappen, de benen iets uit elkaar, de armen losjes afhangend van de schouders. Het is de bedoeling dat vrouwen daar opgetogen van raken. Dat doen ze niet. 'Kijk, net het paard van de schilleboer,' zei een prachtig meisje in het park. Ze wees naar een body-builder die zojuist het beeld binnen kwam sloffen. In het algemeen worden body-builders trouwens wèl gewaardeerd. Ik heb zelfs eens een vrouw horen zeggen dat je, als je één keer een body-builder hebt gehad, nooit meer iets anders wilt.

Niet iedereen heeft een flink postuur. Sommige mannen zien er zelfs meelijwekkend uit, zo droevig hangen hun smalle schouders, zo knokig steken de magere knieën door de pantalon. Maar hoe komt het toch dat juist dàt soort mannen regenjasjes koopt, die iets korter zijn dan hun colbert? Waarom willen ze toch per se fietsklemmen om hun broekspijpen? Waarom zijn die broekspijpen altijd iets te kort en te wijd en wie vertelt mij wat toch de winkelier heeft bezield die hun een montuur voor hun bril heeft aangeraden?

Dikke mannen hebben ook zo'n vreemde eigenschap. Door hun pens zakt hun broek van hun billen. Daar zijn twee oplossingen voor te bedenken: een riem dragen of bretels. Dat doen ze niet. Wel kiezen ze heel wijde onderbroeken, die méézakken. Het uitzicht is even fascinerend als afstotend: een lange bilnaad klimt langzaam boven de broek uit steeds verder, tot de dikke man sjort. Daarna begint het weer van voren af aan.

Onderbroeken vormen een hoofdstuk apart. Er zijn twee soorten onderbroeken, strakke en wijde. De ene man hangt graag een beetje los, de ander houdt van glad en strak. Beide standpunten zijn te rechtvaardigen, maar er zijn mannen die overdrijven. Die kopen een gigantische onderbroek, zo'n zeilschip met een gulp erin en ze kijken heel verwonderd als hun pas veroverde geliefde begint te schateren als ze die broek ziet.

De andere soort koopt tanga-slips, een touw met een lapje ertussen om het zaakje in op te bergen. Dat staat niet manlijk, maar tuttig! Snorren. Het is mij een raadsel waarom mannen een kokosmat op zo'n gevoelige plaats willen dragen, maar ze doen het. Ze scheren hun bovenlip niet meer en hup, daar heb je hem, de snor. Dat is dan dat, denken de mannen en ze nemen nog een boterham met ei. Een zacht ei. Of een zakje friet met mayonaise. Als je een man met een snor moet zoenen, kan het dus gebeuren dat je een vette veeg uit de snor krijgt. Niet erg verleidelijk.

Mannen mogen het moeilijk hebben met hun verantwoordelijkheden in de wereld, op één punt hebben ze het veel gemakkelijker dan vrouwen. Ze hoeven niet veel moeite te doen om als lust-object acceptabel te zijn. Wat weerhoudt hen er dan van rekening te houden met de mening van vrouwen? Waarom zeuren ze altijd over de lengte, de dikte en de potentie van hun pik, waar niet één vrouw in geïnteresseerd is? Van een dikke buik, korte benen, schriele borst schrikken we niet zo gauw. Voortijdige zaadlozing, ondermaatse geslachtsorganen, sexuele zenuwachtigheid, niets is ons te dol. Maar neusharen, eisnorren, kruipende bilnaden, brrr!

RIJK DE GOOYER

Godfried Bomans

Over Godfried Bomans doet het volgende verhaal de ronde.
In Hengelo bestaat een fabriek tweehonderd jaar en de directie heeft
't voornemen hieraan ruchtbaarheid te geven door middel van een
jubileumboek, verlucht met foto's. De procuratiehouder van 't bedrijf heeft al meer dan eens te kennen gegeven dat hij, zijnde een
Bomans- en Carmiggelt-kenner, gaarne de algehele leiding van dit
project op zich zou willen nemen. Zijn naam is Bakker en hij is van
streng christelijken huize. Als hij op verzoek van de directie wordt
uitgenodigd om over 't project te komen praten is hij zeer vereerd
en tijdens 't onderhoud met zijn superieuren deelt hij onomwonden
mede dat slechts een man als Bomans of Carmiggelt in staat zal zijn
dit jubileumboek naar behoren te schrijven. Voor de foto's acht hij
als enige geschikte figuur Paul Huf. Op de vraag van de directie of
hij de heren persoonlijk kent, moet hij tot z'n spijt bekennen dat dit
niet 't geval is. Wel acht hij zich enigszins in hun wereld thuis omdat hijzelf wel eens iets gepubliceerd heeft in de *Hengelose Courant*
en hij kan de directie geruststellen dat de kosten van 't geheel niet
meer dan vijfduizend gulden zullen bedragen. Tot zijn grote vreugde besluit de directie hem de volledige verantwoording te geven
voor de totstandkoming van het jubileumboek. Als enige eis wordt
gesteld dat de schrijver ervan een paar dagen naar Hengelo dient te
komen om aan de hand van een paar bezoeken aan de fabriek en diverse gesprekken met het personeel een beeld te kunnen krijgen van
de aard van 't bedrijf. Een opgetogen Bakker verlaat de fabriek en
thuisgekomen maakt hij zijn vrouw deelgenoot van de vreugde. Eindelijk krijgt hij de kans om naast z'n vrij saaie baan een kunstzinnige
daad te stellen. Besloten wordt om als eerste Godfried Bomans te
bellen. 'Met Bomans,' klinkt 't even later. 'U spreekt met Bakker,

procuratiehouder van 't bedrijf S. te Hengelo. Neemt u mij niet kwalijk dat ik u stoor...'
'Waar gaat 't over?' wil Bomans weten. Bakker legt hem de hele zaak uit. En dat door zijn toedoen de keuze is gevallen op de heer Bomans of de heer Carmiggelt en de heer Paul Huf als fotograaf. 'Kan deze man wel fotograferen?' vraagt Bomans vervolgens. Bakker haast zich dit te beamen en wil vervolgens weten wat de kosten zullen zijn indien de heer Bomans aan zijn verzoek zou willen voldoen.
'Hierover zou ik een nachtje moeten nadenken,' vervolgt Bomans. 'Wel kan ik u zeggen dat u met mij geen betere keuze had kunnen doen. Belt u mij morgen nog even terug.'
Bomans hangt op en laat, al is de zaak nog niet geheel rond, een gelukkige Bakker achter.
De volgende ochtend is hij al vroeg op de zaak en vertelt iedereen die 't maar wil weten dat ie al met Bomans gesproken heeft en dat 't alleen nog maar een kwestie van geld is. Vroeger dan elf uur durft hij niet te bellen maar als 't dan eindelijk zover is, draait hij 't nummer. 'Met Bomans,' klinkt 't. 'Met Bakker van de fabriek S. in Hengelo. Ik zou u nog even bellen.'
'Waar gaat 't over?' wil Bomans weten. 'Het jubileumboek van onze zaak,' antwoordt Bakker beleefd. 'Ik weet van niets,' hoort Bakker aan 't andere eind. Bakker legt met veel geduld 't hele geval weer uit.
'Oh ja, nu weet ik 't weer,' zegt Bomans. 'U heeft mij gisteren gebeld. Ik heb er inderdaad over nagedacht en de kosten mijnerzijds zullen vijftienduizenddriehonderdzevenennegentig gulden en vijftig centen bedragen. Nu zult u hoogstwaarschijnlijk vragen hoe ik aan dat bedrag van driehonderdzevenennegentig gulden en vijftig cent kom. Dat is begrijpelijk. Het is namelijk zo dat in mijn tuin op dit ogenblik een lading grint wordt gestort en de kosten hiervan bedragen driehonderdzevenennegentig gulden en vijftig cents en dat moet ook betaald worden. U hoort 't, meneer Bakker, ik speel open kaart met u. Mocht u, hierdoor afgeschrikt, alsnog besluiten met de heer Carmiggelt in zee te gaan met de gedachte dan goedkoper uit te zijn, kan ik u mededelen dat dit niet 't geval is. Bovendien betwijfel ik of hij wel de juiste man voor 't karwei zal zijn.'
Bakker zit verslagen aan zijn bureau. Even weet hij niets te zeggen. Dan herstelt hij zich. 'Ja eh, meneer Bomans, u begrijpt natuurlijk dat ik dit eerst met mijn directie zal moeten opnemen, alvorens ik

hier mijn fiat aan kan geven,' klinkt 't bedeesd. 'Dat begrijp ik volkomen,' beaamt Bomans. 'Belt u mij morgen hierover nog even terug.' Met loden schoenen begeeft Bakker zich naar de directie en doet relaas van zijn bevindingen. Na rijp beraad besluit men, tot algehele opluchting van Bakker, toch op 't voorstel van de heer Bomans in te gaan. Uiteindelijk is hij niet de eerste de beste en de fabriek bestaat niet iedere dag tweehonderd jaar. De volgende ochtend telefoneert Bakker weer met Bomans.

'U spreekt met Bakker uit Hengelo,' klinkt 't opgewekt uit z'n mond. 'Ik heb goed nieuws voor u!'

'Waar gaat 't over?' wil Bomans weer weten. Voor de zoveelste maal legt Bakker de zaak uit. Als Bomans zich plotseling alles weer herinnert hoort hij dat de zaak rond is en wanneer hij naar Hengelo denkt te komen. Bomans stelt voor de eerstvolgende maandag en stelt de volgende eisen. Hij wenst aan 't station door een directiewagen te worden afgehaald en onverwijld naar 't beste hotel van Hengelo gebracht te worden. Op zijn kamer eist hij een goede fles cognac. Daarna zal hij zich ter ruste begeven en omstreeks vijf uur in de middag opstaan. Vervolgens wenst hij dan te schaken met de lokale kampioen om daarna het diner te gebruiken. Na afloop hiervan zal hij zich weer naar z'n kamer begeven en dienen daar drie prostituées aanwezig te zijn, met wie hij de nacht zal doorbrengen. Pas de volgende ochtend is hij dan bereid per auto naar de fabriek vervoerd te worden om uiteindelijk aan zijn werk te kunnen beginnen.

Als Bomans hierna ophangt wordt 't Bakker angstig te moede. Als christelijk iemand zit hij nog 't meeste over de prostituées in. Waar moet ie ze vandaan halen? De rest is te realiseren. Hij besluit de directie te raadplegen. Wanneer ie z'n relaas verteld heeft wordt 'm opgedragen de zaak zo goed mogelijk te regelen, alleen mag over de prostituées niets uitlekken tegenover de pers, anders komt de goede naam en faam van 't bedrijf in geding.

Thuisgekomen legt Bakker 't probleem aan z'n vrouw voor. Ze ziet 't optimistischer dan hij en na hun avondgebed waarin ze de Heer smeken om een oplossing begeven ze zich ter ruste. De volgende dagen regelt Bakker 't hotel, de fles cognac en de lokale schaakkampioen. Wat overblijft zijn de prostituées. Op zaterdag heeft ie er pas één! Wanneer hij 's avonds moedeloos voor zich uit zit te staren besluit z'n vrouw in te grijpen. Ze is bereid z'n carrière te redden door als tweede prostituée te fungeren. Bakker is zielsgelukkig en omhelst z'n vrouw. Dat is pas naastenliefde!

Zondagavond is er nog steeds geen derde prostituée gevonden. Bakker besluit Bomans te bellen.
'Hier Bakker uit Hengelo,' klinkt 't ten einde raad.
'Waar gaat 't over?' wil Bomans weten. Bakker legt 'm weer de hele zaak uit en smeekt 'm genoegen te nemen met twee prostituées. Bomans weigert. 'Neemt u dan maar Carmiggelt!' is z'n antwoord en hij hangt op.
's Maandags wordt Bakker door de directie ontslagen.

GODFRIED BOMANS

Oude herinneringen

Op uw in hoge mate indiscrete vraag, wàt ik deed vóór ik (in 1938) te Nijmegen kwam, heb ik de eer u mede te delen dat ik te Amsterdam de rechtswetenschap beoefende onder de beproefde leiding van professor Scholten, een zeer scherpzinnig jurist, in het bezit van een onmetelijk voorhoofd, waarachter alles zat wat de natuur mij onthouden had. Hij richtte zich op zijn colleges bij voorkeur tot mij, van het gezonde beginsel uitgaande dat tekenen van doorzicht, in die doffe gelaatstrekken weerspiegeld, een waarborg vormden dat ook de stomste het begrepen had. Dit benauwde mij, want ik begreep hem niet. Ik heb zelfs nimmer ook maar een flauw vermoeden gehad, waar hij over sprak, en deze omstandigheid noopte mij tot een laf, begrijpend lachje, telkens als ik vermoedde dat hij drie keer hetzelfde gezegd had. Want ik wilde de colleges niet onnodig ophouden. Soms kreeg hij argwaan. Dan vroeg hij: 'Meneer Bomans begrijpt het toch wel?' Ik heb dit altijd ongepast gevonden. Eén keer vatte ik moed en antwoordde: 'Neen.' Dit werd met vaste stem gezegd. Er ging een schok door het gebouw. Men begreep, dat ik begreep dat ik het niet begreep. Dit was meer dan men had durven hopen.

Prettiger vond ik de colleges van professor Kliepstra. Kliepstra was een klein, dik mannetje met een gouden bril, die zich van zijn medemensen onderscheidde doordat hij het onderste knoopje van zijn vest, in tegenstelling tot het toen heersend gebruik, gesloten droeg, daarmede te kennen gevend ook in geringe details een particulier inzicht door te drijven. Hij sprak op een murmelende, dorre toon en met een gezicht, alsof het hem onaangenaam getroffen zou hebben indien iemand begrepen had waar het over ging. Ik was hem hierin zoveel mogelijk ter wille. Omdat ik een zwak voor die man had, besloot ik eens een tentamen bij hem te doen. Een uur lang zat ik tegenover hem, kijkend naar zijn onderste knoopje en mij ingespannen afvragend waar hij eigenlijk heen wilde. Eindelijk maakte zich ook van hem een zekere nieuwsgierigheid meester. Hij zette zijn bril af en zei: 'We zijn nu toch onder elkaar. Hebt u enig idee, wat ik eigenlijk doceer?' Ik had hem wel een hand willen geven, zo verlicht voelde ik mij. Want dit was een vraag, die mij al twee jaren had beziggehouden. Hij betrad hiermee een terrein, dat mij volkomen vertrouwd was. Wij besloten het onderhoud met een bezichtiging van zijn aquarium, dat voornamelijk voorzien werd door leerlingen, die over zijn rug heen hogerop wilden in het leven. Dan kon het er wel eens lelijk in hakken, want hij liet uitsluitend tropische vissen toe. Deze bijzonderheid noopte hem om voortdurend de kachel aan te houden, wat hij soms vergat, en dan moest hij weer helemaal opnieuw beginnen. Maar hij hield vol, met dezelfde vasthoudendheid, die ook in zijn onderste knoopje lag uitgedrukt. Hij is nu gestorven. Dat kon hij niet tegenhouden.

Er was ook een vrouwelijke hoogleraar, die A.A. Nijpkes heette. Ik denk dat het Anna was, want zij had een Anna-achtig hoofd. De tweede A heb ik nooit kunnen thuisbrengen en zij wekte de indruk er ook zelf mee verlegen te zijn. Zij sprak veel over 'cognossementen' of een uitdrukking van die strekking. Ik mocht haar graag. Af en toe, als de bekoring mij te machtig werd, ging ik naar het duffe zaaltje, waarin zij stond te praten, en waarachtig, daar kwam het woord weer. Het eigenaardige was, dat zij ook zelf niet scheen te weten wat het precies betekende. Zij had het waarschijnlijk, toen zij een jong meisje met vlechtjes was, van een andere professor gehoord en gaf het nu weer door aan ons, omdat het op een of andere wijze met de leerstof in betrekking stond. Ja, nu zie ik haar weer voor me, ze was bekoorlijk. De toestand van aanhoudend gelijk te hebben, die aan de positie van hoogleraar verbonden is, is een onvrouwelijke situatie en zij gaf te kennen zich hiervan bewust te zijn door ons niet aan te kijken. Door die gêne werd zij weer vrouw. Soms dacht ik: wordt A.A. bemind? Hoe moet het zijn om een vrouw te beminnen, die op het gebied der cognossementen geen vreemdeling is? Zij wist ook veel af van roerende goederen, door derden op onrechtmatige wijze verkregen. Hoe is het om zo'n vrouw een kus te geven? Ik heb tweemaal op het punt gestaan hiertoe over te gaan, doch ben telkens door het onrechtmatige van mijn voornemen weerhouden. Ik was een trouw college-loper. Het niets doen immers krijgt eerst reliëf, als het beoefend wordt te midden van schrijvende mensen. Je kunt ook niet op je eentje in een kamer gaan drinken. Maar in een café is het alleraardigst. Toch maakte ik soms een notitie, meestal vergezeld van een springend poppetje in de kantlijn. Als er een jaar om was, had ik drie bladzijden tekst, maar dit werd vergoed door een oneindig aantal poppetjes, die alle in hun houding een vastberaden onbekommerdheid uitdrukten. Ik herinner mij een optocht getekend te hebben van wel duizend springende kereltjes, die ieder een vlaggetje in de hand hielden, waarop het woord 'cognossement' te lezen stond. Helemaal voorop liepen twee mannen, die een spandoek droegen met het opschrift: A.A. Nijpkes. Het was een heel werk, maar als het moet weet ik ook van aanpakken. Ik zat achter een meisje met een prachtig nekje. Je ziet die halsjes nu niet meer. Voor het eigenlijke haar inzette, begon het al te kroezen, maar zó licht, dat het niet meer dan een vermoeden van haar was, zoals op een perzik. Toen ze haar tentamen Handelsrecht had gedaan, was het ineens weg. Dat is het gevaar van studeren bij meisjes. Ik ben er later eens op gaan letten en overal zag ik dat. Ik geraakte tenslotte zo bedreven, dat ik aan de hals van een meisje kon zien, hoever ze was. Gewoond heb ik wel prettig in Amsterdam. Het laatste in de Spinhuissteeg, recht boven een eethuisje, dat gedreven werd door de dames Windelheim. Het waren twee idealistische dames, want zij deden het niet om geld en kregen dit dan ook zelden te zien. De oudste heette Bertha, de jongste Clothilde. Zij legden zich toe op houtsnijden en figuurzagen en maakten de stoelen van het eethuisje zelf. Je begreep, als je op zo'n stoel zat, dat er een fijne bedoeling in stak en het verlangen om iets voor de medemensen te doen, maar als je er een tijdje op gezeten had voelde je toch dat meubelmaken een vak is, uitgeoefend door mensen, die geld willen verdienen. Zo is de wereld. De dames Windelheim ontbeten niet. Zij aten een vrucht. Daar zat de voedingswaarde in en het stond ook dichter bij de natuur. De dames Windelheim stonden zeer dicht bij de natuur. Zij waren zelfs aangesloten bij een volksdansvereniging, waar elke dinsdagavond de typische dingen uit Twente en de Waddeneilanden werden voorgedaan. De bevolking aldaar schijnt zich voornamelijk onledig te houden met tegen elkaars handen te klappen en dan een stamp op de grond te geven. In de pauze trad er een man naar voren, die het 'juulblazen' voordeed, een oud gebruik uit Staphorst en omstreken. Het moet daar heel mooi klinken en dat gaven de bewoners van het aangrenzende perceel ook wel toe, maar zij vonden het onjuist dat het vlak tegen hun behang gebeurde. Zij meenden, dat dit ook in Staphorst niet om uit te houden was. Zo moest dit nummer vervallen, maar er viel toch nog genoeg van het reine landleven te genieten. Aan Sinterklaas deden de dames Windelheim niet. Dat was een gebruik uit later tijd, evenals het plaatsen van een kerstboom. Maar de dingen, die vóór Christus hier te lande in zwang waren, hadden hun genegenheid. Zo werd op de meest onverwachte tijdstippen het eethuisje versierd, omdat Wodan of Thor op die dag iets gedaan had, dat iedereen in Amsterdam door het hoofd gegaan was, maar dat de dames Windelheim onthouden hadden. De christelijke beschaving was hen eigenlijk vruchteloos voorbijgegaan, tenzij men de opvatting is toegedaan dat het ignoreren ener beschaving juist het fijne ervan is.

De Windelheims zijn het laatste, wat ik van Amsterdam heb meegemaakt. Op een dag vertrok ik naar Nijmegen, met niets bij mij dan een pyjama, een aantal boorden, vier sinaasappels en een wekker. Toen de bus door Arnhem reed, ging plotseling de wekker af. Het was elf uur. De inzittenden begrepen dat dit het tijdstip was, waarop ik placht op te staan en bewaarden een discreet stilzwijgen. Alleen de chauffeur draaide zich even om en zei: 'Meneer is geen vroegertje.' Een kwartier later reden wij de oude Karelstad binnen, waar ik, gelijk u uit de overlevering bekend zal zijn, een onberispelijk leven geleid heb, zonder ooit een vroegertje te worden.

JAN MULDER

Jan

Met een dosis anabole steroïden waarvan je ook onmiddellijk Olympisch kampioen discuswerpen wordt, zou ik misschien kunnen wat Koos Postema in zijn zaterdagmiddagshow klaarspeelde.

Hij zei zonder met de ogen te knipperen vol in de lens dat brieven voor de prijsvraag konden worden opgestuurd naar: 'Bij Koos, postbus zoveel te Hilversum'.

Je hoeft de voornaam maar te veranderen en je in gedachten even in de plaats van Koos stellen, om in te zien hoe moeilijk het is: 'Brieven kunt u sturen aan Bij Jan, postbus zoveel te Hilversum'.

Vroeger had je op de televisie alleen debiele mensen die slechts met hun voornaam werden ondertiteld.

Hoe verpletterend zielig kwam dat niet onder in beeld: Frans.

Gehandicapte sportlieden bleken ook vaak alleen maar een voornaam te hebben. Als het maar zielig was: krakers, prostituées, gescheiden mannen en vrouwen. Sinds die tijd breken de talkshowmasters alle records.

Elke dag één: Marijke, Karel, Koos, Sonja, Tineke, Mies en op de achtergrond vlamt in neonletters hun voornaam in het kartonnen decor.

Trots op de voornaam. En televisie geeft de trend aan: over tien jaar zijn er alleen maar voornamen in Nederland.

Sommige mensen hebben geen voornaam. Zo iemand zag ik onlangs ook op de televisie. Het was de minister van Justitie, de heer Korthals Altes.

Hij is in het bezit van onberispelijke kostuums, een la vol overhemden, stijfsel en dassen, een kast van een huis, waarschijnlijk nog sokophouders. Alleen een voornaam heeft hij niet.

Dat is niet zielig, integendeel, het deert hem niet in het minst. Zonder voornaam is hij sterk, onaantastbaar, onbereikbaar voor de sterfelijken. De man zonder voornaam zou niet eens een voornaam willen hebben, mocht je hem er eentje aanbieden. Hij voelt zich kiplekker zonder. Voornamen zijn voor jongetjes en de heer Korthals Altes is geen jongetje.

Mr. Korthals Altes is een gebouw.

Den Haag Vandaag interviewt een résidence, een huis dat opgetrokken is uit de beste steen met daaroverheen een schitterende soort cement. Korthals Altes is het Empire State Building in het klein en breed. Ook doet hij denken aan een toren of molen in het NOS-programma Van Gewest tot Gewest. Daarin laten ze vaak zien hoe de restauratie van een oude molen in zijn werk gaat of legt men de laatste hand aan de top van de kerktoren. De kap van de Van Gewest tot Gewest-molen of -toren, dat is het hoofd van de heer Korthals Altes. Hij wordt er niet meteen opgezet. Eerst zien we een enorme truck met oplegger over landweggetjes rijden, met het hoofd van de heer Korthals erop. Bochten kunnen moeilijk genomen worden, de wagen moet soms driemaal achteruit om weer verder te kunnen. Prachtige reportages zijn dat. In het dorp is de hele bevolking al op de been: het haantje wordt op de kerk gezet en de televisie is er ook. Daar bengelt de kap van de molen in de lucht. Je vraagt je af hoe ze zoiets muurvast op het onderstuk krijgen, nu hij eenmaal los is geweest. Een uur later wappert de vlag en draaien de wieken. De molen bestaat weer uit één stuk.

Zo is het hoofd van de heer Korthals Altes er ook opgezet. Nu hij gerestaureerd is, kan hij weer eeuwen mee.

Een kerk heeft geen voornaam. Voornamen zijn voor Gijs van Aardenne, Ruud Lubbers, Joop den Uyl, Ria Beckers, Fred van der Spek. Vooral Van Aardenne is een typische voornaammens.

Korthals Altes, o kleine stevige Empire State. Soms beweegt hij lichtjes. Dan zwaait het gebouw, als je goed kijkt, helemaal bovenin zachtjes heen en weer. Dat doet hij als er veel wind staat en dat moet ook, anders zou hij afknappen.

Van mr. Korthals Altes zou ik willen zeggen wat Hans Kraay eens van de Feyenoordverdediging beweerde: 'Het is degelijk, het is hard en het is fit.'

Mr. Korthals Altes is een zeldzaam menselijk exemplaar. Hier zien wij iemand die je niet overal kunt neerzetten. Wij gewone mensen misstaan op weinig plaatsen. Je kunt mij in een kapperszaak, op een fiets, in een kermisattractie, slenterend op straat, in de bioscoop, hangend voor de televisie, voorstellen – het maakt niet uit, het valt nooit op. Zo niet mr. Korthals Altes. Ik heb er al moeite mee als hij *achter* in zijn Mercedes zit. Hij lijkt er de hele tijd uit te willen, hij voelt zich opgeprikt. Hij geniet niet van de omgeving. Dit is een transport. Zelfs op een fraaie en solide stoel in het gebouw van de Tweede Kamer, als hij door Den Haag Vandaag wordt geïnterviewd voor een zeventiende-eeuws meesterwerk, heeft hij het ongemakkelijk en de kijkers daardoor ook. Steeds lijkt hij van zijn natuurlijke plek afgehaald. De handen verkrampt aan de leuning, probeert hij zich een houding te geven.

Op straat lopen: ik kan mij het niet voorstellen. Een totaal verlaten chique Allée in het oude Doornik op een zondagochtend misschien, met veel standbeelden en vijvers in de buurt. De Champs-Elysées te voet afleggen als president van de République, terwijl vliegtuigen laag overscheren en het volk op gepaste afstand juicht, maar verder kan ik niks bedenken.

Als hij binnen is, is het in een kerk. Plechtige herdenkingen, dan voelt hij zich als een vis in het water.

Maar alles is anders.

De heer Korthals Altes is het tegenovergestelde van de man die ik hierboven beschreef. Hij is een slordige, gezellige, 's nachts vaak over straat strevende man. Hij houdt van een klaverjasje leggen. Hij is de gangmaker van het kabinet. Als het na urenlang vergaderen even stil valt, sleept hij ze erdoor met de laatste bak.

Mr. Korthals Altes was onlangs namelijk op de televisie en ook zijn gestalte was ondertiteld met zijn voornaam: Frits.

BEATRIJS RITSEMA

Waarom

– Voor mij is het nu zeker drie maanden geleden dat ik voor het laatst...
– Voor mij ook, misschien nog wel langer zelfs.
– Hoe heb jij het gedaan? Cold turkey methode?
– Nee, het is heel geleidelijk gegaan. Ik merkte dat ik er niet meer zo'n aardigheid in had. De frequentie liep terug en toen was het makkelijk om er helemaal een punt achter te zetten.
– Voor mij was het echt een omslag. Van de ene dag op de andere had ik er genoeg van. Ik kan me nog goed die laatste keer herinneren. Ik had Piet mee naar huis genomen. Je kent Piet, een schat van een jongen. Sinds jaar en dag namen we elkaar mee naar bed, wanneer dat zo uitkwam. Volstrekt vrijblijvend natuurlijk. Maar toen dacht ik de volgende morgen: Waarom eigenlijk? Waar is het allemaal goed voor?
– Je wordt er niet wijzer van, daar komt het zo'n beetje op neer.
– Precies. Toch verbaast het me dat jij als man er ook zo over denkt.
– Ah, de man als eeuwige dekhengst. Jij bent al geen haar beter dan de rest. Wist je dat de grootste celibatairen aller tijden mannen waren: Kant, Newton, Gandhi, Gandhi was zelfs getrouwd.
– Van de mannen die ik ken, ben jij in ieder geval de eerste. Maar ik moet zeggen, het is wel prettig om eens met iemand van het andere geslacht hierover te praten, zonder dat hij meteen onder tafel ligt van het lachen.
– Als ik tegen vrouwen zeg dat ik liever alleen naar huis ga, zijn ze beledigd. Dan roepen ze dat ze heus geen houten poot hebben en ook geen herpes.
– Bij mij denken ze dat ik frigide ben of gefrustreerd, waarna ze me verzekeren dat ze heel teder zijn. Laatst gaf iemand als argument dat hij altijd complimentjes kreeg over zijn vrouwvriendelijke manier

van vrijen. Ik wist niet hoe snel ik me uit de voeten moest maken.

– Als het even kan, vermijd ik dat soort jachtgebieden.

– Dat vind ik nou ook weer onzin. Een mens heeft af en toe behoefte aan sociaal contact.

– Voor mij heeft het leven veel meer inhoud gekregen. Ik lees weer eens een boek. Ik ga naar lezingen. Ik heb mijn fotografiehobby weer opgepakt. Sinds de middelbare school had ik daar niets meer aan gedaan.

– Met mij net zo. Ik doe tegenwoordig weer aan hockey. Op zondagochtend nog wel; in geen tien jaar ben ik zondags vóór het middaguur buiten geweest.

– Er zijn zoveel voordelen aan deze leefwijze: geen last meer van gesnurk.

– Niet meer voortdurend de lakens verschonen.

– Je kunt weer gewoon in een pyjama slapen.

– Geen beleefdheidsontbijten.

– Niemand die het over adequate stimulatie heeft.

– De vanzelfsprekendheid waarmee lichaamsvochten vermengd werden, begon me meer en meer tegen te staan. Alsof er een slasausje werd gemaakt.

– Op een gegeven ogenblik gaat de lol eraf. Dan heb je het wel gezien. Een vrouwenlichaam doet me niets meer. In de grond van de zaak zijn ze toch allemaal hetzelfde.

– Onbegrijpelijk, die sexverdwazing. Weet je dat ik me vroeger schuldig voelde als ik halverwege mijn stripje pillen was en merkte dat ik er nog geen gebruik van had gemaakt die maand. Dan ging ik direct op pad, omdat ik anders het idee had dat ik voor de flauwekul die pil slikte. Hoe diep kun je zinken?

– Vreselijke flirtpartijen op feesten en in cafés. Lachjes, veelbetekenende blikken, zogenaamd interessante gesprekken over het nieuwste boek, de laatste film. En soms is zelfs dàt er niet meer bij. Dan komt er een vrouw op je af die zegt: Ik vind je leuk; zullen we hier weggaan.

– Heb ik zelf ook wel gedaan. De ontwapenend directe aanpak.

– Wat heeft dat nog met liefde te maken?

– Jij maakt nog steeds dezelfde fout die iedereen maakt. Sex heeft met voortplanting te maken. Kijk maar naar de dierenwereld.

–En onze persoonlijke voorkeur dan?

– Die speelt voor sex maar een ondergeschikte rol, zoals je uit je eigen verleden kunt afleiden. Evenals in de liefde. Voor al die Derde

Wereld-volken is het huwelijk in principe een zakelijke overeenkomst en de liefde komt eventueel later wel. Daar hoor je ze niet over klagen, dat gaat al eeuwenlang goed.
– Tja, als je het zo bekijkt.
– Ik zat net te denken: volgens mij zouden wij heel goed bij elkaar passen. Luister, ik wil in ieder geval wel kinderen voordat het te laat is. Hoe zit dat met jou?
– Een kind? Eh ja, op den duur wel.
– Waarom niet nu? Wij zitten op dezelfde lijn. Zo iemand kom je niet zo snel meer tegen.
– Moeten we elkaar dan niet eerst wat beter leren kennen?
– Welnee, dat is nergens voor nodig. Daar hebben we nog jaren de tijd voor, als we eenmaal getrouwd zijn.
– Een huwelijk zonder overtollige sex, zonder vreemdgaan, ieder zijn eigen slaapkamer, hm, dat lijkt me wel wat.
– Dat is dan afgesproken. Vanavond al een beginnetje maken?
– Wat zullen we nou krijgen?
– Oké, oké, het was maar een strikvraag.

IVO DE WIJS

Achter de façaden van glitter en goud

Een kleine zelfstandige kan niet ziek worden, want als hij ziek is verdient hij niet. Jarenlang reisde ik door Nederland en België met een cabaretgezelschap. Vier hoofdpersonen en een technicus: vijf van elkaar afhankelijke inkomens. In vijftien jaar vrolijkheid heb ik slechts eenmaal een voorstelling verzuimd (het optreden in kwestie ging overigens gewoon door, men bleek mijn zangstem te kunnen missen). Normaliter spaarde ik mijn veelsoortige aandoeningen op tot de zomermaanden. Juli, de schouwburgen sloten hun deuren, de leden van mijn groep zwermden uit over Europa, ik meldde me bij het Onze Lieve Vrouwe Gasthuis of het Ziekenhuis Amsterdam Noord voor de inmiddels hoogstnoodzakelijk geworden ingreep van dat seizoen.

1979: liesbreuk. In februari merkte ik dat lopen moeite begon te kosten. Op mijn onderbuik boven mijn rechterbal openbaarde zich van tijd tot tijd een griezelige bobbel. 'Specialist,' zei de huisarts. 'Chirurg,' zei de specialist. 'Kan niet,' huilde ik, 'tot eind juni moet ik de mensen laten lachen.' 'Koop dan maar gauw een breukband, Paljasso,' spraken de H.H. Medici. Ik begaf mij naar een heel enge winkel en verzocht daar binnensmonds om een 'beuban'.

Een liesbreuk is een inscheuring van het buikvlies. Het gat waardoor de zaadstrengen het buikvlies verlaten rafelt open en allerlei onsmakelijk ingewand ziet de kans schoon en puilt naar buiten. Een breukband tracht dit puilen tegen te gaan. Het is een soort strakke tanga voor mannen. Een zakje sluit rond de zak, speciale banden lopen over de plaats waar de bobbel zich onderhuids dreigt te manifesteren naar een eveneens in stof (katoen? linnen?) uitgevoerde heupgordel. Insnoeren is het parool, hoe strakker dit medische suspensoir zit, hoe minder ruimte de inwendige mens krijgt om te ontsnappen. Een minuscule opening maakt het mogelijk het mannelijk lid aan de totale insnoering te onttrekken. Vier maanden lang legde ik 's avonds rond acht uur deze armatuur aan. Het werkte. Eh...het werkte ongeveer twee uur. Onze voorstelling duurde echter langer dan twee uur. Steeds weer gebeurde het tijdens het slotnummer. Ik had aan te zetten voor een hoge, luide toon, ik steunde mijn vermoeide stem met mijn gehele torso en ik voelde hoe de druk onder in mijn lichaam te weinig tegenstand ontmoette: kolkend zochten mijn darmen hun verboden vrijheid. Applaus. Halen. Zakken. Achter de coulissen duwde ik alles op zijn plaats en keek ik op de kalender. Nog veertien dagen, nog elf voorstellingen. Halen. Zakken. Eindelijk vakantie. Op 1 juli 1979 stond ik aan de balie van het hospitaal. 'U komt op zaal D, meneer De Wijs.' Bam! Ik zag het direct. Zaal D deugde niet. Het was me dadelijk door en door duidelijk dat zaal D niet deugde. Ik had sowieso een afkeer van zalen. Tijdens mijn eerste (en godzijdank enige) nacht in militaire dienst had ik geen oog dichtgedaan en tijdens mijn eerdere ziekenhuisvakanties (1978 tweede kaakoperatie, 1977 amandeluitrukking, 1976 appendix, 1975 eerste kaakoperatie, etc.) had ik de ergerlijke patiëntenprototypes afdoende leren kennen. Op elke ziekenzaal ligt wel een misselijke buitenbeen, een luidruchtige ziekmaker, een Komiek, een Zanikpot of een diepgelovige Prevelaar.

Zaal D was een dieptepunt. Zaal D herbergde van elke afschrikwekkende hospitaalcategorie het meest stuitende exemplaar. Er lag een Komiek: 'Kom maar eens onder de dekens kijken zuster, de verdoving is helemaal uitgewerkt', er lag een Ouwehoer: 'Toen ik in 1929 bij de Huzaren kwam...'; er lag een stervende Zeurpiet: 'Ze hebben hier alleen van die halfvolle melk, die vind ik niet lekker, ik hou zo van echte volle melk, oh, als ik nou nog één keertje van die lekkere volle melk zou mogen proeven...' en er lag een hallucinerende Bangerik: 'Ze gaan me pijn doen, ik weet 't, ik weet 't zeker, ze gaan me pijn doen, ik voel 't nu al.'

Huis Clos. L'enfer. Les autres. Het was niet te harden. De eerste dag, de dag van de observatie voor de operatie, werd ik al bijna dol. De Komiek was niet te stuiten. 'En nu graag jonge jenever!' kirde hij tegen de verpleegster die zijn infuus bijvulde. De Ouwehoer behandelde de lotgevallen van de Huzaren in het jaar onzes Heren 1930. De Zeurpiet zeurde over zijn anus prae en zijn geliefde volle melk: 'Van die heerlijke volle melk, dat je zo echt je lippen aflikt, weetjewel' en de Bangerik sprong om de tien minuten krijsend uit bed en riep: 'Neenee, ik wil niet!'

De narcose bracht me een hele dag soelaas, even hoorde ik het allemaal niet. Ik kwam echter weer tot mijn positieven en merkte dat er niets veranderd was. Ze waren er nog steeds alle vier en grapten, lulden, zeurden en hallucineerden verder. 'In 1931 heb ik toen bijgetekend voor de Huzaren,' sprak de Ouwehoer, 'want het was een crisis, en bij de Huzaren was het goed van eten en drinken.'

'Jaja, Huzarensla,' wierp de Komiek tussen. 'Lekkere volle melk,' smakte de zieltogende Zeurpiet, 'recht van de koe...'

We houden u nog een dag of tien in observatie, liet de chirurg me weten. 'Ik red het hier niet,' zei ik tegen de hoofdzuster, 'ik hou het hier niet uit met die vier gekken, leg me in vredesnaam apart. Ik betaal het wel bij, ook al ben ik er niet voor verzekerd.' 'Al wilt u het met goud betalen,' sprak een opgetrommelde financiële administrateur, 'we hebben niet één kamer vrij, het is zomer, weet u, en we hebben een hele vleugel moeten sluiten, omdat er een hoop personeel op vakantie is, ik ben bang dat we u niet kunnen helpen.'

'Ja-ja, bang, ik ben bang,' schreeuwde de Bangerik, 'ze gaan me pijn doen, ik weet 't zeker...'

'Ik hou het niet vol,' zei ik tegen mijn vrouw tijdens het bezoekuur. 'Ik zal gebakjes voor je kopen,' zei ze. Mijn ogen lichtten op. Ik wist wat ze bedoelde. Sterke drank is te allen tijde verboden in ziekenhuizen, maar gebakjes mogen soms. Gebakjes mogen bovendien worden ondergebracht in de medische ijskast. Nog diezelfde avond stond er een officieel uitziende gebaksdoos tussen de plasma's en vergiften. Op de doos: Hr. de Wijs, in de doos: blikjes bier. Drie avonden bedronk ik me, drie nachten sliep ik, drie dagen voelde ik me wat beter. Na drie dagen echter begon de drank zijn heilzame effect te missen, ik nam de heksenketel rond mijn bed opnieuw scherp waar. De Komiek had inmiddels uitgevonden aan welk genre verzwakking ik precies geholpen was en dit bood hem volop stof voor gloednieuwe aardigheden. De Bangerik klom elk kwartier in de gordijnen. De Ouwehoer vertelde van het roemruchte Huzarenjaar 1935 en de ouwe Zeurpiet was nog steeds niet dood en verlangde nog immer naar de volle melk die het harteloze hospitaal hem weigerde te verstrekken. Ik nam een besluit.

De verschrikkelijke dag kroop om. De Komiek bleek nog wakker toen de nachtzuster om 12 uur zijn infuus kwam bijvullen: 'En zuster, als u zich verveelt vannacht, u weet waar u wezen moet, hè!' Ik wachtte af en keek behoedzaam rond. De Ouwehoer snurkte, ècht stil zijn kon hij zelfs 's nachts niet. Zijn imposante huzarensnor ging heen en weer op de maat van het geronk. De oude Zeurhannes sliep diep. Hij had een zware dag gehad. Hij had zijn rochelende smeekbeden om 'lekkere volle melk' tegen de avond een tijdje moeten staken, omdat er een priester verschenen was met de H. Olie. 'Bent u meneer Visser?' vroeg de kapelaan. 'Die ben ik', antwoordde de oude, waarop de dienaar Gods was begonnen met zijn zalvingen. Een tragisch misverstand, naar later uitkwam. De Sacramenten der Stervenden waren bedoeld geweest voor een andere meneer Visser, een meneer Visser op zaal E. 'Ik bèn niet eens katholiek', zuchtte onze meneer Visser toen men hem op de hoogte stelde van de misser. En dommelde vermoeid in. Zelfs de Bangerik sliep. Nachtrust zou een verkeerd woord zijn, van rust was weinig sprake, hij trok van tijd tot tijd zijn knieën op en bonkte met zijn kop tegen het hoofdeinde van zijn bed. Zijn dekens en lakens lagen op de grond. Maar toch, hij was onder zeil.

'Niet haasten', zei ik tot mezelf, 'wachten tot ze allemaal slapen.' De tijd verstreek. De Komiek kon de slaap niet vatten. Om 1 uur knipte hij zelfs zijn lampje aan en verlustigde zich 20 minuten in het tijdschrift *Leuke Ogenblikken*. Tegen half 2 doezelde hij weg.

Om halfdrie stapte ik uit bed. Officieel mocht ik nog niet uit bed, maar om de vernederende poeppan te ontlopen, had ik al een paar maal een tochtje gemaakt naar de weecee en dat was me uitstekend afgegaan. Mijn wond schrijnde enigszins, maar na drie, vier passen voelde ik niets meer. 'Eerst de Komiek,' fluisterde ik. Het had me grote moeite gekost mijn plannen rond te krijgen te midden van het gekakel en gekreun. 'Eerst de Komiek!' Voorzichtig sloop ik naar zijn bed en met ingehouden adem tastte ik naar de plastic buis waardoor de vloeistof zich een weg zocht naar het lichaam van de grappenmaker. Plop. De leiding brak in tweeën. De vloeistof druppelde onhoorbaar op de afgevallen dekens van de Bangerik. Zo wilde ik het hebben, zo had ik het bedacht, en zo diende het te gebeuren: geruisloos. Toch sloeg de Komiek nog even de ogen op. Ik had iets dergelijks voorzien en zei: 'Ken je die van die verpleegsters en de ooievaar?' Een glimlach krulde zich rond zijn lippen en gelukzalig sliep hij in. Voor altijd. De pancreas of alvleesklier is een tamelijk vitaal orgaan.

Op mijn tenen verliet ik de zaal. Niemand mocht me zien. Ik ging naar de Medische IJskast, naar de camouflagegebaksdoos. Ik goot een van de blikjes half leeg in de belendende gootsteen – niet drinken nu! – en vulde het daarna weer op met wat ik in de frigidaire voor het grijpen vond: insuline, bloedplasma, morfine, pompelmoentje etc. Ik sloop terug naar zaal D. 'Meneer Visser,' zei ik zacht. De oude Zanikpot schrok op, meende wederom een kapelaan te zien en lispelde: 'Ik bèn niet katholiek.' 'Neenee', stelde ik hem gerust, 'Dit is geen H. Olie, dit is iets vééél lekkerders, volle melk, van die heerlijke ouderwetse volle melk, daar houdt u toch zo van?' 'Oh ja, volle melk', sprak hij, 'als ik dat nog éénmaal zou mogen proeven...' Hij dronk het hele blikje leeg. 'Lekker?' informeerde ik. Er kwam geen antwoord. Het broodmagere lichaam werd bleker en bleker.

Ik telde af. Nog twee. Nu de Bangerik. Ik moest even geduld oefenen. Het stokoude lijf van de uitgezeurde heer Visser verloor snel zijn soepelheid, maar echt stijf was het toch niet toen ik het uit bed tilde. Ik droeg de oude, tamelijk kwiek voor een zojuist gerepareerde breuklijder, naar het bed van de onrustig draaiende Bangerd. Ik posteerde me met het ontzielde lichaam aan het voeteneinde en siste: 'Hee!' De Bangerik schoot wakker. 'Help,' riep hij, 'ze komen me halen, ze gaan me pijn doen.' 'Jaaaah,' brulde ik met een lugubere zorgvuldig ingerepeteerde grafstem, 'hier is Heintje Pik, Pietje de Dood, hij komt je hahaHaHaHALEN.' Ik vatte de ontslapen meneer Visser bij de knokige heupen, tilde hem als een poppenkastpop over de rand van het voeteneind van des Bangeriks bed en wierp hem met één doorgaande beweging op de klamme leden van de Kakkebroek. Die bleef erin. Ik had niet anders verwacht, maar tijd om van mijn berekende triomf te genieten kreeg ik niet. Mijn laatste actie had te veel rumoer veroorzaakt. De laatste levende, de Ouwehoer, stopte met snurken en wreef zich de ogen uit met de punten van zijn snor. Ik beende naar zijn bed. 'Wat hoor ik?' vroeg hij slaperig. 'Hoefgetrappel,' zei ik, 'paarden.' De oud-huzaar ging recht overeind zitten. 'Waar dan?' wilde hij weten. 'Buiten,' zei ik, 'kom maar mee, op het balkon kunnen we misschien zien wat er aan de hand is.' Snel pakte ik zijn halfslapende hand, drukte de balkondeuren open en loodste hem de frisse lucht in. 'Ik hoor niets,' stamelde hij. 'Nee,' zei ik, 'maar dit is de negende etage, het is beneden, ergens.' Gewillig boog hij zich over de balustrade. Ik gaf hem de duw uit mijn draaiboek, aanhoorde het begin van zijn gegil, maar wachtte niet tot ik hem hoorde vallen.

Ik moest opschieten. Ik ging weer naar binnen. Alles moest er begrijpelijk uitzien. Ik tilde het corpus van de oude Zeurpiet van het lijk van de jonge Bangerik en legde de dode meneer Visser weer keurig op zijn eigen plekkie. In het plastic zakje dat bij de anus prae van de oude hoorde was het op een vreemde manier aan het gisten. 'Niet over inzitten,' vermaande ik mezelf, 'daar let niemand op.' Ik kroop in mijn eigen bed en deed alsof ik sliep. Twee minuten later deed ik of ik wakker werd. Vier nachtzusters, drie nachtbroeders, twee nachthoofden en een nachtportier stormden de zaal binnen, op de voet gevolgd door twintig pyjamapatiënten uit naburige zalen. De laatste decibellen van de vallende Ouwehoer hadden hun effect niet gemist. 'Wawat is er?' vroeg ik geeuwend. 'Eh...we leggen u even op de gang,' zei een bezorgd nachthoofd, 'windt u zich vooral niet op, er is...eh...er is iets gebeurd.'

'U knapt sneller op dan we gedacht hadden,' zei mijn vriendelijke chirurg twee dagen later, 'en toch moet het nogal ongezellig geweest zijn voor u, zo helemaal alleen op zaal. Tja, ik had u eigenlijk tien dagen in observatie willen houden, maar ik vind dat we de zaak wel voor gezien kunnen houden. Het ga u goed.'
Ik trok mijn kleren aan en wandelde naar huis.

JAN BLOKKER

Sollicitatie

Een heel nieuw leven beginnen.
Zo loop ik al anderhalve week met een advertentie in m'n zak waar-in de Sociale Academie Amsterdam voor haar middelbare beroeps-opleiding kultureel werk een DOCENT(E) vraagt die een baan van 3 dagen per week wil hebben.
Dan vraag ik je.
'Wij stellen,' zegt de Academie, 'attitudevorming primair, en ver-zetten ons tegen schools leren.'
Een kolfje naar mijn hand dus.
'Wij geven,' lees ik verder, 'de voorkeur aan (weer te leren) leren door reflectie op eigen ervaring in werk, privé en opleiding.'
Precies eigenlijk wat ik al jarenlang voel zonder 't ooit onder woor-den te hebben kunnen brengen, laat staan onder zulke.
'Wij gaan er van uit,' vervolgt de oproep, 'dat we op de opleiding te maken hebben met de totale mens, en hechten grote waarde aan (re)integratie van denken, voelen en handelen.'
Ik geef eerlijk toe dat ik niet helemaal begrijp wat ze daarmee bedoe-len, maar ik weet bijna (ze)ker dat het (on)geveer neerkomt op wat in mij leeft en in ieder geval geïntegreerd zou kunnen worden in wat het leven voor mij altijd heeft be-*teken*-t.
Maar ja, wie ben ik.
De belangstelling van de Sociale Academie Amsterdam blijkt ten-slotte uit te gaan naar hen die
'bovenstaande visie op opleiden onderschrijven;
– inzicht en ervaring hebben in kultureel werk;
– in hun handelen zicht hebben op de politieke dimensie ervan;
– willen werken in een zich demokratiserende opleiding;
– konkreet willen werken;
– zich kwetsbaar willen opstellen.'

Het is natuurlijk niet niks, en het moet je misschien wel in je bol geslagen zijn om *meteen* te denken dat je voor die betrekking geknipt bent – maar als je het nou puntsgewijs even naloopt zit ik, dacht ik, toch niet zo ontzettend vèr uit de buurt.

Dat ik de visie van de Sociale Academie Amsterdam (de bovenstaande uiteraard) onderschrijf spreekt eigenlijk voor zichzelf. Inzicht en ervaring in kultureel werk – tja, je leest 's een boek, je fluit zonder moeite een Beethoven mee, je hebt al in '69 de Zonnebloemen van Van Gogh ingeruild voor een protestposter van het Maagdenhuis, dus wat wil een mens nog meer.

Zicht in mijn handelen op de politieke dimensie *ervan*. Hèb ik.

Heb ik als de pest had ik bijna geschreven, maar ik weet niet of ik dat in m'n sollicitatiebrief zo nadrukkelijk moet formuleren, hoewel aan de andere kant die mensen van Sociale Academies (zeker in Amsterdam) misschien juist weer tippelen op informele taal die toch feitelijk een uitdrukking is van (re)integratie van denken, voelen en handelen, bovendien berust op een soort reflektie op m'n eigen ervaring (privé) en alleen al daarom de politieke dimensie aanbrengt, want politiek is tenslotte proberen er het beste van te maken, en als ik een baan van drie dagen per week kan krijgen door een eind weg te ouwehoeren tegen een stelletje totale mensen die de pest aan (schools) leren hebben, dan laat ik niks na.

Zeg nou zelf.

'Willen werken in een zich demokratiserende opleiding' – oké, jongens, mij heb je; als het maar niet betekent dat ik die andere twee werkdagen per week in Woudschoten over conflictmodellen hoef te vergaderen, dan hebben jullie aan mij op het punt van de demokratisering geen kind.

Wat jullie je voorstellen bij 'konkreet werken' merk ik wel – en dat ik me daarbij kwetsbaar zal moeten opstellen lijkt me nogal wiedes.

Nog iets? Ja, nog iets.

Aan het eind van de advertentie staat:

'Een doctoraal examen in één der menswetenschappen is vereist.'

En dat heb ik natuurlijk weer niet.

Maar zou het tot aanbeveling strekken dat ik op het kerstrapport in de derde klas van de HBS een drie voor scheikunde had?

Beleefd aan(be)velend.

EMMA BRUNT

Het misverstand van de kattofilie

Sinds ik een vriendin heb met een fobie voor katten besef ik pas goed dat de poes het nationale totemdier is. Een bezoek aan kennissen is voor haar een kwelling, want in huishoudens waar je een gevulde boekenkast aantreft, hebben ze ook vast en zeker een kat, meestal twee, en onlangs was ze zelfs gedwongen een nieuwe psychiater te nemen omdat het pand van de vorige alleen betreden kon worden via een achtertuin waar je kniehoog door de katten moest waden, zodat ze nog maar zelden op het consult verscheen.

Thuis heb ik er ook twee, zodat wij meestal afspreken elkaar te ontmoeten in de horeca, maar ook dat blijkt voor de kattofoob een waar mijnenveld te zijn. Een poosje geleden hebben we urenlang door de regen gedwaald op zoek naar een poesvrij café. 'Maar waar ben je nou toch zo bang voor?' vroeg ik nat en huiverend, met mijn neus tegen de zoveelste ruit gedrukt om te zien of er iets pluizigs bewoog onder de tafeltjes of bij de tap. 'Ze hebben van die valse starre ogen,' zei ze doorleefd, 'en dan springen ze opeens op je af en slaan hun nagels in je.'

'Welnee,' zei ik sussend, 'dat doen katten nooit, die benaderen een vreemde juist heel behoedzaam.' Maar aan haar gezicht zag ik dat ze me niet geloofde: de fobielijder is zulk onbegrip gewend en doet er dan het zwijgen toe, maar de angst blijft. Ik weet er trouwens alles van, want mij moeten ze ook niet vertellen dat spinnen zulke nuttige diertjes zijn als er zo'n schommelend lijf op acht harige poten mijn kant uit komt. Om me te verplaatsen in haar waan stelde ik me even voor hoe het zou zijn als al mijn vrienden grote spinnen zouden houden, dure Siamese spinnen met blauwe ogen en een stamboom, die los door het huis liepen en kopjes gaven, terwijl ook nog in de meeste cafés een extra dik volgevreten exemplaar op de bar zou zitten, aangehaald door een kennelijk gek geworden clientèle. Afgrijselijk.

Met zorg kozen we een etablissement dat safe leek, maar al na luttele minuten meldde zich een forse kater zonder staart en met een deerlijk gehavend oor. Terwijl mijn vriendin jammerde en ik beheerst aan de barman vroeg of zijn huisdier even opgesloten kon worden, voelde ik het misprijzen van de rest van de cafébezoekers. Zoiets doe je niet. Een kat is in ons land een heilig dier dat met respect bejegend wordt, om niet te zeggen: met blinde adoratie.

Rudy Kousbroek heeft eens de vraag gesteld waarvan een poes gemaakt is. Vorige week las ik het bundeltje *De kat in de boekenkast* – 32 schrijvers over hun poes – en nu denk ik dat ik het antwoord weet. Een kat is niet gevuld met oude versnipperde liefdesbrieven, zoals Kousbroek oppert in de bijdrage waarin hij beschrijft hoe je zelf een kat kunt bouwen, maar hij slaat de plank niet ver mis. De poes is gemaakt van dromen en fantasieën. Het zijn miauwende abstracties, losjes met bont gestoffeerde projecties, de amandelogige, dubbelgepuntmutste manifestatie van een Idee. Als deze schrijvers een verliefde blik werpen op hun Imperia, Leen of Tiepje, zien ze niet zozeer een kat, ze zien er iets *in*. Maar wat?

Wat ze drijft is niet alleen dierenliefde, want ik kan me niet voorstellen dat een dergelijke bundel gewijd zou worden aan de betoverende eigenschappen van de marmot, het konijn, of de kanariepiet, terwijl dat toch ook heel verdienstelijke beesten zijn, tamelijk aaibaar zelfs en lang niet lelijk. Waarom worden er dan wel gedichten en verhalen besteed aan de kat en niet aan de hamster of de goudvis?

De kattofilie wortelt in een lange literaire traditie, veel schrijvers zijn ermee behept. Céline sleepte altijd zijn kater Bébert mee, dwars door een hele oorlog, en Léautaud, Doris Lessing en Colette – om er een paar te noemen – schreven erover, soms zelfs een hele roman, net als Wolkers in *De junival*. Ik vermoed dat het fundament van die traditie gevormd wordt door de eigenschappen die katten worden toegedicht. Individualisme. Onafhankelijkheid. Eigenzinnigheid. Soevereine onverschilligheid jegens hun broodheer. Grilligheid. Gratie en schoonheid. Een rusteloos amoureuze maar promiscue natuur. Ondoorgrondelijkheid. Een trefzeker jachtinstinct. Als Ethel Portnoy haar poes in de saffieren ogen kijkt, ziet ze wat de kat onderscheidt van haarzelf, en het verschil heet 'doden'. Kousbroek verklaart de aantrekkingskracht van de poes door erop te wijzen dat het 'een schaalmodel is van een tijger'.

De kat is geen kuddedier, maar een eenzame fluwelen rover die de wereld met dédain beziet. Gaat het te ver om te veronderstellen dat intellectuelen een zelfportret schetsen als ze over hun kat schrijven? Of beter: een geromantiseerd portret van de kunstenaar en de intellectueel in het algemeen, de sceptische toeschouwer die terzijde staat en zich niet encanailleert met de *madding crowd*?

Het aandoenlijke van de kattofilie is dat die volgens mij grotendeels berust op een misverstand. Want wat zie je als je de modale kat in alle nuchterheid bekijkt? Laat ik voor mezelf spreken. Die van mij zijn – hoezeer ik ze ook liefheb – ontegenzeglijk lui, gulzig en geneigd tot zeuren. Als ze niet verharen, dan krabben ze aan het meubilair, of ze jatten alle voedsel dat niet spijkervast is, en hoeveel verse vlooienbandjes je ook aan ze spendeert, echt helpen doet het niet. Onafhankelijkheid? Rond etenstijd – trouwens ook op de meeste andere tijdstippen van de dag – draaien ze flemend om mijn enkels en werpen zich voor mijn voeten, en in hun kristallen blik zie ik niet het woord 'doden' geschreven staan, maar wel met grote letters de woorden 'Felix kattenbrokjes'. Fluwelen rovers? Mijn voorlaatste poes wat dermate dom en vervreemd van zijn wortels, dat hij alleen de *badminton shuttle* van de buren ving en voldaan bij de keukendeur apporteerde.

En als ze nu nog iets nuttigs konden, 's ochtends de krant uit de bus halen bijvoorbeeld, maar helaas – om nog even in mineur te blijven – katten kunnen *niets*. Misschien is dat hun wezenlijke talent en tevens de reden dat we ze benijden en bewonderen: het vermogen om een volkomen zinledig en parasitair bestaan te leiden en er nog om geprezen te worden ook. Overweldigd door dit mysterie stoppen sommige auteurs niet alleen een kat in hun boekenkast, maar ook een complete boekenkast in hun kat. Dat levert leuke stukjes op, daar niet van, maar over katten gaan ze geloof ik niet.

MARIAN HUSKEN

Boetiek Pierre

De shopping-safari van Marjolijn was geslaagd. Samen met haar moeder had ze bij *Boetiek Pierre* een zwart angora truitje gekocht. Moe van het winkelen liepen ze naar de parkeerplaats, waar ze 's ochtends hun auto hadden achtergelaten. Ze stapten in en wilden wegrijden.

'Goh, het lijkt wel of je een lekke band hebt, of je bent over iets heengereden. Zal ik even kijken?'
De moeder van Marjolijn stapt uit.
'Oh, nee...een dooie kat!'
'Geef me even die zak van jouw truitje, dan stop ik dat arme beest daarin...voordat er nòg iemand over die kat rijdt.'
Met het tasje met de kat loopt ze vervolgens naar de ingang van het parkeerterrein waar een dikke boom staat. Ze zet de zak voorzichtig tegen de boom.
Nog voordat Marjolijns moeder weer bij de auto is, ziet Marjolijn een andere vrouw, die – nadat ze snel om zich heen heeft gekeken – zich bukt om het tasje van *Boetiek Pierre* te pakken. Met het tasje in de hand loopt de vrouw quasi nonchalant weer verder. Het is een chique vrouw met een verzorgd kapsel. Ze draagt een korte bontjas en heeft duidelijk dure laarzen aan.
Marjolijn stapt uit de auto en loopt haar moeder tegemoet en vertelt wat ze gezien heeft. Moeder en dochter kijken elkaar aan...en besluiten de vrouw te volgen.
Deze stapt kwiek door en schiet vervolgens een koffieshop in. Als de achtervolgers binnenkomen zit de dame al achter een grote capuccino en de man die bedient brengt haar net een enorme slagroompunt. Ze heeft wat te vieren!

Wanneer Marjolijn en haar moeder een expresso bestellen zien ze dat de vrouw aanstalten maakt haar 'aankoop' aan een nadere inspectie te onderwerpen.

'Jezus, ik geloof dat die vrouw is flauwgevallen...'

'Hebt u water?'

'Gelukkig mevrouwtje dat u weer bijkomt. Gaat u toch even rustig zitten.'

Opnieuw zit de dame achter haar koffie en slagroompunt. Zenuwachtig pakt ze het tasje van *Boetiek Pierre*. Kijkt erin. En gaat weer onderuit.

'Laat die vrouw nu rustig liggen. Ik ga de GGD bellen.'

'Ja als u wilt komen. Er is hier een vrouw die binnen vijf minuten al twee keer onwel is geworden.'

...

'Koffieshop Alva, Havenstraat 8.'

...

'OK. We zullen wachten tot u er bent.'

Twee voortvarende in het wit geklede broeders komen met een brancard de koffieshop binnen. De vrouw, die nog steeds bewusteloos is, wordt opgetild en toegedekt. En binnen vijf minuten dragen de verplegers de brancard naar buiten.

Een van de andere bezoekers ziet nu het tasje van *Boetiek Pierre* staan. En voordat Marjolijn of haar moeder iets kunnen zeggen staat de man op, pakt het tasje en rent snel naar buiten naar de ambulance.

'He, dit is van die mevrouw.'

De verpleger die naast de chauffeur van de ziekenauto zit, draait zijn raampje naar beneden en pakt het plastic tasje aan.

'Het zou sneu zijn, als ze straks in het ziekenhuis bijkomt en ze haar nieuwe aankoop mist. Ik zal er persoonlijk voor zorgen dat als die mevrouw haar ogen opendoet, ze als eerste het tasje van *Boetiek Pierre* ziet.'

S. CARMIGGELT

Een heer in de trein

De trein naar Den Haag stond op het Centraal Station en ik zat alleen in de coupé, maar even voor we wegreden kwam er een man binnen. Een grote, plompe, door en door Hollandse man van een jaar of zestig, terdege ingebakerd.

'Goede morgen,' zei ik.

Hij antwoordde niet doch begon zich te ontdoen van handschoenen, hoed, sjaal en overjas op een manier of al deze handelingen hem met diepe weerzin vervulden. Geen zonnetje in huis, dat stond wel vast. De hoed legde hij in het bagagenet en de jas hing hij aan het haakje vlak bij het raam. Daarop liet hij zijn grote hoeveelheid kilogrammen op de plaats tegenover mij neer. Aangezien hij gedeeltelijk op zijn jas was gaan zitten brak het lusje en viel de bovenkant van dit kledingstuk over zijn hoofd heen.

Ik lachte.

Je ziet het in treinen tèlkens weer gebeuren en mijn gelaatsspieren zijn er eenvoudig niet tegen bestand. De man – de lippen bitter op elkaar geknepen – bleef roerloos zitten en keek mij met zijn sombere zwarte ogen vernietigend aan.

'Moet jij daar zo om lachen?' vroeg hij.

De kraag van de jas hing nog steeds over zijn grimmig hoofd als een soort monnikskap.

'Het spijt me,' zei ik.

De man verhief zich langzaam en sprak, terwijl hij de jas opvouwde en in het bagagenet legde: 'Hè, wat leuk. Iemand breekt het lusje van zijn jas. En daar gaat een volwassen vent om zitten lachen.'

'Ik kan het niet helpen,' zei ik. 'Ik moet altijd lachen als 't gebeurt.'

Hij ging weer zitten, legde zijn handen op zijn knieën en stelde vast: 'Da's dan een héle vreemde afwijking.'

Deze keer liet ik het bij een knik.

Terwijl ik, om het incident definitief af te ronden, uit het raam begon te kijken, voelde ik dat zijn norse blik nog steeds op mij was gericht.

Nu kwam de kelner met zijn blad en de man nam een kop koffie. Daar mijn nek een beetje stijf begon te worden van het krampachtig uit het raam kijken, draaide ik mijn hoofd weer recht. Hij keek niet langer naar mij maar naar de koffie op het klaptafeltje. Nadat hij er suiker ingedaan had, tilde hij het kopje op om het naar zijn lippen te brengen.

Nu zijn treinen volstrekt onberekenbaar.

Vaak liggen ze, lange tijd achtereen, zeer vast in de rails maar op een nooit vooruit te becijferen moment beginnen ze opeens een poosje te bibberen, te zwaaien en te schokken.

Hoe het komt weet ik niet.

Maar vast stond dat onze trein juist zo'n aanval kreeg toen de man de volle kop bijna aan zijn mond had getild, zodat een aanzienlijke hoeveelheid van de koffie op zijn das en op zijn vest terecht kwam.

Weer lachte ik.

Zo weinig mogelijk.

Opnieuw bleef de man geruime tijd roerloos zitten met de bitter toegeknepen lippen en de blik vol verachting op mij gericht.

'Is dat ook zo leuk?' vroeg hij eindelijk.

'Het spijt me,' zei ik.

Hij haalde een zakdoek te voorschijn en begon daarmee over zijn besmeurde buik te wrijven, mij steeds grimmig in het oog houdend.

'Iemand bemorst zijn kleding,' zei hij, 'o, wat geestig is dat.'

Ik ging maar weer uit het raam kijken en bleef daarmee voortgaan tot we afremden voor Leiden. Daar moest hij wezen want hij stond op, deed jas en sjaal aan en zette zijn hoed op. Toen hij bezig was de coupé te verlaten voegde hij mij nog schamper toe: 'Ik ga er uit. Misschien moet je daar óók wel om lachen.'

Omdat hij het onder het lopen zei, niet voor zich uit maar naar mij kijkend, stootte hij zijn hoofd zeer krachtig tegen het coupédeurtje en verdween kermend uit het gezicht.

Ik moest inderdaad wéér lachen. Het spijt me. Ik kan het niet helpen.

LÉVI WEEMOEDT

In gewijde aarde

Onlangs, toen ik weer eens werkeloos door mijn huisje dwaalde en ik vanuit mijn ooghoeken de verschillende staten van het huiselijk verval waarnam, sprak ik tot mijzelf: 'Het is toch ook geen wonder dat je je zo bedrukt voelt! Zie eens hoe alles er hier bijstaat: de vloeren kaal, de muren verveloos, overal gaten en scheuren, geen behang nergens en tikt de meterkast eigenlijk nog wel? De grootste lolbroek zou hier nog naar het einde gaan verlangen, wordt het niet eens tijd de boel om je heen grondig op te knappen? Waarom de oorzaak van alle ellende constant in je binnenste gezocht, dat is toch achterhaalde leuterkoek, de geesteswetenschap heeft sedert Freud niet stilgestaan en zegt thans: de omgeving wil ook wat! *Minder psychiaters, méér timmerlieden!* Een frisse schilderskwast, een fleurig behangetje en dood aan die muffe putwalm die altijd en eeuwig onder het trapgat hangt!' Ik snelde naar boven, greep een pen en begon een lijst aan te leggen van alles wat er vanaf morgen gedaan diende te worden, en zienderogen knapte ik op. Ik heb altijd een kinderlijk plezier in iets opschrijven, het geeft niet wat, als ik het maar niet zelf hoef te verzinnen, en het neerpennen van al die duizend-en-één gebreken was genoeg om mij een avond van betrekkelijke uitgelatenheid te bezorgen.

De volgende morgen werd ik wakker met de vage herinnering aan een ongewoon vrolijke avond. Maar waardoor? Wat was de reden? Ik kon me met geen mogelijkheid meer voor de geest halen wat het geweest kon zijn. In de opzettende ochtendmelancholie weigerde ik te geloven dat het kwam omdat mijn huisje van boven tot beneden moest worden opgeknapt. Zo vaak gebeurt mij dat, in het verdrietige, of in het vrolijke! Dan vallen er gaten in mijn bestaan. Ik sta op en weet van geen toeten of blazen. Als een draaiorgeldeun jammert de herinnering door mijn hoofd aan iets bovenmate treurigs, maar wat? Bij de Klassieke schrijvers kan men vaak lezen van het menselijk bestaan voorgesteld als een rechte, ononderbroken draad, de levensdraad, die, als het zover is, door een van de Schikgodinnen zal worden doorgeknipt. Met afgunst neem ik altijd van deze passages kennis, daarbij denkend aan de zielige eindjes vliegertouw waarmee mijn eigen leven aan elkaar geknoopt zit. Hoe kon ik nu vergeten zijn dat er aan mijn huisje in het geheel niks op te knappen valt? Wat er aan mijn huisje mankeert, dat is met geen hamer, kwast, schroevedraaier of nijptang te bezweren. Dat zit dieper. Want ik zal u eens iets zeggen, iets wat met de dag duidelijker wordt.

Op mijn huisje rust een vloek en de plaats waar het op steunt is boze grond. Geesten gaan er tekeer, duivels houden er samenspraak. De Bloksberg, de berg waarop de heksen hun heksensabbat houden en de Walpurgisnacht vieren, die Bloksberg staat tegenwoordig hier. Op Markt 19 om precies te zijn. En dat komt zo.

Waar nu mijn huisje staat was vroeger een steeg, aan de uitzonderlijk smalle vorm van het pandje kan men nog zien dat het er later tussengepropt is, precies zoals een tandarts haastig een noodvulling aanlegt, terwijl hij mompelt: 'Zo. En dan volgende week de afwerking!'

Figúúrlijk, ach, dat gaat nog, maar nu ook letterlijk in een doorgangshuis te wonen, ik vond dat al geen aangename gedachte toen ik het vernam. Een huisje aan de spoorbaan, een stulpje aan een druk bevaren rivier waar al het jachtige leven aan voorbijtrekt zonder dat de eigen fundering één centimeter verschuift, ja, zoiets heeft mij altijd wel geleken, dat heeft nog iets romantisch en geeft aanleiding tot aangename bespiegelingen.

Maar een woning met een *waaigat* als stamboom, niets dan trek en doorstroming in het voorgeslacht, en dat voor iemand die zo naar vastigheid verlangt! Hoe zou u het vinden als bij navraag op de gemeentesecretarie uw grootvader een zeepbel bleek?

Niet alleen als idee, ook in de praktijk heeft het tochtige verleden van mijn optrekje mij al menigmaal de stuipen op het lijf gejaagd. Het mag toch ongelofelijk heten: het huisje staat er al vanaf 1926 maar hoe vaak ik al niet des avonds in mijn werk gestoord ben door een luid gekletter gevolgd door een doffe dreun waarmee er anno 1983 nog iemand tegen mijn smalle pui opkletste! Ik wen er nooit aan: in doodsverstijving zit ik achter mijn bureau, angstig en woedend tegelijk: *'Maar dat gaat toch te ver!'* schreeuw ik door mijn ka-

mertje, als de spraak is weergekeerd, *'Men zou nu toch zo langzamer-hand moeten weten dat ik er woon!'*
Het zijn weliswaar zonder uitzondering zwaar beschonken lieden die ik weer op het verwrongen rijwiel moet helpen en stuk voor stuk door het zout uitgebeten, stokoude Vlaardingse vissers, die in het vuur van hun schelvispekel en koersend op een vergane stadsplatte-grond de kortste weg naar huis hebben genomen. Maar desondanks: voor mij zijn het tekenen.
En niet de enige, helaas.
Ik nam eens een taxi vanaf mijn huisje, een grote haast noopte mij daartoe en ik zat al gebukt op de voorbank om in vliegende vaart te vertrekken. Maar in plaats van razendsnel op te trekken bleef de chauffeur over zijn stuur gebogen naar mijn geveltje staren. Toen vroeg hij ineens, zonder zijn blik van mijn pui af te wenden: 'Woont die krankzinnige vrouw daar nog?' Ik was in gedachten al op de plaats van bestemming waar allerlei drukke dingen van mij ver-wacht werden, ik had de vraag wel gehoord maar in de verwarring van mijn geest meende ik dat hij diegene bedoelde die op dat mo-ment van mijn leven juist mijn huisje verlaten had. 'Nee,' ant-woordde ik automatisch, 'die is vertrokken, gelukkig. Of "geluk-kig", dat zeg ik nou wel, maar het valt niet mee, anders. Er wordt te-genwoordig nogal makkelijk over gepraat, in deze fladder- en hopsa-sa-cultuur, maar wat ik dáár een verdriet van heb gehad, en nog soms! Maar ze woont nu alleen op kamers, ergens in Rotterdam...'
Maar snel herstelde ik me, met het verbaasde gezicht van de chauf-feur voor me. *'Welke krankzinnige vrouw?!'* vroeg ik onmiddellijk. Een akelige ongerustheid plofte neer op mijn borst. Wat kregen we nu weer? Hadden we net de ene zottin het huis uit, of de volgende zat alweer binnen!
De chauffeur moet iets van mijn aandoening gemerkt hebben. Hij nam een beetje vaderlijke houding aan: 'Ach, het zal dan wel vóór uw tijd geweest zijn, u bent ook nog niet zo oud, al mag u wel eens wat vroeger naar bed gaan. Ik zal het u dan maar vertellen. Er heeft hier altijd een krankzinnige vrouw gewoond, jaren lang. Ik ben een tijdje van de taxi af geweest maar ik weet het nog goed. Wat een por-tret! Je kon niet langskomen of ze hing uit haar raampje te schelden en te tieren. Spugen deed ze ook als je onder haar door liep, wat een vreselijk mens wat dat, een regelrechte toverheks! De raarste praatjes gingen er over haar. Zo werd er gezegd dat ze haar man ver-giftigd zou hebben en weet u hoe? Nou, met een pannetje erwten-

soep! Dáárboven woonde ze, in dat kamertje!' En hij wees. Omdat ik nu geen fouten meer wilde maken volgde ik gehoorzaam zijn vinger. En zo klom ik linea recta mijn eigen dakkamertje binnen, hetzelfde kamertje waar ik nu al drie jaar zo'n moeite heb eens een gezond en vrolijk stukje te schrijven omdat ik altijd, net als de zon belooft door te breken, *stemmen* hoor, klagelijke stemmen, afgewisseld door een onverklaarbaar neerslachtig huilen tussen de dakpannen.

'En waar gaat de reis naar toe?' klonk de stem van de chauffeur. 'Ja, waar gaat de reis naar toe,' herhaalde ik dof. Alle haast was weg, mijn lichaam was met de taxibank versmolten. Ik moest mijn stem van heel ver terug halen. 'Rij maar wat, chauffeur,' zei ik schor. 'Die kant op, of die. U kent de weg beter dan ik. Druk het gaspedaal gewoon maar in. Als ik er maar even uit ben. Oost, west, als ik thuiskom zit ik weer op het kamertje van een krankzinnige. Ik wil dan schrijven, mooi en puur, maar er hijgt een waanzinnige in mijn nek. Dat is mijn Muze. Weet u wat dat zijn, Muzen, chauffeur...?' Maar ik keek in zo'n gevaarlijke leegte naast me, dat ik haastig zei: 'Naar de Drankenservice, graag!'

Niet alleen Waanzin en Krankzinnigheid, ook Twist en Tweestrijd hebben in dit huis hun woning. Er hangt hier een sfeer van scheiden en uit elkaar gaan. Over mijn vorige echtgenote niets dan kwaads maar toegegeven moet worden dat zij van wanten wist! In het bedenken van verderfelijke plannen beschikte zij over een ausdauer die bewondering afdwingt. Toen wij op een gegeven dag uit ons knusse huurhuisje werden gedreven en wij derhalve naar een ander onderdak moesten omzien, was zij het ook die een advertentie uit de krant viste: *huisje te koop, rustiek gelegen aan oud dorpspleintje!* Ik begon meteen kritiek te spuien en de advertentie in het belachelijke te trekken. 'Iets wat rustiek ligt, dat ligt midden op het land,' leraarde ik, 'en dus niet aan een dorpspleintje, al is dat oud, dit kan dus niks zijn, de volgende! Staat er verder nog iets?' 'Niet zaniken!' zei mijn vrouw, die mijn weerzin tegen iedere verandering kende. 'Dit ziet er prima uit, we zijn allemaal niet zulke talenwonders als jij! Morgenochtend ga jij eens kijken en de boel verkennen, dan is het kijkdag heb ik gelezen. Blijf tussen twee haakjes maar lekker lang weg want ik ben van plan een begin van overspel te maken met iemand die ik op college gezien heb, een aardige vent, maar dat vertel ik je over drie jaar nog wel eens, wie dan leeft, wie dan zorgt!'

En zo ging ik, de andere dag. En nog was alles goed afgelopen, als ik maar gelet had op de tekenen die de Onsterfelijke Goden een mens soms willen geven. Want de eerste keer dat ik de uitgeleefde trap opklom van mijn toekomstige woning kreeg ik namelijk een waarschuwing in de vorm van een hartverscheurend tafereeltje. Waarom het huisje dan toch gekocht? Wordt het niet eens tijd te erkennen dat ik de moeilijkheden zoek?

Ik stond boven aan de trap, maar moest om binnen te komen twee met dwarshoutjes afgezette klapdeurtjes door. *Was dit een voormalig cowboy-pension? Woonde Buffalo Bill hier?* Ik duwde tegen de saloondeurtjes en toen stond ik binnen. In de stoffige schemering van het vertrek ontwaarde ik een droeve gestalte die als Job neerzat op de puinhopen van een tot het laatste bijzettafeltje aan stukken geslagen meubilair. Verschrikkelijk! Wat was hier geschied? Was er een tyfoon door het huisje geraasd en moest het daarom verkocht worden? 'Ach meneer!' jammerde een stem van boven de stapel, 'ik weet werkelijk niet wat mij is overkomen, wij hadden zo'n gelukkig huwelijk! We waren in alles zo'n eenheid! Twee jaar terug nog, toen we op ons kleine huurflatje zaten, was alles nog koek en ei. Een beter stel als wij was er niet. Wat hielden we van elkaar! De hele dag zaten wij elkaar na om de tafel. Maar we wilden een eigen huisje, gezellig, iets opbouwen, een gezinnetje stichten, u begrijpt me wel. Waar zijn we anders voor op de wereld gekomen, niet? En nou dit. Kijk toch eens rond! Het is een bange droom, meneer. Maar als ik wakker word is mijn vrouw weg. En ik zit hier. U bent de eerste gegadigde, toe, neemt u het huisje toch, biedt maar wat, wat heeft u bij u: een tientje, vijfentwintig gulden? Kijk maar, alles is goed. Als ik het maar kwijt ben, dit ongelukshuisje dat heel mijn leven geruineerd heeft...!'

En weet u wie dat was, dat mannetje? Het was de geest van mijzelf die daar zat en sprak. Het was mijn eigen dubbelganger. Er is geen tijd (Einstein), er is alleen herhaling (Prediker & Reclame). Want drie jaar later zat ik daar, bijna in dezelfde stand, alleen woordelozer omdat ik een betere opleiding heb. *'To love-lost-lost'*...! Laat ik de drie jaar die wij in ons nieuwe huisje hebben doorgeploeterd maar met deze summiere samenvatting afdoen en meteen overgaan tot de scheiding.

De scheiding! Wat een prachtgelegenheid bood de scheiding niet om nu voorgoed van dit dolhuisje af te geraken! Bij alle ellende kon deze gedachte mij nog wel eens een uurtje opvrolijken. Dat was nu eens met recht een geluk bij een ongeluk. Maar ik had buiten mijn advocaat gerekend.

In eendrachtige samenwerking hadden mijn vrouw en soms ook ik een niet onaardig loontje binnengebracht. Maar eenmaal doormidden gezaagd ging dat een stuk minder. De scheiding moest daardoor Pro Deo geschieden, armetieriger kon het al haast niet.

Vanwege dit armoebod had ik mijn verdediger dan ook voorgesteld als een gedesillusioneerd en bij gebrek aan een echte strafpleiterscarrière tot drankzucht vervallen mensenhater, die in de rechtszaal alleen zijn mond zou opendoen om te geeuwen, iets wat mij nu eens uitstekend uitkwam! Want ik had niets te verdedigen, ik moest zoveel mogelijk kwijt. Maar in een geraffineerd en geheel volgens de Klassieke voorschriften opgebouwd, ontroerend pleidooi wees mijn jonge, ambitieuze advocaat de rechtbank op de onmenselijkheid van verplaatsing van *'een man in deze geestesgesteldheid als die van mijn cliënt, een ziek mens, edelachtbare, een mens die toch al te lijden heeft van waanvoorstellingen, en een schrijvende mens bovendien...!'*

Het was nog vroeg, de zaak diende al om negen uur in de morgen en het duurde even vóór ik doorhad wat er door de advocaat gevraagd werd. Totdat ik plotseling begreep wat er stond te gebeuren!

Mijn verdediger was klaar en iedereen was aangedaan. Ik zag met grote schrikogen om mij heen en iedereen was aangedaan! Zelfs mijn vrouw weende! Ik zag de rechter peinzend knikken en voortdurend ongemerkt mijn kant uitkijken. Mijn advocaat had gezegd en borg kalm de stukken in zijn koffertje. Zelfverzekerd. Gingen we dan al weg? Waar twee kijven hebben twee schuld: waar bleef het protest van de tegenpartij!??

Dat kwam nu. De slonzige, in een veel te krappe toga geperste dikbuikige advocaat naast mijn vrouw werd op dit moment krachtens een por van de griffier wakker gestoten. *'Uh...uh...watte...?'*, klonk de verdediging van mijn vrouw: *'...grmpfff! buh...buhhh!!...* Mooi weer vandaag, edelachtbare, ijs en weder dienende ziet de partij van-...hoeheetut...tut?...ja tut!...uh...daarom eis ik...onze partij ziet af van verdere verdediging, gadfer wat een klote baan heb ik toch, scheidingen, wat interesseert mij al die hoererij, nooit eens een interessante moordzaak waardoor ik ook eens in de krant kom of liever nog op de telev...'

'Orde, orde!!', hamerde de rechter af. 'Bepaalt u zich in het vervolg tot de zaak zelf, collega Ferwerda, persoonlijke argumenten behoren in uw verdediging geen rol te spelen, hoe vaak heb ik dat al niet te-

gen u gezegd in deze zaal! Ik zal opnieuw een klacht indienen bij de Orde van Advocaten. U dient de processtukken te lezen in plaats van de etiketten op zekere flessen, als u mij deze persoonlijke noot toestaat. Mag ik concluderen dat u geen beschikking eist aangaande opstal en huisraad?'

'*Buh...buh...,*' diende de advocaat van repliek, terwijl hij moedeloos zijn hoofd schudde.

Met een gebaar van verontschuldiging stond nu de rechter op, ratelde enige snelle onverstaanbaarheden en sloot de zitting.

Links en rechts werden handen gedrukt, onder andere de mijne. De zaal liep leeg. De rechter stond al bij de kleerkast zijn bef af te schroeven.

Als ik er niets van begreep dan was het nu wel! In de verslagen van beroemde rechtszaken had ik altijd gelezen dat de verdachte steevast het laatste woord kreeg. Ik stak mijn vinger op. Iedereen praatte gewoon door.

Toen kuchte ik, heel overdreven, ik deed of ik stikte. 'Ja?' zei de rechter nu, bijna al weer een gewone man. 'Wacht even, Luc, ik kom er zo aan, doe maar een koffie voor mij.' Toen kwam hij op mij toe. 'U mag gáán hoor, de zitting is gesloten!'

'Maar edelachtbare,' probeerde ik nog, 'ik bedoel, krijg ik dan geen levenslang, eenzame opsluiting bijvoorbeeld, een schone cel, van tijd tot tijd een goed boek...?'

'Welnee, m'n beste!' stelde de rechter gerust. Hij was nu toch zichtbaar geroerd en legde zijn hand op mijn schouder. 'Wat haalt u zich nou allemaal in uw hoofd, arme man? Integendeel. Uw zaak is gewonnen! In de stroom van alle emoties is dat u ontgaan, waarschijnlijk. Maar ik mag u juist namens al mijn confraters hier gelukwensen. Ja, feliciteren! Dat is het leuke af en toe van dit beroep. Dat we ook eens bij hoge uitzondering iemand recht mogen doen. Gaat u nou maar rustig naar huis. Gaat u nou maar rustig *naar uw eigen huis.* Want u behoudt het recht, zonder enige tegenprestatie, om tot uw dood in uw eigen huisje te mogen wonen...!'

Die dag vierden mijn duivels feest als nooit tevoren. Zij hadden in hun onbeschaamdheid hun onzienlijkheid eraan gegeven. Al bij mijn thuiskomst waren ze open en bloot bezig mijn boeken uit de boekenkast te trekken en op stapels te gooien. Ik heb nogal wat theologie in huis, dwars door alle rottigheid heen heb ik nooit de hunkering naar het Hogere verloren. De stapel die onder krijsend gegil en woeste dansen vlam vatte was theologie. Er zaten gave exemplaren bij, maar het zij zo. Ik had inmiddels iets leukers bij de hand.

Ik ben geen man om lang alleen te zitten, de gezelligheid zit in mijn bloed. Onderweg van de Noordsingel naar huis had ik in de bus kennis gemaakt met een lief meisje, dat net van school kwam. In de buitenwijken van Vlaardingen werd duidelijk dat wij voor elkaar bestemd waren. Voor mijn deurtje vroeg ik haar ten huwelijk: er is al genoeg overspel op de wereld en het is beter te trouwen dan te branden, zegt de Apostel Paulus.

'Maar die duivels gaan eruit!' zei mijn nieuwe vrouw, die Karin heette, ferm, toen ze het gedoe in de kamer een poosje had gadegeslagen. 'Is me dat een zootje!'

'Ik zal morgen bellen,' beloofde ik haar.

De dag erna belde ik pastoor Pronk van de Heilige Geest-Kerk aan de Hogendorplaan. 'Hallo? Met pastoor Pronk? Ja, pastoor, ik wil dat mijn huisje eens goed gewijd wordt. Het barst hier namelijk van de Duivelen en Boze Geesten!' legde ik uit. 'Kunt u vanmiddag langskomen om die uit te drijven? Markt 19, pal in het centrum, tegenover de concurrent, de Nederlands Hervormde Kerk. Ik schenk een fijne borrel op de goede afloop!'

'Maar meneer,' klonk het aan de andere kant, 'als ik vragen mag: hoe lang bent u al niet in de kerk geweest? Duivels uitdrijven, exorcisme bedoelt u? Wat is dat voor onzin, daar doen wij allang niet meer aan, hou toch op alstublieft! Hoe oud bent u dat u dat niet weet? Hebt u geen televisie soms? Duivels! Waar de mensen tegenwoordig door gekweld worden is sociale onderdrukking, rechteloosheid en de verkeerde maatschappelijke structuren. Dat zijn de duivels, meneer. Die duivels van u die bestaan niet, hoor!'

'Maar Vader!' wierp ik tegen.

'Niks Vader!' brieste pastoor Pronk. 'Gesprekspartner heet ik tegenwoordig, kameraad zo u wilt!'

'Maar kameraad,' verbeterde ik, 'als u even geduld hebt zal ik de hoorn erbij houden. Nog geen meter van mij af zit een echte ouderwetse duivel met horentjes en een rare zwiepstaart, precies zoals de kerk leert en die is juist bezig een boekje te verscheuren dat u niet onbekend zal voorkomen. Als u wacht kunt u het horen. Het boekje is de Imitatio Christi van Thomas à Kempis, als het u interesseert, in de prachtige vertaling van prof. Is. van Dijk uit Groningen, blijf aan de lijn...!'

'U bent gek!' siste het in mijn oor en de verbinding werd verbroken.

Mijn nieuwe levensgezellin had al begrepen dat het op niets uitliep en had zo haar eigen maatregelen getroffen. Ze had het zinken afwasteiltje uit het gootsteenkastje gepakt en een eenvoudig Klok-sopje klaargemaakt. De processie kon beginnen.

Met het Lola-borsteltje in de aanslag begon zij driftig zwaaiend alle hoekjes en gaatjes van het huis te besprenkelen. Zij deinsde er niet voor terug de grootste van de boekverslindende duivels een paar keer met het gemene sop in zijn oog te kwakken.

En ik sloot mij achter haar aan, onderwijl mijn middelbare school-Latijn oprakelend: 'Vade retro Satanas! accipe ut reddas! heu, heu! serpentem video, opgetieft adderengebroek! ga maar een deurtje verder de boel op stelten zetten, hiernaast zit een drankenpakhuis, terug in de fles, geestestuig!' Enz. enz.

Het is nog te vroeg om te zeggen of onze processie succes gehad heeft. De tijd zal het leren.

RENATE DORRESTEIN

Mijn mannen

Het klopt wel wat ze altijd beweren: zodra er een man in je leven is, wordt alles door een nieuw en opmerkelijk licht beschenen. De behoefte tot tegenstreven en kibbelen verdampt, je valt vanzelf in je leukste glimlach, dingen die je doorgaans bezighouden verschuiven naar de achtergrond en tot in je slaap ben je manisch en monomaan bezig met het opwerpen, door elkaar schudden en ondersteboven houden van de diverse, duizelingwekkende mogelijkheden.

De man in mijn leven is de aannemer die mijn pas gekochte huis verbouwt. Hij heeft een hele stoet van sub-mannen mijn bestaan binnengevoerd: schilders, behangers, stukadoors, lieden die van leidingen weten en kachelkoningen die met houwelen mijn pui bewerken. Met z'n allen zijn ze zo enerverend dat de dag nabij is waarop ik mijn gekwelde dameshoofd op een hunner schouders zal leggen, kan niet bommen welke, en zal wenen zonder ooit nog te kunnen stoppen. Zou dit werkelijk gebeuren, het zou hen niet verbazen geloof ik. Een van de mannen, die weer een broer is van een andere, vraagt mij tenminste zonder tussenpozen: 'Ben je 't zat?' Want deze mannen kunnen in vrouwenzielen schouwen en weten dat die nergens zo door worden geteisterd dan door puin, verfspatten en scheve kozijntjes. Dat weten zij zeker, evenals zij vanzelfsprekend aannemen dat het niet tot mijn basisvaardigheden behoort een muurtje te betegelen. Dat dit in mijn geval naadloos klopt ligt natuurlijk niet aan mij, maar aan mijn moeder en aan de maatschappij. Doch de mannen treden daarover met mij niet in discussie. Ik kan niks en zo hoort het ook. Wel zet ik lekkere koffie, zoals ze mij voortdurend verzekeren en ook dat is passend.

Aldus voeren de mannen en ik al weken lang een toneelstukje op, waarin ik ongehoord domme dingen zeg en zij zich halfgek lachen waarna ze de zaken even op hun manier oplossen – we zijn net een case-history van Shulamith Firestone of Juliet Mitchell: zo doen vrouwen, zo doen mannen en daarom blijft de wereld doordraaien.

Eens verstoorde ik deze orde door mijn vriendinnen in de bouwput toe te laten. Een van hen nam de behanger zijn stoommachine af en werkte negen lagen papier weg. Een ander beroofde de timmerman van zijn gerei en monteerde vier meter boekenkast, na eerst alle planken op maat gezaagd te hebben. Op het laatst weken de mannen kleumerig uit naar mij, want ik zat tenminste waar ik hoorde, in de keuken, waar ik deed wat wenselijk was, namelijk krentenbollen smeren. Tijdens het schaften ontregelde de derde vriendin de boel nog verder door met volle mond te spreken van de open haard die zij thuis eigenhandig aan het metselen was. Maar de vierde maakte gelukkig alles weer goed door niet op de hoogte te zijn van een gebruik waaraan de aannemer zich jaarlijks overgeeft: op zekere, ritueel vastgestelde datum koopt hij te Purmerend een geit en wandelt daarmee naar Jisp alwaar hij die geit verkoopt om op de kermis de bloemetjes buiten te zetten. 'Wist je dat niet?' riep hij honend, 'dat is toch een gebruik dat iederéén kent!' Mijn onnozele vriendin dus niet en dat was een hele opluchting, vooral omdat ze maar naar details bleef vragen die veel verklaring, uitleg en kennis van zaken vergden. Als ik ooit verlang te vernemen hoe een lucifer werkt, zal ik het mij door mijn aannemer laten uitleggen.

De verstandhouding tussen mij en mijn mannen is nu weer pico, dankuwel. Terwijl zij een muur slopen sop ik het bad, terwijl zij onder de vloer buizen met elkaar verbinden stofzuig ik de gang. En als zij overgaan tot verbale ongewenste intimiteiten, dan roep ik zonnig: 'Ja, ik hóór je wel.' Het is zo overzichtelijk als wat. Ook is het leerzaam omtrent het leven – want verhef ik per ongeluk mijn stem, plaats ik ooit een eis in stede van een verzoek, poog ik soms als eigenaar van het pand en als verbouwleider op te treden, dan raakt de timmerman meteen door een geheimzinnig virus bevangen, of kan de stukadoor niet verder aangezien de kachelkoning een pijp op zijn voet heeft laten vallen, of is er ineens sprake van ontoepasselijke weersomstandigheden dan wel van een aanlokkelijker karwei in gindse stad. Het is zó belonend je aan je rol te houden, je krijgt dientengevolge precies wat je hebben wou, plus hoofdpijn, ademnood, hartkloppingen en heftige aanvallen van zelfhaat. Het lijkt de geschiedenis van mijn deel van de mensheid wel.

Daar kom ik met mijn stofdoek aangesjouwd terwijl zij een wand verplaatsen. 'Wat doe jij eigenlijk voor de kost?' vraagt een van de mannen, de broer van die andere. 'Ik schrijf,' zeg ik. 'Ja,' weet de broer, 'ze schrijft stukjes over emancipatie.'

MIDAS DEKKERS

De luisteraar

In den beginne schiep God elk zoogdier met twee handen aan het lijf. Beide handen telden vijf vingers. Hoe dat van pas kan komen weten we uit ervaring. Met eigen handen heeft de mens gereedschappen gemaakt en de beschaving opgebouwd, met eigen handen peutert hij in zijn neus. Vergelijk dat eens met het gestuntel van een paard. Per poot hebben paarden na hun evolutie nog maar drie vingers over, waarvan twee dan nog uitsluitend voor de sier. Het geheel is star vergroeid. Het zal je maar gebeuren. Katachtigen hebben wel alle vijf vingers over, maar die zijn tot een klauw vergroeid. Als je ziet hoe onthand ze tegen blikjes *Kitekat* aan blijven douwen begrijp je dat ook zij nooit echt goede pianospelers zullen worden. Deprimerend ook is het om te horen hoe stumperds zoals paarden, leeuwen en giraffen zonder handen toch nog iets van hun seksleven proberen te maken. Dan mogen wij in onze handen knijpen.

Toch lijkt het soms of ook bij ons de verstarring van de vingers al heeft ingezet. Probeer ze maar eens allemaal onafhankelijk van elkaar te bewegen. Het zal niet lukken. Met uitzondering van de duim wordt zowel het buigen als het strekken van de vingers nu eenmaal geregeld door één armspier, als vier marionetten aan één touw. Het eerste slachtoffer van deze toestand zijn onze kinderen. Jarenlang ondergaan ze de vernedering van pijnlijke vingeroefeningen voordat ze eindelijk van pianoles af mogen.

Vingers zijn niet de enige lichaamsdelen die weigeren onze bevelen onafhankelijk van elkaar op te volgen. Sommige mensen kunnen niet eens een knipoog wagen, omdat het andere oog méé dicht zou gaan. Wel te stuiten, maar slechts ten koste van veel geestkracht en niet-aflatende controle, is het zwaaien van de armen tijdens een fikse wandeling. Dat op zich zinloze armgezwaai stamt nog uit de tijd,

miljoenen jaren geleden, dat we op vier poten liepen en angstvallig om beurten één voor- of achterpoot optilden om het gewicht goed over de drie resterende poten verdeeld te houden. Maar het merkwaardigst is toch de verbinding die bestaat tussen de spieren van de handen en die van de stembanden. Tijdens een onderzoek naar iets heel anders viel het de Amerikaanse psychiater Katcher op, dat proefpersonen die met hun hand een hond te aaien kregen, zonder uitzondering tegen het dier gingen praten. Eenmaal hierop geattendeerd kan iedereen die waarneming ongelimiteerd herhalen: zo gauw iemand een hond gaat aaien begint hij er tegen te ouwehoeren. Inmiddels hebben twee taalkundigen, Hirsh-Pasek en Treiman, zich op de inhoud van het aaigesprek gestort. Hun voorlopige conclusie is onthullend. Het blijkt dat mensen hun honden toespreken in onvervalst Moederees. Dit is de taal waarin moeders met hun baby's praten. Kenmerkende mededelingen in deze taal zijn: 'Achhossiehossiekommaarbijmammiehonneponniewatmoettiedanzullenwe dansamenslaapieslaapiesdoen'. Het is een taal als een gesmolten ijsje: structuurloos maar niets ingeboet aan kleefkracht. Ze bewijst dat onze band met onze troeteldieren op die met onze baby's is geënt.
Maar hoe zit het met de derde partij, de hond? Ach, een hond heeft niet voor niets zulke grote oren. Het ándere oor, waar het weer uit gaat, is net iets groter dan het ene, waar het gelul binnenkomt. Dat is dan ook de reden waarom honden hun kop onder het luisteren altijd scheef houden.
De slijmers.

GODFRIED BOMANS

De gamelan-kenner

Na een kleine financiële ongeregeldheid op het bankierskantoor der firma Niemeyer wendde de heer F. Nolleman, kashouder aldaar, de blik naar de evenaar. Hij vertrok op een mistige novemberochtend, slechts nagewuifd door zijn buurman, die ook juist die dag in Rotterdam moest zijn. Jarenlang verloren wij hem uit het oog. En zie, een maand geleden keerde hij terug, wat dikker, wat bruiner en met een lichte neiging om met de 'r' te rollen. Toch vermoedden wij nog geen van allen dat hij een gamelan-kenner was geworden. Wie kon dat ook weten? Niettemin waren er tekenen die daar op wezen. Het viel mij op dat, toen de naam Chopin ter sprake kwam, er een bittere glimlach om zijn lippen verscheen; ja, hij schudde het hoofd toen een van ons Beethoven een verdienstelijk componist noemde. Nog bevroedden wij niets. Het was of wij ziende blind waren. Maar toen op een avondje bij mevrouw Stufkens de 6de pianosonate van Schumann werd uitgevoerd, en Nolleman, midden onder het adagio, plotseling een schril lachje liet horen, toen begrepen wij dat er zich in zijn ziel een verandering voltrokken had. En opeens, op die middag bij Peperzak, gebeurde het. Iemand van ons (ik meen de goede Brilhof) zei iets over de gamelan. Er zat zo iets mysterieus in, zei hij, iets dromerigs, hij wist niet wat. 'Pardon,' zei Nolleman, 'u bedoelt de gàmlan.'
Er viel een diepe stilte. Met één machtige vleugelslag had Nolleman zich in de wereld der kunst verheven; daar zweefde hij, hoog boven onze hoofden, onbereikbaar. Brilhof (die een goede, maar totaal onbenullige kerel is) begreep niet, dat het uit was met hem.
'Gàmlan of niet,' zei hij, in een afschuwelijke poging om onbekommerd te schijnen, ''t is 'n deksels mooi ding, niet?'
'Pardon,' zei Nolleman, 'welke gàmlan bedoelt u? De slèndro of de pélog?'

Het had nu ook voor Brilhof duidelijk moeten zijn dat het afgelopen was. Hij had moeten weggaan. Hij had een nieuw leven moeten beginnen, in een ander land, waar niemand hem kende, stil en onopvallend. Maar dat deed hij niet, de sufferd. Hij zei: 'wel, die in het Koloniaal Museum natuurlijk.'

Zelden heb ik zó gelachen. Na een snelle blik op Nolleman wierpen wij ons achterover in onze leunstoelen en gaven ons over aan een bevrijdende, verlossende, leverspoelende schaterlach, tot we niet meer konden. Toen beging ik een onvoorzichtigheid.

'Ja,' zei ik, de tranen drogend, 'maar nu alle scherts terzijde: de pélog *is* verrukkelijk.'

'Pardon?' vroeg Nolleman, 'welke pélog bedoelt u?'

Ik begreep dat het erop of eronder was.

'Wel,' zei ik, 'de Indische, nietwaar?'

Nolleman beet eerst het puntje van zijn sigaar af voor hij antwoordde. Toen zei hij kalm en correct: 'Er bestaat namelijk in Indië geen gàmlan.'

Er viel wederom een diepe stilte. Goddank was het de onnozele Raemakers, die mij eruit hielp. 'Ik heb,' zei hij, 'op Java toch ergens gàmlan horen spelen.'

Ik dacht dat we stierven van het lachen. Eerst een flauwe glimlach van Nolleman zelf, en toen barstten wij allen uit in een bijna hysterisch geschater, tot ik dacht dat ik dood ging. Raemakers kan zo ontzèttend dom uit de hoek komen, hij heeft zo iets *in*-kinderlijks. Heerlijke vent! Uitgerekend op Java! Als hij nu gezegd had: Malakka of Ceylon, goed, dan hadden we ons misschien kunnen inhouden. Maar neen hoor, nèt Java. Raemakers ging heen.

'De kwestie is,' zei Nolleman, toen het weer stil was, 'dat de meeste mensen van de gàmlan geen flauw begrip hebben. Ze zien een gambang, een soeloek, een ponjong bè-bè, en een stelletje bruine kerels erachter, en dan, vooruit maar jongens, dat zàl wèl een gàmlan zijn.'

We lachten allemaal, éven. Nolleman kan het zo snijdend zeggen.

'In de hele Archipel,' hernam Nolleman, 'heb ik nog nooit *een enkele fatsoenlijke* gàmlan gehoord.'

We floten allemaal. 'Precies wat ik altijd gezegd heb,' mompelde Reusing.

'Ik geef toe,' vervolgde Nolleman, 'zeker: er wordt wat getokkeld, hier en daar blaast er iemand op de kri-kré fluit, en een of andere stumper in een dessa slaat op een tèndjang-trom. Goed. Maar de heren begrijpen allemaal dat dit het niet is, wat ik een gàmlan noem.'

''t Is te belachelijk om over te praten,' zei Reusing, 'ga verder, Nolleman.'
'De eigenlijke gàmlan,' vervolgde Nolleman, 'moeten wij dan ook niet in Nederlands-Indonesië zoeken. Dan moeten wij ergens anders zijn. Op Lo-lo.'
'Juist,' zei Reusing, overmoedig geworden door zijn succes, 'op Lo-lo. Niet anders.'
'Is meneer wel eens op Lo-lo geweest?' vroeg Nolleman plotseling. Reusing slikte. 'Ik herinner mij er eens langs gekomen te zijn,' zei hij vaag, 'op een dinsdag. Aan de kust is het er wel uit te houden, dunkt me.'
'In de binnenlanden van Lo-lo,' vervolgde Nolleman, zonder op het gezwets van Reusing verder in te gaan, 'kunnen we op sommige winteravonden, als we geluk hebben, de gàmlan horen. Begrijp mij goed, vrienden, niet dit of dat, maar de gàmlan. Het is absoluut met niets te vergelijken. Ik weet niet wat de indruk is, die het maakt op de ongeschoolde Westerse ziel; ik kan alleen zeggen dat, toen ik dat geluid daar in de vrije natuur, met het Zuiderkruis boven mijn hoofd hoorde, het bloed in mijn aderen stolde. De instrumentatie is uiterst simpel. Eén wè-wè, begeleid door het (voor Westerse oren) eentonig geklop van de sulo-trom. Meer niet. Soms, als het meeloopt, een dindar-àjong. Maar ik zeg u, heren, wie dat eenmaal gehoord heeft, die kan, als hij de namen van Bach en Mozart hoort, met de beste wil een glimlach niet onderdrukken.'
Op dit moment trad de gastvrouw binnen.
'De pauze is voorbij,' sprak zij, 'mevrouw Oldenkot zal nu Haydn en Scarlatti spelen.'
Nolleman legde het hoofd tegen de stoelleuning.
'Goed,' zei hij moe, 'Haydn. En Scarlatti. En al de anderen.'

JAN MULDER

Dichters

Ik luister uit gewoonte veel naar sportprogramma's op de radio en op de televisie. De kranten sla ik ook niet over. Ik noteer opvallende stukjes en uitspraken. Ik zoek naar het excentrieke in de taal en het liefst het poëtische.

Dat laatste kom je niet veel tegen. Toch meen ik nu het ware gedicht uit de mond van een voetbaltrainer te hebben opgetekend. Lang gewacht, maar het geduld is uiteindelijk beloond. Jaren van aantekeningen waren eraan voorafgegaan. Meestal waren het losse zinnen, aforismen van Jaap Bax op een zaterdagmiddag langs de lijn van een zaterdagmiddagvoetbalwedstrijd. Jaap zegt wel eens 'Jan Wauters loopt met een bebloed gezicht rond, omdat ie ergens met een kop tegenaan gelopen is.' Leuke zin, een gedicht kun je er niet van maken en enkele uitspraken van Jaap Bax achter elkaar gezet leveren ook niet het gewenste resultaat op.

Heinze Bakker, van Studio Sport, zou je met veel goeie wil een avant-gardistisch dichter van de sport kunnen noemen: 'Bovendien wat mij betreft betreffende de opstelling betreffende Fortuna Sittard, nog één mededeling.'

Je zit dan ongeveer in de buurt van de klasse van de Belgische journaallezer, die woensdag jl. de volgende mededeling deed betreffende de relletjes bij de Europa Cup-wedstrijd FC Brugge-Nottingham Forrest: 'Nottingham Forrest-supporters hebben een zak vol slagersmessen gestolen uit de beenhouwerijschool vlakbij het Olympia-stadion.' Je jaagt de schrik er met zo'n zin wel in en ik teken het onmiddellijk op in mijn boekje – nog steeds is het niet *het* gedicht waar ik naar zoek.

Korte verhalen in overvloed. De PSV'er Thoresen in de Telegraaf: 'Dokter Abrahamsen heeft mij in twee dagen binnenstebuiten ge-

188

keerd. Hij constateerde dat er een band in mijn lies te strak om het bekken zat. Ik ben zeker tien keer geïnjecteerd met homeopathische spullen. Doordat de blessure héél diep zat en de dokter er via de voorkant niet kon komen, moest alles via de endeldarm gebeuren. Verschrikkelijk pijnlijk maar wel doeltreffend. De verkrampte band is losgetrokken, terwijl ik tevens medicijnen had toegewezen gekregen tegen een virus dat en passant in mijn heupgewricht werd ontdekt. Ik geloof nu genezen te zijn.'

Het is slechts een korte stap naar een kort verhaal dat Kafka had kunnen schrijven. Thoresen wordt over twee weken wakker en voelt iets bewegen in zijn rug. *Het zat daarnet in zijn lies.* Opeens denkt Thoresen dat het een kikker is die heen en weer loopt in zijn liezen, een klein kikkertje. Hij vliegt naar de spiegel en gaat er met de rug naar toe staan. Hij ziet het duidelijk bewegen nu, het lijkt wel een kwal, een onderhuidse kwal. Hij springt in de auto en raast naar de dokter in Oslo, die de verkrampte band van de lies via de endeldarm had losgetrokken. Onderweg gebeurt er iets vreemds met Thoresen. Wat, verklap ik niet, u moet het boek maar kopen.

Piet Schrijvers verhaalt vooral uit eigen ervaringen om de opstormende jeugd te waarschuwen. Alweer de Telegraaf heeft de volgende prachtige teksten uit de mond van de ex-doelman van het Nederlands elftal opgetekend: 'Ze rijden nu allemaal in een degelijke BMW. Ik heb ze bij Ajax gezien; één dag het rijbewijs en daar gingen ze in die kar. Wij waren toch wat bescheidener, maar de tijd is anders. Vroeger reed een zakenman in een Ford, een aannemer in een Mercedes, de pooier in een Amerikaanse slee en de voetballer in een doodordinaire auto. Alleen een topper in ons vak kon zich wat beters permitteren. Vooral door de invloed van het bedrijfsleven is het wagenpark veranderd. Ik diesel nu. Dat bevalt me best, het geeft me rust. Kijk naar Pim van de Meent. Hij scheurde dagelijks in een snelle kar naar het trainingsveld van NEC. Nu zit hij ook in een diesel. Als je het zo bekijkt doet de jeugd het niet gek met die degelijke BMW...'

Piet Schrijvers kan volgens mij wedijveren met de Russische schrijver Daniil Charms, ('Bam en ander proza' uit de reeks Russische Miniaturen, Van Oorschot), iemand die ook prachtige idiote teksten bedacht.

In het Belgische sportblad Sport Magazine staat een interview met voetbaltrainer Raymond Goethals. Raymond zit tegenwoordig in

Portugal, in het plaatsje Guimares. Verplichte verbanning, na het omkopingschandaal met Standaard Luik en Waterschei. Guimares was de enige plek op aarde waar de corrupte trainer nog terecht kon. Gelukkig wel. Zo kon men hem daar interviewen.

Goethals spreekt en de poëzie stroomt je tegemoet, maar deze keer overtrof hij zichzelf. Hij vertelde dat hij het moeilijk had in Guimares. Ten dele omdat hij niet op de spelersbank mag zitten, vanwege licenties die niet in zijn bezit zijn, zodat er andere banken worden aangedragen die naast de officiële spelersbank worden gezet; dus je *kunt* zitten, maar het wordt er wel ingewikkeld van. Nee, het was iets anders, waar hij moeilijk tegen kon.

'Veel meer ben ik verveeld met de warmte hier. Het is hier al maanden stikheet. Ik hunker naar de regen, want dit is niet het Portugal van de vakantiegangers. Ik heb nog nooit zoveel fabrieken gezien als op de weg tussen hier en Porto. Ik droom van een koude dag, met mist en regen.'

Misschien moet je er nog iets aan schaven, maar het gedicht staat toch als een huis.

Tussen hier en Porto

Het is hier al maanden stikheet en
ik hunker naar de regen, want
dit is niet het Portugal van de vakantiegangers
o nee, o nee

Ik heb nog nooit zoveel fabrieken gezien
als op de weg tussen hier en Porto
Ik droom van een koude dag,
met mist en regen.

DRS. P

Een ontmoeting

Niemand keek naar hem, ofschoon hij een vreemdeling was.

Er liepen maar weinigen buiten, trouwens, in deze kille schemering. Hoekige, eenzelvige lieden – elk onderweg naar een eigen geheim, een eigen eenzaamheid.

Het centrum van de stad lag achter hem. Hier en daar nog liet een winkel of café blijken dat daarbinnen aan zekere behoeften kon worden voldaan.

De man was zich niet van behoeften bewust. Hij volgde een weloverwogen route waarbij hij soms, op een straathoek, de pas inhield en een plattegrond raadpleegde. Het plastic zakje, dat hij bij zich had, zette hij dan eerst voorzichtig op de grond.

Het was vrolijk bedrukt en droeg de naam van een Europees warenhuis.

Ineens gingen de lantarens branden. Het scheen alsof ze de resten van het daglicht opzogen. Rondom was het nu avond – speeltijd voor angsten en verdenkingen. De man was ongevoelig voor hun gefluister. Ook schonk hij geen aandacht aan een week lachend gezicht, meer dan levensgroot, dat de voorbijgangers naar een theater moest lokken.

Iemand had het voorhoofd met dreigende runen beschilderd.

Even verder bleef de vreemdeling weer staan. Hij vond de naam van de zijstraat zonder moeite terug op de kaart, en zag dat hij zijn doel naderde.

Aan de rand van de stad woonde een echtpaar. Hij kende hun naam en adres. Voor het overige wist hij niet meer dan dat ze op leeftijd waren, de ouders van een vriend op het vasteland.

Het was goed dat hij niet kon verdwalen, want hier waren de straten geheel onbevolkt, de luiken gesloten. Het was er doodstil en toch...

dit was niet de milde rust van een slapende stad: het was een inhouden van de adem, een waakzame roerloosheid.

Hij behoefde niet meer na te kijken of hij de juiste weg volgde. De straat eindigde loodrecht op een andere, en daarin begon die waar de oude mensen woonden.

Het geschenk dat hij moest bezorgen was meer nuttig dan feestelijk. In het zakje voerde hij twee onbreekbare drinkglazen mee.

Was de moeder beverig bij het afdrogen van de vaat? Was de vader opvliegend?

De huizen links en rechts van hem waren banaal, maar vóór hem lag een kapitaal pand, dat vroeger kennelijk een buitenhuis was geweest. Naarmate hij dichterbij kwam, ging het er ouder uitzien. In zijn deftigheid maakte het een toneelmatige indruk. Toch heerste er leven. Niet alle luiken waren dicht. Naast de voordeur zag hij twee naakte, hoge ramen, waarachter het donker was. In één dier openingen zat een gestalte – een vrouw in een witte japon. Zij staarde hem aan, terwijl hij naderde.

Met haar koelgrijze coiffure, even ouderwets als haar kleding, met haar hooghartig gelaat en kaarsrechte houding kon zij een barones van Courts-Mahler zijn, een generaalsweduwe, een dame onaangeraakt door de Twintigste Eeuw.

Toen hij de hoek had bereikt, stond hij stil. Haar ogen dwongen hem toe te zien, terwijl ze haar rechterarm langzaam verhief en de hand naar het weelderige kapsel bracht, en dit oplichtte. Haar hoofd was glad als porselein.

De man sloeg rechtsaf en begaf zich naar de laatste zijstraat waar de huisjes in al hun bescheidenheid iets persoonlijks en dappers uitstraalden. Het was geen anonieme stadsuitbreiding hier, het was een dorp met een eigen bestaan, weliswaar bij de metropool ingelijfd maar niet veroverd.

Bij nummer 28 gearriveerd, nam hij het zakje in de andere hand en trok hij aan de bel. Op dat ogenblik vielen zijn ingewanden dertig centimeter omlaag. Hij bedacht namelijk dat hij de landstaal niet machtig was.

Er klonk gemorrel en de deur ging open. Een kras vrouwtje met alerte oogjes keek hem vriendelijk zwijgend aan.

Hij opende zijn mond, kon er niets mee uitrichten, sloot hem weer, greep toen in het zakje en haalde er een glas uit, ontdeed het schielijk van de verpakking, liet het haar zien, hield het dramatisch om-

192

hoog en slingerde het vervolgens tegen het plaveisel, waar het in talloze fragmentjes uiteenspatte.

Toen hij van deze gedaanteverandering opzag, had zich een goed onderhouden grijsaard bij de vrouw gevoegd. Het tweetal wisselde wat lettergrepen uit en wachtte daarop nieuwsgierig het vervolg van de manifestatie af.

De man had nog één troef. Hij ontblootte het andere glas, toonde dit aan beide toeschouwers en wierp het krachtig neerwaarts.

Wederom verspreidden zich myriaden splinters tot in de verre omtrek.

De vreemdeling stelde het moedertje de plastic zak ter hand, maakte een vastberaden wending en verwijderde zich langs de straten van Reykjavik, besprenkeld met stukjes onbreekbaar glas.

Gnerps, gnerps, gnerps, gnerps, gnerps, gnerps, gnerps...

RINUS FERDINANDUSSE

Vis

Het was een kleine, verveloze broodjeswinkel waar ik was binnengewaaid. Letterlijk, want het stormde hevig en de weinige eters hoorden de wind zingen door de zes vlaggestokjes met Amerikaanse en Belgische vlaggetjes die boven de etalage waren uitgestoken om de zaak een internationale allure te geven. Binnen had alles een gore crèmige kleur, tot het tanige dienstertje toe. In afwachting van nadere orders stond zij een beetje te leunen, achteloos met haar elleboog op de lever. Een geliefde houding, gezien de vlek daar op haar dienstjas. Door het raam naderde een nieuwe klant, een zware man wiens jekker hoog achter hem opwoei. Toen hij binnenkwam hijgde hij dan ook.

'Wat wil meneer?'

Hij bleef hijgen en schudde zijn hoofd alsof er een vlieg op zat.

'Een kopje soep?' zei het meisje. 'Lekker warm, tegen de kou?'

Hij had nu eindelijk lucht om wat te zeggen en hij kreeg er één woord uit, als een zweepslag: 'Soep!!'

'Ja meneer,' zei het meisje, afwachtend.

Er kwam een trek van afkeer op zijn nog rode hoofd: 'Ik vreet liever turfmolm. Soep behoort tot de burgerlijke vochten. Ik heb liever een ondermaats vingerhoedje klare dan een emmer van jouw soep.'

Het meisje schrok er niet van terug. 'Een uitsmijter dan, of een slaatje?'

'Slaai?' Dezelfde walging. De andere aanwezigen keken naar hem en hij begon een beetje op het publiek te spelen. 'Ik ben geen geit. Mijn vrouw probeert mij ook wel 's dat groen te laten eten. 't Is gezond, zegt ze, vitaminen. Moet je haar zien! Ze staat krom van de reumatiek. Ik leg 's nachts twee kamers verderop vanwege d'r hoesten. Ja, kom, gezónd!'

'Een broodje zalm, of paling?' probeerde het meisje.

'Vis! Ajakkes. Laat ik u nou vertellen dat ik getrouwd ben met de dochter van de boekhouder van een rederij. De eerste dag de beste dat ik daar over de vloer kwam was op een zondag, ik was d'r helemaal voor naar Scheveningen gegaan, en wat denk je dat ik om vier uur 's middags bij de thee krijg? Een gebakken schol! Bovendien melk in de thee, want ik dorst geen nee zeggen. Afijn, daarna ga ik met haar en de familie naar de kerk. Zwaar gereformeerd, en ik dee alsof, want ik wou nou eenmaal geen gezeur. Goed, ik zit daar op zo'n rotbank en wat gebeurt? 't Komt op. Schol met thee! 't Komt soms zo krachtig in me mond dat haar moeder fluistert: wat zei je? Nou, u begrijpt, als ik het woord vis hoor, dan weet u het wel.'

'Ik ga anders graag vissen,' zei een kleine man, even verderop aan de toonbank.

De man keek hem keurend aan. 'Zo. Meneer is een hengelaar. Maar dat zegt mij toevallig ook weer niks. Ik heb acht jaar lang gevist zonder één dobber op het water te leggen. Ik ging met een paar knapen altijd vissen, tenminste dat dachten de vrouwen thuis, maar ondertussen legden wij een kaartje in diverse etablissementen en wij peerden er lustig bij. Acht jaar lang, meneer, tot de vrouw erachter kwam. Eigen schuld hoor, want wij werden driester en driester. Op een goed weekend hadden wij het versierd om een weekend te gaan vissen in Friesland. Snoeken. Maar wij reden linea recta door naar Hamburg. Snoeken, voelt u wel – weten die vrouwen veel. Maar toevallig ontmoet mijn vrouw bij een vriendin een terzake kundige en toen die hoorde dat haar man – ik dus – was gaan snoeken op de Friese meren, zegt ie, het rund, dan heeft-ie zeker wel zijn snijbrander mee, want het ijs ligt daar zeker twintig centimeter dik. Nu komt de ellende: ik had mij die week meerdere malen prijzend over Hamburg uitgelaten; bovendien is mijn vrouw niet gek en zij denkt: 's kijken of Kees zijn paspoort wel in het laatje ligt. Mag u raden wat ze toen deed. Ze belt de douane op in Nieuwe Schans en zegt: zijn er soms vier hengelaars gepasseerd. Die douane denkt aan een ongeval, een moederloos kalf of erger, en zegt: zeker. Zo zat ik dus in de boot. Ik behoef u niet te zeggen dat het woord hengelaar bij mij gevoelens opwekt, niet?'

'Een broodje croquet dan?' vroeg het meisje, nog geheel op natuurlijke toon.

Zijn gezicht begon wat te betrekken en de kleine man zei gauw: 'Ga nou niet vertellen dat je je hele leven boven een croquettezaak heb gewoond.'

'Nee. Dat niet,' zei de man. 'Maar ik heb wel een zwager die bekeurd is geworden omdat hij ongekeurd vlees in zijn croquetten deed. En kangoeroevlees. Dat gebeurde meteen een week nadat-ie vlees in zijn croquetten was gaan doen, daarvoor was 't allemáál aardappelmeel. Bovendien werd hij toen ontslagen als secretaris van de speeltuinvereniging van de wijk, hoewel dat ook was omdat hij met zijn huishoudster sliep. Dat vonden ze geen voorbeeld voor de kinderen.'

'Een broodje pekel of halfom,' suggereerde het meisje.

'Ach, weet u wat,' zei de man, 'geeft u maar een broodje vette worst. Dat is het gauwst naar binnen.'

CRI STELLWEG

Instant-erwtensoep

Erwtensoep. Gelijkelijk een pond groene erwten en een pond split-erwten te weken zetten gedurende de nacht. Bij het aanbreken van de volgende dag zachtjes laten koken met schijven van de selderie-knol en zijn groen. Met een gesneden winterwortel. Met twee gesne-den dikke preistokken. Samen met van het varken zijn oor, zijn hiel, zijn knie, zijn staart of één zijner pootjes. En een flink stuk spek.
Gaat dan rustig bij het haardvuur wat zitten lezen. Omstreeks de tijd dat twee Haagse Posten uitgelezen zijn, alsook twee edities van Het Vervolg, het kerstnummer van de Margriet is doorgebladerd, de bedden zijn opgemaakt, de theevisite vertrokken en de schemer valt, is het moment daar om de rookworst toe te voegen. Nog een halfuur om de tafel te dekken, het vuur op te stoken, de luiken te sluiten. Buiten is het nu geheel donker, ijzige regen geselt de ruit en het is zover: de erwtensoep kan opgediend en gegeten worden.
Erwtensoep. Op het perron staat een dikke jongen met een bekertje in de holte van zijn hand. Hij blaast erin en slurpt eruit. Hij staat net onder een van de neonbuizen die de perronstrook hel verlichten en ik zie dat de bekerinhoud groen is van kleur. 'Erwtensoep?', vraag ik met stijve lippen. Hij knikt door de wasem heen. En hij stoot met het hoofd in de richting van de glazen ruimte waar Bos-sche bollen, koffie, kano's en belegde broodjes in cellofaan worden verkocht.
'Erwtensoep?' zeg ik vragend tegen het menselijk lichaam achter de toonbank vol chocoladerepen, kauwgom en zakjes drop. Het zet zich in beweging, grijpt één plastic bekertje van een hoge toren en keert zich naar rechts, waar een glanzend metalen koker staat met er onderaan een kraantje.
Na een enkele handgreep brengt de machine een briesend en sissend

geluid voort. Stoom ontsnapt. Het bekertje wordt onder de kraan gehouden en een tel later staat het voor me. Gevuld is het met water, heet water. Eén gulden vijftig, klinkt het en de hand legt een suikerzakje naast het bekertje en een tenger vorkje van wit plastic. Instant-erwtensoep. Dat ik dit nog moet beleven. Ik wil op de toonbank mijn erwtensoep instantelijk maken. De hete wasem uit het bekertje dringt muf en wee in mijn neusgaten. Maar achter me dringt iemand, die zich snel wil voeden met een frikandel en een blikje bier.

Ongemakkelijk manoeuvrerend met bekertje, zakje, vorkje, een losse handschoen en wisselgeld, verlaat ik de glazen ruimte. Buiten komt net de dikke jongen langs. Hij heeft zijn soep op. Het bekertje ligt een paar passen achter hem verslagen op het asfalt. 'Gaat 't?' vraagt-ie. Ik zeg: 'Nee, moeilijk.'

Hij pakt mijn suikerzakje en bijt met de tanden een hoek eruit. Zijn adem ruikt naar erwtensoep. Hij giet een stoffig groen getint poeder in het plastic hulsje, dat ik nu met de vingertoppen vasthoud, omdat het water zijn hitte eraan heeft medegedeeld. In het vallende poeder zie ik hier en daar een groenig kiezelsteentje. 'Nou effe goed roeren,' zegt de dikke jongen en doet het al.

Het lichtgroene water wordt voor mijn ogen stroperiger, vervolgens zelfs wat dikker en bovenal groener door het krachtig slaan van de drie witte tandjes aan het vorkje. 'Nou, proef maar,' zegt de jongen Pruisisch en ziet toe hoe ik dat doe. 'Prima toch?' zegt-ie. Ik proef water van erwten wat tenslotte iets geheel anders is dan erwtensoep en zeker dan erwtensoep zoals boven beschreven. Samen staan we onder het onbarmhartige licht van de neonbuizen in de koude avond op het tochtige perron. 'Je kan d'r ook een warme knakworst bij nemen, dan is het nog lekkerder,' zegt hij dankbaar.

Dan rolt de trein binnen. Ik neem mijn bekertje mee. Hij gaat links af een rijtuig in, ik ga rechtsaf. 'Doeoeg,' zegt de instant-jongen.

JAN MULDER

Oldenburger Hase

Het is een avond om buiten te eten, op een terras dat uitziet op de rivier de IJssel. Dat het liefst. Maar het mag ook Ootmarssum zijn, de Lemelerberg, als het maar in die buurt is. Een uurtje door oude Saksische stukken land rijden in deze zon om zes uur en dan, ineens, glijden we op een parkeerplaats van grind van een prachtig en aanlokkelijk restaurant dat daar glanst in de zwakker wordende zon. Zo heb ik het in gedachten, nu jij. Niet te lang nadenken om te beslissen, anders is-ie ondergegaan en ligt dat restaurant waar de eigenaresse zelf heerlijk kookt niet meer te baden in het licht waar ik 'm in gedachten zie liggen.

De zon gaat onbeschrijflijk mooi onder.
Ineens ligt daar een vrij behoorlijk ding vlak langs de weg. Enkele auto's gezellig ervoor. Er in? Er in. Dit lijkt inderdaad op een degelijk Hollands restaurant met de eigenaresse zelf in de keuken.
Op het moment dat ik een been over de drempel heb zegt een gek: 'Zal ik u even naar het café leiden om daar een drankje in afwachting te nemen?' Een andere schim vliegt naar een stopcontact en een knopje. Julio Iglesias zet zachtjes in, overal om ons heen.
De vrouw laat zich in de deuropening zien en verdwijnt weer. In een ijzige stilte wordt op ons tafeltje een kaars aangestoken. De eigenaar brengt een kooi met een beo naar binnen. Ik kan niet zeggen dat het er beter op wordt. Wij zijn de enige klanten. Mijn gedachten gaan naar het allerslechtste restaurant in België en ik wilde dat ik daar zat.
Op de kaart staan gerechten als *preussischer Schincken* en *Oldenburger Hase*. Daar stem ik wel mee in.
Eén keer gaat met een oorverdovend geluid de telefoon achter de totaal doodse bar. Hij wordt niet opgenomen.

We kunnen aan tafel en onze kaars wordt onmiddellijk gedoofd. De stereo afgezet achter onze rug om.

In het restaurantgedeelte zitten wij met nog twee gasten de hele zaal te bevolken. Wij zijn met zijn vieren geplaatst in wat ik de cockpit van het restaurant zou willen noemen: de romp van het vliegtuig is leeg en somber.

Ik bestel de wijnkaart.

De leerlingober zegt niks, kijkt wel verrast op. Komt met de fles uit de kelder. Ontmoet de eigenaresse, die net uit de keuken komt. Zij neemt de fles over en danst er even mee in de rondte alsof ze zeggen wil: 'We hebben een fles wijn verkocht, we hebben er een verkocht!' De baas zal de servetten om de fles heen draperen. Dat is een lastig werkje. Het duurt eeuwen voordat ze de kop in de schoot leggen en lang na het voorgerecht komt het flesje aan onze tafel.

De stilte is ondraaglijk nu.

Soms wordt de stilte even onderbroken door een veel te hard: 'Gesmaakt mevrouw' of 'Vanallesgenoeg?'

De gek gaat de fles openmaken.

Hij staat een weinig ongelukkig tussen de twee bezette tafels van zijn restaurant in en wij weten dat het verwijderen van de kurk degelijk voetenwerk vereist, bij een niet al te goede kurketrekker. De vrouw staat tegen zijn rug op de tong van de andere tafel te fileren. De vakantiewerk-ober ruimt ons voorgerecht af en complementeert zo een wankel driehoekje. De vrouw komt het eerst in moeilijkheden. De vis zit muurvast op de graat. Zij begint harder te rukken. Dat doet de gek aan de fles wijn ook, de aderen op zijn hals worden rood en vet. Het obertje zit plotseling klem tussen de twee, wanneer hij zich uit de voeten probeert te maken.

Even is de spanning te snijden en dan, in een herhaling van explosies, plopt de kurk met ontzettende kracht van de fles, scheurt de tong van de graat, vliegt het obertje als uit een katapult geschoten tegen een draagmuur en stort het hele pand in. 'Dat is één Nederlands restaurant' zeiden wij tevreden en keken verlekkerd uit naar het volgende.

BEATRIJS RITSEMA

Heb uw naaste lief

Sommige krantekoppen zijn echt onweerstaanbaar grappig. 'Kerk weet met homo's geen raad' is er zo een. Het bericht zelf doet er trouwens in grappigheid niet voor onder. Een commissie van de Hervormde Synode blijkt zich een jaar lang gebogen te hebben over de vraag of homoseksualiteit naar bijbelse maatstaven moet worden veroordeeld, te ja of te nee. Ze zijn er niet uitgekomen. Ze geven ruiterlijk toe dat ze het niet weten.

Wat moet hier allemaal wel niet aan vooraf gegaan zijn! Vol goede moed natuurlijk kwam men bijeen voor de eerste vergadering: dit varkentje zou in no time gewassen worden. Moderne tijden, moderne mensen en dan kunnen de dominees niet achterblijven.

Terwijl de heteroseksuele feministes hun potteuze vriendinnen idoliseren en zichzelf een beetje een trut vinden, omdat ze de stap naar het respectabele pootschap nog niet hebben durven nemen, terwijl de flikkercultuur overal het discoleven glans en glitter geeft, terwijl zelfs in Appingedam de middenstand roze driehoekjes te koop aanbiedt op de afdeling buttons, breekt een groepje karpatenkoppen zich het hoofd over of dit nu allemaal wel mag en kan.

Discriminatie is uit den boze, daar zullen ze het snel over eens geworden zijn. Een homoseksueel betaalt belasting, mag zich vrijelijk overal bewegen, dus waarom zou hij geen baantje als onderwijzer mogen nemen of Gods woord aanhoren in een hervormde kerkdienst? Iedereen knikt goedkeurend. De eerste hindernis is genomen. Volgende punt: moeten we de gelijkslachtige liefde nu als zondig beschouwen of niet?

'Romeinen 1, 24-32,' mompelt iemand.

'Van iemand houden kan nooit zondig zijn,' klinkt het triomfantelijk uit het progressieve hoekje van de vergadering. Het gebod 'Heb uw naaste lief' gaat weliswaar boven alles in het christendom, maar zo makkelijk wordt het pleit niet beslecht. 'Je mag van iedereen houden, maar de manier waarop je die liefde gestalte geeft, maakt wel degelijk iets uit. Er zijn meer en minder acceptabele vormen.'

'Als we nu eens een indeling maken in geestelijk en lichamelijk.'

'Goed idee. Notulist, deze opmerking kan de impasse doorbreken, let op!'

'Geestelijke liefde is te allen tijde gerechtvaardigd.'

'Geestelijke liefde is zuiver en edel, een afspiegeling van Gods oneindige barmhartigheid.'

'Een waarlijk spiritueel contact, als twee mensen elkaar ontmoeten, van verschillend of gelijk geslacht, oud of jong, blank of zwart, dat is het hoogste doel. Twee geesten die in elkaar overvloeien in diep doorvoeld begrip.'

'Oké, oké, maar hoe zit het met de lichamelijke liefde?'

'Moet kunnen is mijn idee.'

'Gij zult uw zaad niet op de rotsen storten.'

'En ook niet tussen de doornenstruiken.'

'Luister eens, als jullie zo beginnen, dan kunnen we het ook wel weer over de pil gaan hebben. Ik dacht dat we het station van het verspilde zaad gepasseerd waren.'

'Een aanraking kan een heel vanzelfsprekend gevolg zijn van een innig geestelijk contact. Zo gaat het vaak tussen man en vrouw.'

'Er rust een zwaar taboe op mannen die elkaar aanraken. Vrouwen kunnen zich veel meer permitteren onderling.'

'In de bijbel staat niet dat liefdevolle aanrakingen verboden zijn.'

'Maar lustvolle wel.'

'De seksuele liefde is onnoemelijk rijk geschakeerd; daar staan wij met z'n allen misschien niet zo bij stil.'

'Als we nu eens een indeling maken in droge en natte aanrakingen.'

'Notulist!'

'Droog = opperhuid = liefdevol. Nat = slijmvliezen = lustvol.'

'Zoenen zou niet mogen?'

'Tja, nu komen we toch weer in de problemen.'

'Van het een komt het ander. Je houdt de mensen toch niet tegen als ze elkaar beginnen te betasten.'

'Het gaat er om dat we vaststellen wat zondig is en wat niet.'

'Kunnen we het niet gewoon op z'n beloop laten. We zien het vanzelf wel bij het Laatste Oordeel.'

'Dat is een zwaktebod. Je moet de mensen nu haring of kuit geven.'

'Persoonlijk zit ik niet zo met die slijmvliezen.'

'Je weet niet wat je zegt! Heb je het tijdschrift *Holland Boys* wel eens bekeken?'

'En als we het bekijken vanuit het gezichtspunt "Gaat heen en vermenigvuldigt u"?'

'Gedateerd in deze tijden van overbevolking.'

'Het zijn vaak heel aardige mensen.'

'Doodzonde van zo'n kleine aberratie.'

'Dat ze zich daar niet overheen kunnen zetten hè, dat begrijp ik niet.'

'Zeker als je bedenkt dat het tot eeuwige verdoemenis leidt.'

'Tut, tut, die helconceptie, daar ben ik toch geen voorstander van.'

'Hoe dan ook, ik blijf het vies vinden. Ik kan er niets aan doen. Zo ben ik nu eenmaal opgevoed.'

'Mensen, het gaat niet om ieder van ons persoonlijk. We moeten een standpunt voor de Kerk verwoorden.'

'We moeten opkomen voor de zwakken in de maatschappij.'

'Arme flikkers, eeuwenlang vervolgd en opgejaagd.'

'Het is de schuld van het christendom.'

'Ach welnee, de mohammedanen moeten er ook niets van hebben, om van de communisten maar te zwijgen.'

'Komt het daar ook voor dan? Ik dacht dat het typisch iets voor het decadente Westen was.'

'Deze mensen zijn niet slechter dan jij of ik. We moeten uitkijken dat we ons niet patroniserend opstellen.'

'Laten we een dialoog op gang brengen met de homoseksuelen.'

'Hè ja!' (applaus in de zaal)

'We accepteren ze als gewone mensen en intussen knopen we een gesprek met ze aan.'

'Om ze tot rede te brengen?'

'Nee, om ze te vertellen dat ze recht hebben op een volwaardige plaats in onze samenleving.'

'En een stukje voorlichting vanuit het Kerkewerk om het probleem in brede lagen van de bevolking bespreekbaar te maken.'

'Dat kan nooit kwaad. Hoewel, je brengt misschien onnozele mensen op een idee.'

Enzovoort, enzovoort, een heel jaar lang. Tot ondubbelzinnige conclusies is de commissie niet gekomen. Wel hebben ze een nota geproduceerd die *Verwarring en herkenning* heet.

Er moet zich heel wat hebben afgespeeld op die vergaderingen.

MAARTEN 'T HART

Ouderlingenbezoek

Terwijl ik de laatste druppels urine uit mijn geslacht schudde, hoorde ik de voordeurbel overgaan. Daar zijn ze, dacht ik. Ik staarde naar de maansikkel die ik door het wc-raam vlak boven de huizen zien kon. Waren ze daar maar, dacht ik. Tot op die dag had ik altijd weten te voorkomen dat ik erbij zou moeten zijn; met opmerkingen over zware repetities en spreekbeurten op school had ik steeds bij mijn vader gedaan gekregen dat hij mij bij de ouderlingen verontschuldigde. Maar nu had ik vakantie van school, ditmaal zou er geen uitweg mogelijk zijn. Ik kan hier blijven zitten, dacht ik, ik kan zeggen dat het slot van de wc-deur niet meer werkt. Maar mijn vader zou die deur in een oogwenk weten te forceren. Ik trok aan het gerafelde touw waarmee we al jarenlang de stortbak bedienden, ik liep langzaam naar de kamer. Door de deuropening kon ik ze al zien staan, nog voor ik in de kamer was, de brede en zwaar op de schoorsteen leunende man was broeder Wijnhorst, de timmerman, en de kleine man naast hem, wiens hoofd naast de pendule op de schoorsteen zweefde was broeder Warnaar, de brood- en banketbakker. Mijn vader stond bij het raam, hij zei: 'Een raadsel broeders, lichaamsdeel met drie letters, middelste letter is een u.'
Ik bleef staan in de gang. Zolang mijn vader hen nog bezighield met flauwe grappen hoefde ik mij niet bij hen te voegen. Ik zag de denkrimpels op het voorhoofd van Warnaar en ik dacht aan wat mijn vader over hem had gezegd: 'Toen ze hem kozen als ouderling hebben ze gedacht aan de bijbeltekst: Zalig zijn de onnozelen want zij zullen erin lopen.' Ik zou al die zelfgemaakte bijbelteksten van mijn vader eens moeten opschrijven, dacht ik, het zou een vreemde alternatieve bijbel worden.
'Ik weet het niet, broeder,' zei Warnaar.

'Ik hou niet van raadsels,' zei Wijnhorst, 'vooral niet als ze niet netjes zijn.'

'Het is niet moeilijk,' zei mijn vader, 'het is rug.'

Ik sloop naar een stoel bij het raam in de kamer.

'Geef de ouderlingen eens een hand,' zei mijn moeder.

Ik schudde beide mannen onwillig de hand.

'Waar zijn de andere kinderen?' vroeg Wijnhorst.

'Mijn jongste zoon ligt al in bed,' zei mijn moeder, 'mijn dochter komt zo, ze is even naar een vriendinnetje.'

'We zullen maar niet wachten,' zei Wijnhorst en hij richtte zich op, hij steunde met zijn linkerarm op de schoorsteenmantel en met zijn rechterhand toverde hij een klein bijbeltje te voorschijn uit de binnenzak van zijn zwarte pak.

'Ik stel u voor,' zei hij, 'om met u te lezen uit de Schrift, een gedeelte uit het boek Genesis alwaar de Here het volgende tot ons zegt: "En Arams zonen waren Uz, en Hul, en Gether, en Mas. En Arpachsad gewon Selah, en Selah gewon Heber. En Heber werden twee zonen geboren: des éénen naam was Peleg, want in zijn dagen is de aarde verdeeld; en zijns broeders naam was Joktan. En Joktan gewon Almodad, en Selef, en Hazarmáveth, en Jerah, en Hadoram, en Uzal, en Dikla, en Obdal, en Abimaël, en Scheba, en Ofir, en Havila, en Joab: deze allen waren Joktans zonen." '

Bij elke naam stokte hij even; sommige namen verlieten in brokstukken zijn mond.

'Zo eindigt het woord des Heren,' zei hij toen hij klaar was en liet er plechtig op volgen: 'Ook uit de geslachtsregisters wil wel eens een woordje tot je komen, ik zal u nu voorgaan in gebed.'

Hij wachtte tot we allemaal de handen gevouwen hadden. Toen klonk zijn stem door de kamer alsof hij huilde.

'Almachtige Vader voor wiens troon de engelen de ganse dag psalmzingen, wij smeken U om een zegen over deze avond. Wij zijn hier bijeen om elkaar te spijzen en te laven met Uw woord. Here, gij hebt gezegd: Waar twee of drie te zamen zijn ben ik in hun midden. Here, weest ons dan nabij opdat wij voor tijd en eeuwigheid beide vanavond spijkers met koppen kunnen slaan, niet uit verdienste maar om Jezuswil. Amen.'

Ik opende mijn ogen. Broeder Warnaar nam een stoel en schoof aan bij de tafel. Mijn vader, die voorafgaand aan het bidden was gaan zitten, stond op en ging bij de schoorsteen staan.

'Gaat u toch zitten, broeder,' zei Wijnhorst.

'Als u ook gaat zitten,' zei mijn vader.

'Ik sta liever,' zei Wijnhorst, 'dan heb ik meer overzicht over het gezin.'

'Ik sta ook graag,' zei mijn vader.

'Broeder, mag ik u verzoeken om te gaan zitten, ik kan mijn werk niet goed doen als u blijft staan.'

'Ik heb nog nooit meegemaakt dat een ouderling bleef staan bij een huisbezoek,' zei mijn vader, 'maar als u blijft staan, blijf ik ook staan.'

'Broeder,' zei Wijnhorst zuchtend, 'waarom wilt ge de verzenen tegen de prikkels slaan.'

'Ik sla niks,' zei mijn vader, 'ik sta.'

'Man toch,' zei mijn moeder, 'ga toch zitten.'

'Niet als Wijnhorst blijft staan,' zei hij.

Er viel een stilte. Dit had ik mij niet voorgesteld van het ouderlingenbezoek, ik staarde verbaasd naar mijn vader die rustig bij de schoorsteen stond. Broeder Warnaar bewoog zich onrustig op zijn stoel. Wijnhorst deed een stap in de richting van de tafel, hij verschoof een stoel, ging achter de stoel staan en legde beide handen over de rugleuning.

'Zo beter?' vroeg hij.

Mijn vader nam een andere stoel en ging er op dezelfde wijze achter staan, recht tegenover Wijnhorst, zijn forse handen over de rugleuning. Ze keken elkaar in de ogen, mijn vader en de ouderling. De ogen van mijn vader verkleurden langzaam, ze werden lichtgroen. Hij wordt kwaad, dacht ik, en Wijnhorst sloeg de ogen neer en liep met stijve benen rond de stoel. Hij liet zich langzaam zakken maar hij wachtte met neerploffen tot mijn vader ook zat.

'Ik zie moeder de vrouw elke zondag tweemaal in de kerk maar u zie ik niet al te vaak, broeder,' zei Wijnhorst.

'Ik ben geen kerkuil,' zei mijn vader kort.

'Gij zult de onderlinge bijeenkomsten niet nalaten, zegt de apostel,' zei Warnaar voorzichtig.

'Nee, maar toen werd er misschien nog niet zo beroerd gepreekt als tegenwoordig. Het is me een stelletje puin, de dominees die we momenteel hebben, de enige goede, Zelle, hebben ze geschorst.'

'Broeder, u weet wel waarom, ik hoef u dat niet te vertellen, zeker niet nu uw zoon hier aanwezig is.'

'Hij weet er alles van,' zei mijn vader.

'Je zit op catechisatie?' vroeg Warnaar mij.

'Ja,' zei ik stug.

'Kun je me dan vertellen uit welke drie delen de Heidelbergse Catechismus bestaat?'

'Ellende, verlossing, dankbaarheid,' zei ik.

'Goed zo,' zei Warnaar, 'en wat betekent dan ellende?'

'Zonde,' zei ik.

'Mag ik jou eens wat vragen, Warnaar?' vroeg mijn vader. 'Waarom werd de bakker gehangen?'

'Welke bakker?' vroeg Warnaar.

'De bakker uit het verhaal van Jozef in Egypte,' zei mijn vader.

Warnaar herhaalde langzaam de vraag, ik zag zweetdruppels verschijnen op zijn voorhoofd. Toen zei hij: 'We zijn niet op huisbezoek om vragen te beantwoorden.'

'Nee,' zei mijn vader spottend, 'maar als ik een ouderling op huisbezoek krijg die zo'n eenvoudige vraag niet eens kan beantwoorden, weet ik wel hoe het gesteld is bij die ouderlingen met de kennis van de Heilige Schrift, nou?'

Niemand zei iets. De klok sloeg acht uur, acht kille donderslagen.

'Ga eerst maar eens koffie maken voor de broeders,' zei mijn vader, 'en dan heb ik ook nog een vraag voor broeder Wijnhorst. Wie was de vader van Zebedeus' zonen?'

Broeder Wijnhorst stond op. Hij ging opnieuw bij de schoorsteen staan. Mijn vader stond al naast hem voor Wijnhorst zelfs maar zijn arm op de schoorsteen had kunnen leggen.

'Ik heb nog nooit meegemaakt dat de ouderlingen op zulke eenvoudige vragen het antwoord niet wisten,' zei mijn vader.

'Broeder,' zei Wijnhorst terwijl hij langzaam terugliep naar zijn stoel, 'dit is geen kwis, dit is ouderlingenbezoek, houdt u dat wel voor ogen.'

'Ja, wie is hier met vragen begonnen?'

'De kerkeraad heeft opdracht gegeven om bij de huisbezoeken te onderzoeken hoe het bij de kinderen gesteld is met de kennis van Gods woord.'

'Ze mogen eerst de ouderlingen wel eens aan de tand voelen,' zei mijn vader, 'ik zal zelf de antwoorden maar geven, de vader van Zebedeus' zonen was natuurlijk Zebedeus en de bakker werd gehangen om zijn hals.'

Mijn moeder bracht de koffie, ze zei: 'Let maar niet te erg op mijn man, hij is er nog altijd niet overheen dat dominee Zelle weg is, ik vond het ook een hele fijne dominee, hij kon het je zo goed vertellen.'

'Hij leefde er niet naar,' zei Wijnhorst.

'Nee,' zei mijn vader, 'de meeste ouderlingen ook niet en toch krijg je ze op huisbezoek.'

'Wat bedoel je?' vroeg Wijnhorst dreigend.

'O, niets,' zei mijn vader, 'ik ken alleen één ouderling die oud brood verwerkt in zijn banket.'

'Wat zeg je daar?' Warnaar sprong op. 'Bedoel je mij soms?'

'Hij bedoelt jou niet, Warnaar, ga nou maar rustig zitten,' zei Wijnhorst.

'Ik heb gehoord dat jij gaat studeren,' zei Wijnhorst tegen mij.

'Ja,' zei ik.

'Biologie, als ik het goed heb, niet?'

'Ja,' zei ik.

'In Leiden, niet?'

'Ja,' zei ik.

'Hebben wij niet een eigen universiteit, gesticht door iemand die in onze stad geboren is?' vroeg Wijnhorst.

'Ja,' zei Warnaar ijverig, 'de Vrije Universiteit in Amsterdam.'

'Hou jij je er even buiten, Warnaar,' zei Wijnhorst. 'Ik wil maar zeggen: als een jongen uit onze kring gaat studeren moet hij natuurlijk naar de VU. In Leiden behandelen ze die goddeloze evolutieleer.'

'In Amsterdam ook,' zei ik, 'daar is professor Lever. Hij heeft een boek over de evolutie geschreven.'

'Tegen de evolutie toch zeker?' vroeg Wijnhorst.

'Nee,' zei ik, 'Lever zegt ook dat er evolutie is.'

'Zegt Lever dat? Iemand van de VU. We zullen het aan de kerkeraad rapporteren, iemand van de VU die die goddeloze leer verkondigt. Die leer komt rechtstreeks van Satan.'

'Welnee,' zei ik, 'van Darwin.'

'Toch is het veel beter dat je aan de VU gaat studeren,' zei Warnaar, 'daar ben je samen met jongens en meisjes van het Nieuwe Verbond. In Leiden studeren ook goddelozen, mensen die de Here en zijn dienst verlaten hebben, die spugen op God en zijn gebod. Je zult daar zijn als verkerende tussen zondaars, tollenaars en hoeren.'

'Heb je al verkering?' vroeg Wijnhorst.

'Ik heb geen meisje,' zei ik kort.

'Stel je nou eens voor dat je daar een meisje zou opdoen. Zo één die hervormd is op grote wielen. Wat dan? Of misschien is ze wel helemaal niks.'

'Hij kijkt nog niet naar meisjes,' zei mijn moeder.

Ik haalde mijn schouders op, mijn vader vond het ook nodig om weer iets te zeggen.

'Mijn zoon,' zei hij, 'denkt altijd aan het woord van de Spreuken-dichter: Beter onder een gestaag druppelende dakgoot dan aanzitten bij een kwaad wijf.'

'Ik geloof er niets van,' zei Wijnhorst, 'ik ken de jeugd van tegen-woordig, opeens krijgen ze het voor hun kiezen en wat dan? Bid-dend rondzoeken in eigen kring, dat zeg ik altijd maar. Het is een zonde voor God om je zoon naar Leiden te sturen.'

'Wijnhorst,' zei mijn vader, 'hij gaat daar bij mijn zus en zwager wonen, hij is daar veel beter onderdak dan als hij alleen op kamers zit in Amsterdam. Mijn zwager is ook ouderling, die zal hem heus wel kort houden.'

Ze keken elkaar weer zwijgend aan. Wijnhorst en mijn vader. Ik zag opnieuw het groen in de ogen van mijn vader en Wijnhorst trom-melde nerveus met zijn vingers op zijn stoelleuning. Er rimpelde een zenuwtrek over zijn steenrode gezicht. Zou hij drinken, vroeg ik mij af.

'Hoe is het met het geestelijk leven in dit gezin?' vroeg hij.

'Prima in orde,' zei mijn vader.

'Toch, broeder, mis ik u steeds vaker in de kerk.'

'Als Zelle terugkomt, kom ik weer vaker, eerder niet.'

'Weet u wat hij tegen zuster Bravenboer heeft gezegd, die zuster die regelmatig moet worden opgenomen in Sint Joris omdat ze op de rand is van gek worden? Hij zei op huisbezoek tegen haar: "Je moet eens met een flinke kerel onder de pootlappen kruipen dan zal het wel afgelopen zijn met je moeilijkheden." Dezelfde dag nog moest ze naar Sint Joris. Nee, die Zelle... Maar is hier de verborgen om-gang met God bekend? Wordt hier nog dagelijks bij de maaltijden uit het woord des Heren gelezen?'

'Ja,' zei mijn vader, 'alleen de geslachtsregisters slaan we over.'

'Daar kom ik dadelijk op,' zei Wijnhorst.

'Wanneer ga je belijdenis doen,' vroeg Warnaar mij.

'Weet ik niet,' zei ik.

'Ga je in Leiden ook op catechisatie?'

'Ja,' zei ik.

'Wie hebben ze daar als studentenpredikant?'

'Dominee Rothuizen.'

'Die? Die is toch vlootpredikant?'

'Niet meer,' zei ik.

'Het is een hele beste,' zei mijn vader, 'het is natuurlijk geen Zelle, dat was het neusje van de zalm, maar hij is puik.'

'Ja,' zei mijn moeder, 'hij brengt je dicht bij de Here.'

'Zo is het maar net,' zei mijn vader.

'Broeder,' zei Wijnhorst, 'ik heb hem een keer horen preken over de engelen, hij zei dat verpleegsters en zo, dat waren de moderne engelen, ik vond het meer dan erg, heiligschennis. Maar nu wil ik het eens hebben over die geslachtsregisters. Ik heb dat niet zomaar gelezen. Afgelopen zondag, broeder, was u wel in de kerk, ik heb u zien zitten.'

'Houden jullie dat bij in een boekje?' vroeg mijn vader.

'U hebt die preek van Duursema gehoord, niet?'

'Ja, het was een waardeloze preek.'

'Nee, het was heel goed,' zei Wijnhorst, 'en daarover wou ik het nou net eens hebben. U hebt drie kinderen, moeder de vrouw is nog jong, is het de bedoeling dat...?'

'Begrijp ik goed, Wijnhorst, dat je van plan bent om mij te gaan vertellen dat ik nog moet doorfokken, heb ik dat goed verstaan?'

'Als u het zo wilt noemen, ja,' zei hij.

'Dan ben je aan het verkeerde adres, Wijnhorst, hoeveel kinderen heb je zelf?'

'Twaalf en twee zijn er gestorven.'

'Zo, dus jij bent een beest voor je vrouw.'

'Wat zei je, broeder?'

'Een beest,' zei ik.

'Heb je dat gehoord, Warnaar?'

'Ja, ik heb het gehoord.'

'Onthoud het, we moeten het rapporteren aan de kerkeraad, als onze broeder dit niet terugneemt zullen we de tafel des Heren voor hem sluiten.'

Hij zweeg even, hij keek naar mijn vader. Als ze kwaad worden op elkaar gaan ze elkaar tutoyeren, dacht ik. Mijn vader zei niets, hij glimlachte alleen maar.

'In de Schrift staat: Gaat heen en vermenigvuldigt u, en dat geldt ook nu nog. Er zijn nog veel lege plekken op de wereld, zei dominee zondag.'

'Ja,' zei mijn vader, 'bij de Zuidpool en in Siberië.'

'Zeker, broeder, we beginnen elkaar weer te begrijpen.'

'Er is daar in Siberië veel hout, niet?' vroeg mijn vader.

'Een en al bos,' zei Wijnhorst.

'Om te beginnen hebben ze daar dus een timmerman nodig, iemand voor het grove werk vooral, zou ik zo denken, ik weet er wel een, hij is toevallig ook ouderling, dus als ze daar nog geen dominee hebben kan hij ook freewheelen*. En een goede bakker is ook nooit weg.'

'In Zuid-Afrika kunnen ze ook nog veel blanken gebruiken,' zei Warnaar.

'Houd even je mond, Warnaar,' zei Wijnhorst, 'ik geloof dat onze broeder bezig is te zondigen tegen het gebod "Gij zult geen vals getuigenis geven". Hij meent niet wat hij zegt, hij drijft de spot met ons. Broeder, ik vermaan je, het woord des Heren zegt: Deze allen waren Joktans zonen, dat is een vingerwijzing Gods om ook zoveel zonen te verwekken, zo de Here ze geven wil, want kinderen zijn een erfdeel des Heren.'

'Ja, er staat ook: Bedrinkt u niet aan wijn, Efeze 5:18, toch laat jij het je graag smaken,' zei mijn vader.

Toen gebeurde er iets waarop ik al heel lang had zitten wachten. Broeder Wijnhorst werd kwaad; ik zag de aderen op zijn handen plotseling blauw worden en zijn mond vertrok.

'Je gaat te ver,' riep hij tegen mijn vader. Hij stond op, hij sloeg met zijn vuisten op de tafel. Mijn vader stond eveneens op, hij sloeg eenmaal heel hard met zijn vlakke hand op tafel.

'Stilte,' schreeuwde hij, 'je bent hier niet in je werkplaats, ik hoop dat je begrepen hebt dat je hier je bek moet houden over kinderen krijgen, als je er nog één keer over begint zul je wel zo lelijk van de bok dromen, ik wil niets meer over het fokken horen, versta je me goed, niets meer.'

'Man, man,' zei mijn moeder, 'het zijn de ouderlingen.'

'Al waren het Petrus en Paulus zelf,' zei mijn vader, 'ik kom uit een heel groot gezin, ik weet wat armoe is, ik heb zelf in een ladenkast geslapen toen ik een klein kind was, 's avonds werd hij uitgeschoven, er konden precies vier kinderen in als je van onderop begon. Dacht je dat ik zo iets hier in huis wil? Mijn moeder zei toen ze de tiende had gehad: "Liever kruip ik op mijn knieën naar Delft dan dat ik er nog een bij krijg", maar mijn ouwe fokte maar door, had hij er weer een kind bij om zijn kazen te keren. En dan denken twee van die bezopen kerels mij hier te moeten vermanen over kinderen krijgen, nog één woord en ik maak korte metten met jullie.'

---

* Freewheelen: plaatselijke uitdrukking voor het voorlezen van een preek door een ouderling tijdens een kerkdienst.

We zwegen. Broeder Wijnhorst en mijn vader keken elkaar aan, ik zag weer die zenuwtrek op het gezicht van Wijnhorst. Het rimpelde van boven naar beneden, zijn gezicht werd één ogenblik in twee delen verdeeld. Het was afschuwelijk om te zien. Toen zakte hij langzaam in elkaar, hij schrompelde weg.

'We moeten nog over de kerkelijke bijdrage praten,' fluisterde Warnaar.

'Ga je gang,' mompelde Wijnhorst, 'begin maar.'

'In de kerkeraad is gesproken over de kerkelijke bijdrage,' zei Warnaar, 'het is de bedoeling om hem te verhogen van één naar. anderhalf procent van...van...wat was het ook weer, Wijnhorst?'

'Van het jaarinkomen,' vulde Wijnhorst aan.

'Ja, ja, van het jaarinkomen,' zei Warnaar gelukkig.

'Waar hebben ze die extra halve procent voor nodig?' vroeg mijn vader.

'Alles wordt duurder,' zei Warnaar.

'Ja, voor ons ook,' zei mijn moeder, 'ik kan net rondkomen maar ik kan echt niets meer missen, eerder minder.'

'Laten ze eerst die rijke sodommieters maar plukken,' zei mijn vader, 'God ziet met welgevallen neer op het penningske van de weduwe.'

'We moeten allemaal bijdragen,' zei Warnaar.

'Ja, maar er wordt veel te veel geld verspild,' zei mijn vader, 'dan is er weer een nieuwe liturgie, dat kost geld, en die nieuwe vertaling heeft schatten gekost en wat staat er dan: De tanden der kinderen zijn slee geworden, slee, heb je daar ooit van gehoord, in de oude vertaling stond stomp, dat kan iedereen begrijpen, maar slee? Daar moet je dan een halve procent extra voor dokken. En tegenwoordig moeten alle dominees in een toga, vroeger droegen ze een billetikker. Wie betaalt dat? Wij! En dat terwijl de psalmdichter al zegt dat er in het kunstig nest bij uw altaren zwaluwstaarten zijn, geen toga's. Nee, van mij krijgen ze er niks meer bij, eerder minder. Laten ze zo'n vent als Zevenhuizen maar plukken, die huisjesmelker, hij heeft vijf huisjes op de dijk en twee in de schans. De mensen betalen zich blauw aan huur. Zo'n schraperd zit zondags in de ouderlingenbank, hij, die rijke jongeling, laat hij alles verkopen en het uitdelen aan de armen, in plaats van op het dak te klimmen van die huisjes en te kijken of ze wel gerepareerd moeten worden terwijl de mensen in de huisjes zeiknat worden als het regent. Ik hoop dat hij nog eens van zijn dak af pleurt.'

Mijn vader kon bijzonder grof zijn, vooral als hij kwaad werd.
'Ik geloof dat wij maar beter weg kunnen gaan, Warnaar, we moeten maar eens een hartig woordje praten in de kerkeraad over dit gezin,' zei Wijnhorst.
Hij stond op. Warnaar legde een hand op zijn arm.
'We moeten nog eindigen,' zei hij.
'Ik zou het haast vergeten,' zei Wijnhorst. Hij ging weer zitten.
'Ik ga u voor in gebed,' zei hij. Hij vouwde zijn handen en sloot zijn ogen. Toen hij begon te bidden hoorde ik van buiten de stem van mijn zusje. Ze rammelde aan de brievenbus. Waarom geven ze ons ook geen sleutel? dacht ik. De stem van Wijnhorst klonk boven het gerammel uit.
'O, eeuwige God,' zei hij. 'Gij die naar Uw streng oordeel de ongelovige en onboetvaardige wereld met de zondvloed gestraft en de gelovige Noach met de acht zijnen in Uw grondeloze barmhartigheid behouden en bewaard hebt, aan het eind van deze avond zoeken wij deemoedig Uw aangezicht. Van oorsprong, Here, zijn wij kinderen der duisternis, maar Gij hebt ons in het licht getrokken, Gij hebt een verbond met ons gesloten en dat bekrachtigd toen Gij uw dienstknecht, Abraham Kuyper, de Vrije Universiteit liet stichten. Ziet dan toe, Here, dat wij deze gave van Uw hand niet lichtvaardig veronachtzamen, maar doe ons, ieder op onze eigen wijze, gaan op Uw wegen en leidt U onze jonge broeder naar Uw diensthuis in Amsterdam. Here, zie ons onze zonden niet aan, leer ons opnieuw naar Uw woord te luisteren, Uw woord dat spreekt over kinderzegen, Uw woord waarin wij lezen dat het zaliger is om te geven dan te ontvangen.'
Mijn zusje belde. Slechts even stokte de stem van Wijnhorst.
'Here, verlicht ons verstand opdat wij Uw wegen en inzettingen mogen leren kennen.'
Mijn zusje drukte opnieuw op de belknop. Ze blijft drukken, dacht ik en het gerinkel overstemde het bidden van Wijnhorst volledig. Ik kon nog een paar woorden opvangen: 'verstokt, goddeloos, zondig, amen.' Zodra hij uitgesproken was rende ik naar de voordeur. Ik opende de deur.
'We waren aan het bidden,' zei ik.
'O,' zei mijn zusje, 'waarom?'
'Ze gaan weg.'
'Zijn ze al klaar dan?'
'Ik denk het wel.'

Ik hoorde luide stemmen vanuit de woonkamer. Broeder Wijnhorst verscheen en broeder Warnaar volgde hem als een hondje dat aangelijnd is. Ze sjokten door de gang. Ze zetten beiden tegelijkertijd hun hoed op. De voordeur was nog open omdat ik mijn zusje zo juist had binnengelaten. Ze verdwenen zonder iets te zeggen, ik keek ze na. Warnaar liep achter Wijnhorst. Toen ze bijna bij de hoek van de straat gekomen waren wendde Wijnhorst zich om en snauwde iets tegen Warnaar. Maar ik kon helaas niet verstaan wat hij schreeuwde omdat mijn vader vanuit de kamer riep: 'Doe als de bliksem die deur dicht, ik tocht hier weg.'

NICO SCHEEPMAKER

Titanic

Er is zoveel ellende in de wereld, dat de mensen behoefte hebben aan films met een happy end. Maar daarnaast ben ik ervan overtuigd dat er een grote markt is voor films, die niet – als het gros van de films – het *langverwachte* happy end hebben, maar die VOLKOMEN ONVERWACHT plezierig, gelukkig eindigen.

Neem de ramp met de Titanic. Iedereen weet wat er met deze oceaanstomer gebeurde: maidentrip, onzinkbaar, mooiste schip ter wereld, iedereen blij en gelukkig aan boord en dan opeens een ijsberg, het schip maakt water (merkwaardige uitdrukking eigenlijk, maar dit ter zijde), de muziekkapel speelt door en, tjoemp, daar verdwijnt het bakbeest ten slotte, met de steven omhoog, in de golven, vele honderden mannen, vrouwen en kinderen met zich meesleurend. Unhappy end.

Maar nou kom ik! Ik noem mijn film simpelweg *Titanic*, het publiek stroomt Tuschinski binnen, niet omdat men in deze tijd van kommer en ellende nog niet genoeg verdriet heeft, maar omdat Lex Goudsmit de hoofdrol speelt van de kapelmeester, er heerst aan boord een opgewekte sfeer, er wordt gedanst en gedronken, maar in de kapiteinshut fronst men de wenkbrauwen, andere schepen melden ijsbergen, er komt mist opzetten, zal men de vastgestelde route handhaven?, maar het is al te laat, de uitkijk (close-up van de uitkijk, grote ogen van schrik, de camera zwaait negentig graden en we zien uit de mist een ijsberg opdoemen), roept 'ijsberg vooruit!', maar het is al te laat, geknars van remmen, een schurend geluid, bericht vanuit de machinekamer dat de ruimen water maken (zij ook al!), alle passagiers aan dek, reddingsboeien om, kleine kinderen raken zoek, vergeefs seint de marconist sos-seinen naar alle windstreken, het schip gaat steeds meer overhellen, enzovoort enzovoort, o o wat een ellende, denken alle mensen in de zaal, nog eventjes en dan zien we het weer gebeuren: voorsteven omhoog, iedereen glijdt langs het dek omlaag, kinderen roepen om hun mammie, een dronken meneer kijkt scheel in de camera (navrant!, de architect van het schip!), maar wat zien we daar?, in de verte nadert een schip!, zal het nog op tijd arriveren om de schipbreukelingen aan boord te nemen?, was er maar een mogelijkheid het binnenstromende water, al was het maar voorlopig, even te keren! Zijn er vrijwilligers? vraagt de kapitein, Lex Goudsmit stapt naar voren, ook Ramses Shaffy voegt zich bij hem, Kitty Courbois moet door sterke handen worden tegengehouden (zij vecht met haar tranen), daar gaan de beide helden (wie had dat gedacht van Ramses, de playboy die nergens voor leek te deugen!), het gat waardoor het water naar binnen stroomt blijkt groter te zijn dan Lex en Ramses gedacht hadden, hoe groot is het gat?, roept de kapitein door het luik naar beneden, Ramses (nog altijd de oude, hij kan het grapjes maken niet laten) roept naar boven: 'zo groot hik als de gat hik van Goudsmit hik,' close-up van Lex, je ziet aan zijn opklarende gezicht dat hij opeens besprongen wordt door een ingeving, hij gaat met zijn rug, in enigszins voorovergebogen houding naar het gat toe staan, zegt tegen Ramses: help me eens even duwen, Ramses duwt hem achteruit, tegen het krachtig binnenstromende water in en jawel, het lukt!, even later zit Lex Goudsmit als een kurk op het gat in de scheepswand, het water stroomt niet langer naar binnen, het schip blijft drijven, de redders in de nood arriveren op tijd, alle opvarenden worden aan boord genomen, als laatste komt Lex Goudsmit aan de beurt, de kapitein (Bernard Droog) en Ramses Shaffy trekken hem met vereende krachten uit het gat, het water kolkt weer naar binnen, zij haasten zich langs het laddertje naar boven, gauw in de reddingsboot, gauw naar het andere schip, de muziekkapel van de Titanic staat daar alweer het lievelingslied van kapelmeester Goudsmit te spelen, als Lex aan boord klimt roept iedereen hoezee!, hoezee!, hoezee!, Goudsmit kijkt ietwat verwonderd om zich heen, alsof hij nu pas beseft wat er allemaal gebeurd is en dat al deze mensen (de kinderen staan vooraan) hun leven aan hem te danken hebben, er blinkt een traan in zijn oog, met een verlegen gebaar slaat hij de hulde af en loopt weg, de camera blijft hem volgen (het schip lijkt opeens totaal verlaten te zijn), en met een vertederde glimlach ziet het bioscooppubliek hoe hij, al weglopend, zijn pijnlijke zitvlak wrijft...

Op soortgelijke manier kunnen films met een happy end gemaakt worden over de aardbeving in San Francisco, Hamlet (iedereen sterft, behalve Hamlet en Ophelia), de aanslag op aartshertog Frans-Ferdinand – hij mislukt, de Eerste Wereldoorlog blijft uit – en voor het Duitse bioscooppubliek kan natuurlijk *De langste dag* zo worden nagesynchroniseerd dat de invasie mislukt en Duitsland de oorlog alsnog wint!

MIDAS DEKKERS

Het dier van de dag

Dinsdag is het varkensvleesdag, woensdag vieren we gehaktdag en op 4 oktober is het dierendag. Er gaan wat dagen in een week, vandaag de dag. De slagers mogen tevreden zijn. Niet in het minst met dierendag. De tijd dat de slagers met lede ogen moesten toezien hoe de bloemisten van moederdag goede sier maakten en sigarenhandelaren zich na vaderdag in het nieuw staken, ligt ver achter hen.

Zoals bloemendag moederdag heet en sigarendag vaderdag, hebben de slagers voor vleesdag de naam dierendag gekozen. Een gelukkige keuze. Want op geen enkele dag in het jaar worden zo veel dieren aan andere dieren opgevoerd. Eendagskuikens, runderhart, kopvlees en soepbotten vliegen over de toonbank om hond en poes te verwennen. Problemen heeft het slagerswezen alleen in jaren waarin varkensvleesdag en dierendag samen vallen. Misschien moet varkensvleesdag dan worden verzet. Misschien ook zal de slagerij eindelijk toegeven dat ze varkens eigenlijk niet als dier beschouwt. Ze ziet maar.

Zelf zitten we in onze maag met het dilemma dat we uit naam van de dierenliefde het ene dier aan het andere opvoeren. Hoe heeft het zo ver kunnen komen? Het antwoord is tweeledig. In de eerste plaats doordat we partijdig zijn. Eeuwen geleden hebben we uit het reusachtig aanbod van Moeder Natuur onze keuze gemaakt en enkele diersoorten bij ons in huis genomen. Hún haren vervilten onze bankstellen, hún drollen stapelen zich op in de straten, hún blaffen en krijsen verscheurt de stilte van de nacht. De schatten. Vertederd draaien we een blik MET ECHT KONIJN voor ze open. Heel partijdig. Maar we zijn nu eenmaal niet als scheidsrechter aangesteld.

Nu de tweede reden voor ons schizofreen gedrag op 4 oktober: we kunnen niet anders. Je kunt het nu eenmaal niet iedereen tegelijkertijd naar de zin maken. De een verwennen houdt automatisch in dat een ander wordt opgeofferd. Neem vaderdag. Heel leuk voor vader, maar een horreur voor ma en de kinderen die hun schaarse tijd in sigarenrook op zien gaan. Omgekeerd heeft pa de ziekte in op moederdag, wanneer hij zich buiten allerlei vernederingen ook een uitzonderlijk hoge prijs voor sierbloemen moet laten welgevallen. Toch mogen we blij zijn dat vaderdag en moederdag niet tot één mensendag zijn samengevoegd. Want wie moet wie op zo'n dag verwennen? Er zou niemand in bed over blijven om het ontbijt in ontvangst te nemen. Alle offers zouden zinloos zijn. Net als op één algemene dierendag.

Het is dan ook het overwegen waard, de diersoorten elk hun eigen dag te geven. Voorbeelden zijn giraffedag, geelstreepknorvisdag en beredag. Elke dag heeft een dier het voor het zeggen. Op vossedag bijvoorbeeld bieden we blijmoedig onze kippen aan en we gaan nu vast kikkerbilletjes hamsteren voor ooievaarsdag. Een nadeel van het plan is dat elk dier vanwege het grote aantal soorten slechts eens in de vierduizend jaar aan bod zou komen. Maar er is natuurlijk niets op tegen om op één dag meerdere diersoorten te fêteren, mits deze soorten elkaar om zo te zeggen niet bijten. Tot iets dergelijks heeft ook de katholieke kerk haar toevlucht genomen toen het aantal heiligen de driehonderdvijfenzestig begon te overschrijden.

Onoverkomelijker echter lijkt het nadeel dat aan dagen zoals tijgerdag, lintwormdag en tseetseevliegdag voor onze eigen soort kleeft. Jammer. Maar dit mag geen excuus zijn om een dier zoals het varken pas een eigen dag te geven nadat het tot gehakt en ander vlees verwerkt is.

YVONNE KROONENBERG

Liefste

'Je bent net een lekker roompuddinkje,' zuchtte mijn minnaar. Verbijsterd kwam ik overeind. Een roompudding, de man had me een roompudding genoemd! Dat was nogal een schok.

Sommige mensen drukken hun hartstocht uit door liefkozende vergelijkingen te maken en bijnamen te geven. Ik heb daar een groot wantrouwen tegen. Misschien ontbreekt het mij aan romantisch voorstellingsvermogen, maar ik kan me niet onttrekken aan een akelige bijgedachte wanneer ik hoor dat een vrouw met *poesje, duifje, kuikentje* of zelfs *kikkertje* wordt aangesproken. Een poes heeft in het algemeen een zacht vel en sommige vrouwen hebben dat ook, maar ik associeer een duif met uitwerpselen, een kikker met een hoop lawaai, en een kuiken met een gebrek aan intelligentie. Wat moet het dierenrijk trouwens in de slaapkamer?

Ook de meer gangbare benamingen zoals *lieve schat, liefste* of *lieveling* zijn niet erg te vertrouwen. Ze duiden maar al te vaak op intense verveling of een hele grote afwas die er nog staat. Ik ben vaker met *lieve schat* aangesproken wanneer ik iets doms had gezegd, dan wanneer ik juist heel aardig uit de hoek kwam.

Als iemand me met *liefste* aanspreekt, betekent dat, dat die persoon mij verkiest boven alle andere lieve mensen. Dat is natuurlijk heel plezierig, maar als het woord een paar maal is gebruikt, begint de betekenis te tanen.

Met *lieveling* en *schat* is het al net zo. Alleen ergernis en misprijzen doen het uitstekend tegen een decor van dergelijke woorden. 'Luister eens hier, lieve schat,' heb ik de verloofde van mijn zuster vaak horen dreigen. Zij had trouwens een heel andere benaming voor hem. *Zak* noemde zij haar allerliefste. 'Zeg, zak,' zei ze met een stralende blik, 'ik wil wel naar de bioscoop.' Was het een diep men-

selijk inzicht, speelsheid of een somber vermoeden? Langzamer-
hand klonk het eens zo tedere 'zak!' al grimmiger tot mijn zuster op
een dag besefte dat ze het meende. De zak heeft nog een paar maanden met zelfmoord gedreigd, toen verdween hij uit haar leven. Na
verloop van tijd streek er een nieuwe verloofde neer op de sofa van
mijn moeder.

In het begin ging het uitstekend met de romance en onthield mijn
zuster zich van koosnaampjes, maar na een paar jaar was het zover:
'Zak!' riep ze stralend. Ik schudde meewarig mijn hoofd. Ook deze
verloofde zou geen blijvertje zijn. Haar noemde hij overigens eerbiedig bij haar naam.

Lammetje, hondje, varkentje, snoepie, moppie, lekkers, maar het kan
nog erger. In een gezin waar ik trouw de kinderpartijtjes bezoek,
noemen de ouders elkaar *poepie* of zelfs *poeps.* Voor de afwisseling
zeggen ze ook wel eens *scheet* of *drol* tegen elkaar. Of dit als minder
liefdevol geldt dan *poepie* weet ik niet.

De Nederlandse taal heeft niet veel uitdrukkingen die een grote liefde vertolken. Na 'ik hou van jou' ben je al spoedig uitgesproken. Armoede dus en het is geen wonder dat de mensen er iets op hebben
verzonnen. Dieren zijn er genoeg en ze kunnen zo gluiperig, stom
of stekelig niet zijn, met een verkleinende toevoeging brengen ze de
grootste tederheid tot uitdrukking. Bevalt het dierenrijk niet meer?
Dan is er de provisiekast en desnoods de scatologie.

Naar liefdesverklaringen wordt goed geluisterd. Het is dus raadzaam ze goed te formuleren. Etenswaren, dieren, uitwerpselen en
afgesleten woorden lenen zich slecht voor zo'n dichterlijk doel.

Een vriend voor 't leven had een aardige manier om zijn hartstocht
onder woorden te brengen. 'Wat gaan wij toch leuk met elkaar om!'
riep hij soms. Of: 'Wat houden wij veel van elkaar.' Het leek wel
een democratie.

Ik weet wel een elegante oplossing voor het probleem. Bij je geboor-
te krijg je een naam. Die wordt je door je ouders gegeven in de hoop
dat je net zo bevallig, dapper of geestig zult worden als je naam
weergeeft. Met de juiste intonatie kun je een ander laten weten dat
je van mening bent dat het goed gelukt is, dat je die naam eer aan-
doet. Het klinkt prachtig.

Jaap. Henk. Victor. Truus. Annie. Bep.

DAAN VAN DER VAT

Aanschouwelijk onderricht

'I wish we could return to the old days when all you had to put on before taking a woman out to dinner was a bit of blue dye.'
Peter Harrison: More Scotch and Soda

Geoffrey Gorer, Sir Harold Nicolson, V.S. Pritchett en Cyril Connolly zijn naar onze mening de beste eigentijdse kenners van het Engelse volkskarakter en deszelfs subtiliteiten. Doch over het algemeen geldt ook hier dat de buitenstaander de beste en meest onpartijdige waarnemer is. Wijzelf bezitten een onuitputtelijke belangstelling voor de mening van andere buitenlanders over de Engelse natie. Vooral wanneer wij het voorrecht hebben de opinie te mogen horen van iemand die bekend staat als een uitstekend mensenkenner en een even bekwaam waarnemer, zijn wij gelukkig. Want lang was het wachten, en wij, die van nature lijden aan vele onzekerheden, vervallen soms tot wanhoop als wij ons moedeloos maar leergierig neerbuigen over het grote mysterie dat Engelsman heet, een mysterie dat voor ons na lange jaren is gebleven wat het vanaf de aanvang is geweest: een roos die wel riekt maar nimmer open gaat. Is het wonder dat wij gaarne te rade gaan bij anderen, meer begaafd dan wij zelve, beter uitgerust voor het delven in diepe geheimen? Is het wonder dat wij een weinig hijgen, als een waarlijk deskundige onze weg kruist en zich verwaardigt zijn mening ten beste te geven over het geheim, over de Engelsman, over de roos, schoon, welriekend maar gesloten?
Wij zijn onder meer bijzonder dank verschuldigd voor onthullingen van de kant van twee vooraanstaande psychologen, de Amerikaanse romanschrijver John Steinbeck en onze vriend Willem. Onze vriend

Willem, over wie wij al eens eerder hebben mogen schrijven, heeft met de meesten onzer gemeen dat, ofschoon hij verre is van de door hem zo vurig begeerde zelfkennis, hij meent een diepgaande kennis te bezitten van zijn medemensen. Willem heeft eens van zijn leven een jaar in Stockholm gewoond en is ervan overtuigd dat hij de Zweden tot op de afgrondelijke bodem hunner Scandinavische zielen heeft geschouwd. Als in de loop van de conversatie dit volk ter sprake komt, zegt Willem vanuit de hoogte: 'Vertel mij niets van de Zweden', en vervolgt met u alles van de Zweden te vertellen.

Wij, die ons zelf en vrijwel al onze medemensen als ondoorgrondelijk en onbegrijpelijk beschouwen, kunnen er niet over oordelen in hoeverre Willems aanspraken op psychologische, antropologische en etnologische diepgang gerechtvaardigd zijn. Maar wij hebben een grote belangstelling voor de methoden welke vriend Willem gebruikt bij het doorgronden van het karakter van individuen, ja, van hele naties. Hij heeft namelijk een theorie volgens welke men de ware aard van een medemens niet beter kan doorgronden dan door enige tijd zorgvuldig de gang en de lichaamshouding van de betrokken persoon na te bootsen. Deze theorie boeit ons, naar Willem helaas ontdekt heeft, ten zeerste. Wij zelf, die gezichten en namen maar al te gemakkelijk vergeten, onthouden iemands gang, de houding van hoofd, nek en schouders, en kunnen van verre de identiteit herkennen van iemand die voor ons uitloopt. Nu heeft Willem inderdaad de merkwaardige begaafdheid dat hij deze meest individuele trek van andere personen dikwijls op verbluffende wijze na kan doen. Dikwijls, want soms is hij er erg naast. Maar wij herinneren ons dat Willem een keer op zo overtuigende wijze Paul Spaak 'naliep' dat wij werktuiglijk de Internationale begonnen te zingen. Wij hebben met Willem langs landelijke wegen gewandeld, als hij opeens enige meters voor ons uit begon te lopen gelijk een ander dan zichzelf. De positie van zijn schouders, zijn hals en zijn hoofd veranderde, en hij schreed als de groten der aarde. En het spelletje, want als zodanig beschouwden wij dit vermaak, bestond hierin dat wij, als Willem na enige tijd wederom aan onze zijde kwam lopen, moesten raden wie onze vriend had nagebootst, dan wel, als het een ons onbekend persoon gold, wat voor karakter de nagebootste en nagewandelde persoon bezat.

Willem heeft ons meermalen met enige nadruk verzekerd dat wij met betrekking tot de ziel- en karakterkunde van alle bekwaamheid niet slechts gespeend zijn, maar waarschijnlijk voor immer gespeend zullen blijven. Wij herinneren ons een keer langs de oevers van het Paterwoldse meer gewandeld te hebben met Willem, toen hij opeens voor ons uit ging lopen en iemand 'naliep'. Voor ons zagen wij een man lopen met x-benen, zich voortbewegend in een landerige slentergang, de linkerschouder aanmerkelijk lager dan de rechter, het hoofd in de schouders gezonken alsof de hals geheel ontbrak.

'Wat voor karakter heeft de man die ik zojuist nabootste?' vroeg Willem, toen hij na enige minuten tot ons terugkeerde. Wij antwoordden dat wij het niet konden zeggen. Wij wisten alleen, zeiden wij, dat de man die Willem had nagebootst vis verkocht.

'Vis?' zei Willem verbaasd.

'Vis,' herhaalden wij. 'Zoals jij daar zojuist liep, loopt een man die handel drijft in vis, vooral kabeljauw, met een behoorlijke nevenomzet in gebakken bokking.'

Willem dacht dat wij hem voor de gek hielden en zei boos: 'Goed, als jij het niet wilt zeggen, zeg ik het zelf. De man die ik nabootste heeft een hoogst onaangenaam karakter. Hij is eigenzinnig, onbetrouwbaar, onwetend, opvliegend, laatdunkend, wantrouwend, zinnelijk, achterbaks, geniepig en gierig. Hij knijpt vrijwel zonder onderbreking de kat in het donker, zelfs overdag, en behoort tot het soort mannen dat bigamie pleegt. Hij is onvriendelijk tegen zijn vrouw, slaat zijn kinderen, schopt zijn hond als hij een nare bui heeft, en als hij een boek leest, kijkt hij altijd eerst stiekem op de laatste pagina.'

'Gut!' zeiden wij.

'En nu vraag ik je,' zei Willem, terwijl zich zijn ogen diep in de onze boorden – de bries voer over het water van het meer en een meisje in een Regenboog, die vlak bij ons overstag ging, riep: 'Klaas, pas op je hoofd!' – 'en nu vraag ik je, wie de persoon is die ik nadeed.'

Na de nuttige wenken die Willem ons reeds aan de hand had gedaan over het karakter van de nagebootste persoon, noemden wij zonder aarzelen de naam van een vooraanstaand minister.

'Ach, nee,' zei Willem ongeduldig, 'die loopt heel anders.' 'Mocht je willen,' voegde Willem hier smalend aan toe.

'Mocht je willen?' herhaalden wij verbaasd. 'Mocht je wát willen?'

'Heb je dan nog niet door,' vroeg Willem ongelovig, 'dat ik zojuist jouw gang nadeed?'

'Gut!' zeiden wij, en nog heden weten wij niet wat wij anders hadden kunnen zeggen.

En zo liepen wij een keer in Londen door Hyde Park onder de nog niet gevelde olmen, toen Willem opeens zeide dat hij al lang de hoop had opgegeven dat wij er nog ooit iets van zouden begrijpen, doch dat hij na lang nadenken had besloten ons nog één kansje te geven. En daar ging hij voor ons uitlopen. Het was nogal druk in het park, want het was zondagmiddag, en wij konden best begrijpen dat Willem wachtte met de aanvang van de beloofde voorstelling in de ambulante psychologie totdat wij een rustiger plek zouden bereiken waar onze aandacht niet zozeer zou worden afgeleid van wat Willem, louter tot onze stichting en lering, op het punt stond ons aan te doen. Doch voor het eerst wellicht in ons leven liepen wij gedurende enige tijd op een afstand van enige meters achter Willem aan, terwijl hij zichzelf liep te zijn, en hadden wij gelegenheid zijn eigen individuele gang en houding te bestuderen, daarbij puttend uit de schat van informatie die Willem ons in de loop van vele jaren had verstrekt. Daar liep hij vooruit, de wandelaar over het verende gras, ietwat gedrongen en gerond, de schouders bijna mollig rond, de nek kort en dik en rood, een dubbele hals over het niet geheel schone boordje, het hoofd peinzend naar links gebogen. Hij liep met de karakteristieke gang van iemand op weg van het ene café-terrasje naar het volgende, zonder haast, zonder passie. De ietwat poezelige, korte handen van de aartsegoïst bengelden half geopend naast zijn lijf. Hij liep ook zoals zekere soorten van in zichzelf gekeerden lopen, het hoofd hellend alsof zij luisterden naar hun eigen binnenste, vast overtuigd dat uit meergenoemd binnenste ieder ogenblik iets hoogst belangrijks omhoog zal stijgen. Daar, zo dachten wij oneerbiedig, gaat de welgedane genieter, de smulpaap met de gang van de permanent halfvermoeiden, voor eeuwig op weg van bar naar bodega. Daar loopt hij, eigenzinnig en zeker van zichzelf, zonder twijfels, zonder angst en zonder schuldbesef, met de bedrieglijke, bezonken berengang van de pseudofilosoof, die met het hoofd terzijde gebogen wandelt als bezon hij zich op het hoe en waarom aller dingen, doch aan wie geen enkel vrouwenbeen, geen enkele volmaakte vrouwenenkel onopgemerkt voorbij gaat.
Opeens bleef Willem stilstaan en wachtte totdat wij ons bij hem voegden. Wij keken enigszins verbaasd, omdat Willem verzuimd had de aangekondigde voorstelling te geven. Willem schudde meewarig het hoofd bij het zien van de verbaasde uitdrukking op wat wij gelaat, doch Willem onze tronie pleegt te noemen. Hij nam ons bijna teder bij de arm en zei: 'Luister eens. Nu moet je niet boos

worden. Wat ik je zeg, zeg ik je om je eigen bestwil. Ik heb alleen maar de proef op de som willen nemen. En nu zie ik dat ik altijd gelijk heb gehad. Ik heb je altijd gezegd dat jij van de Engelsen niets begreep of ooit begrijpen zou. En nu heb ik voor je uitgelopen en de gang en lichaamshouding van de typische Engelsman nagebootst en je hebt ze niet herkend.'

'De typische Engelsman?' zeiden wij, schreeuwden wij bijkans.

'De typische Engelsman,' beaamde Willem, terwijl hij goedkeurend en met zichzelf tevreden het hoofd boog.

Had Willem ons een kans gegeven, wij hadden gehuild als de wolven in het woud. Maar hij vervolgde onvermurwbaar, terwijl een diepzinnig peinzende blik in zijn ogen verscheen, 'de gang van iemand die radeloos is van onzekerheid en die deze onzekerheid tracht te verbergen door kaarsrecht te lopen met vaste tred alsof hij alle problemen ter wereld had opgelost, behalve die welke het oplossen niet waard zijn. Hij loopt arrogant, alsof niemand hem iets kan verwijten, doch in werkelijkheid als verweer tegen een schuldbewustzijn dat hem nooit verlaat. Hij loopt alsof hij geen angst kende, en wordt in zijn binnenste altijd gekweld door angst voor het leven, angst voor alle vreugde, angst voor alle schoonheid, angst voor alle vrouwen. Hij loopt als een asceet die het goede der aarde verafschuwt. Hij loopt als iemand aan wie iedere goede maaltijd is verspild, als een drinker van bitter bier die wijn alleen maar geschikt acht voor knoflook- en kikkerbil-etende buitenlanders. Het is de gang van een man die steden bouwt zonder een enkel terrasje, de gang van iemand die zich dood zou schamen ooit in eigen land op een terrasje te worden gezien.'

'Maar Willem...' onderbraken wij hem verbouwereerd.

'De gang,' vervolgde Willem onverstoorbaar, 'van de man die loopt alsof hij zich in elk maatschappelijk milieu thuis zou voelen, doch die in werkelijkheid het liefst zijn medemensen schuwt en die geboren is om zijn gehele leven eenzaam te zijn, de gang van een aristocraat op weg naar het schavot, de gang,' zei de aartsprozaïst Willem, 'van de geboren dichter die zich schaamt voor zijn dichterlijke uitverkiezing en bang is dat het ooit ontdekt zou worden, de gang...'

'Maar Willem!' stamelden wij radeloos.

Willem klopte ons bemoedigend op de schouder en zei troostend: 'Trek het je niet al te zeer aan. Engelsen zijn, naar ik moet toegeven, inderdaad niet gemakkelijk te begrijpen.'

John Steinbeck, de Amerikaanse auteur die zich in de gehele wereld faam heeft verworven met zijn roman *De Druiven der Gramschap* en die niet lang geleden een bezoek heeft gebracht aan Engeland, volgde niet de door Willem beoefende en gepropageerde methode van de psychologische wandeling. Hij hield zich strikt aan louter observatie van het te bestuderen fenomeen. En gelukkig liet hij zich aan het eind van zijn studie overhalen zijn mening over de Engelsen neer te schrijven in een artikel voor een populair Engels weekblad (Everybody's, 9 april, 1955).

Het is op een na het belangrijkste geschrift over de hogere Anglosofie dat wij ooit hebben mogen lezen. Het bevat niet slechts een sober relaas (Waarom, o Lazarus, zijn relazen zo dikwijls sober?) van de feitelijke en objectieve waarnemingen van de Amerikaanse bezoeker, maar het geeft bovendien het antwoord op een vraag waarvan wij nog slechts kort geleden met grote stelligheid meenden dat niemand haar ooit zou kunnen beantwoorden. Volgen wij, beminde ongelovigen, de heer Steinbeck op de Amerikaanse voet.

De titel van zijn in wezen eerder botanisch dan antropologisch artikel luidt: *De Koks van de Gramschap*, en het stuk begint met de simpele, hartroerende zin: 'I like the English very much.' Dit laatste is belangrijk. De heer Steinbeck begint met te verklaren dat hij, in tegenstelling met onze vriend Willem, onze genegenheid voor de Engelse natie deelt, dat hij het onderwerp van zijn studie een waarlijk warm hart toedraagt. Hij is dus niet ongunstig bevooroordeeld. Hij schrijft als een man die ons aller vertrouwen verdient. 'Het is een mystiek volk,' vervolgt Steinbeck, 'met vreemde en hardnekkige stamgewoonten. Zij verven hun lijven niet langer blauw, maar een zwakke azuren fluorescentie bewijs dat de wede, zo al niet óp, dan toch ín hun lijven aanwezig is.' (Voor degenen die niet vertrouwd zijn met de geschiedenis van de Engelse mode zij hier opgemerkt dat wede of 'woad' een blauwe plantaardige verfstof is welke door de Engelsen placht te worden aangebracht op hun huid en welke eens hun enige kleding vormde. Volgens sommigen is het aan deze gewoonte te danken dat Engelands twee oudste universiteiten, Cambridge en Oxford, officieel respectievelijk de kleuren licht en donker blauw voeren, ongetwijfeld ter weemoedige herinnering aan het eenvoudige leven van weleer.)

Wij zijn Steinbeck bijzonder erkentelijk voor de moed waarmee hij iets constateert dat wij nooit hebben durven publiceren. Het is inderdaad waar dat de Engelsman een blauwe aura heeft, welke het best waarneembaar is tegen een buitenlandse achtergrond. Onszelf heeft dit bijzonder gefrappeerd, toen wij een keer in een Parijs restaurant een Engelsman aan een tafeltje naast ons 'truite au bleu' zagen eten. Het was merkwaardig hoe fraai de bleekblauwe kleur van de vis op zijn bord harmonieerde met de tint van zijn duidelijk waarneembare aura.

Na medebuitenlanders geadviseerd te hebben zich tijdens een bezoek aan Engeland uitsluitend te onderhouden met zeer jonge Engelsen, aangezien alle Engelsen boven de dertig jaar zich nog slechts uiten in moeilijk begrijpelijke knorgeluiden, behandelt Steinbeck een Engelse karaktertrek, waarvan hij zeer juist opmerkt dat hij meer dan enige andere nationale karaktertrek van de Engelsen de wereld verbijstert, namelijk de wijze waarop Engelsen omspringen met hun voedsel. 'Er zijn hieromtrent twee meningen,' aldus onze Amerikaan, 'de ene is dat hier sprake is van een masochistische neiging, een vorm van zelfkwelling, wellicht bedoeld als zoenoffer voor de goden die verantwoordelijk zijn voor het Engelse weer. Een andere mening is dat een inherent barbarisme op deze wijze gekanaliseerd wordt in een betrekkelijk onschuldige richting. Met de geleidelijke verdwijning van de vos moest men iets anders verzinnen voor het moordinstinct, en hoe kon men dit beter doen dat door dit te richten op het folteren en vermoorden van groenten?' (Uit deze passage blijkt dat Steinbeck de mening van Gorer deelt waarin de laatste verkondigt dat bedwongen agressiviteit een wezenskenmerk is van het Engelse volkskarakter.)

Steinbeck verklaart zelf oorspronkelijk een nog andere mening te zijn toegedaan geweest, en hij baseert deze, nu prijsgegeven opinie op de wijze waarop Engelsen omgaan met spruitjes. En hier moeten wij tot onze bittere spijt de lezer voorbereiden op een teleurstelling. Wij zelf hebben jarenlang gehoopt dat zich eindelijk ergens iemand zou verheffen om het verlossende woord te zeggen over het spruitje en de Engelsman. Wij hebben in arren moede zelf wel eens een poging gedaan. Maar iedere keer opnieuw zijn wij met gefolterd brein achter onze schrijfmachine gaan zitten en hebben zitten staren naar de toetsen en hebben diep geleden in het besef dat, indien wij slechts de toetsen in de juiste volgorde zouden aanslaan, het probleem opgelost zou worden voor onze ogen. Maar het verlossend antwoord is nimmer gekomen. Wij hebben het niet verder gebracht dan een niet geheel plausibele conjectuur, welke wij onze lezer bespaard zouden hebben, indien Steinbeck met een betere gekomen ware.

Zij komt in het kort hierop neer. Voorzeker, zo hebben wij gedacht, voorzeker koopt de Engelse huisvrouw, koopt de Engelse restaurateur zijn spruitjes een jaar van te voren. Daartoe gaat hij naar de groenteboer, die zelf eerst spruitjes begint in te kopen als zij de omvang hebben bereikt van (ontplooide) antieke parasols en als zij beginnen te grijzen van seniliteit. Maar de Engelse groenteboer vindt het uitermate moeilijk om, zelfs tegen onredelijk hoge betaling, van zijn beminde spruitjes te scheiden. Hij bewaart ze onder zijn bed. En als hij zich verdrietig voelt en niet slapen kan, telt hij zijn spruitjes, zoals een gierigaard zijn goudstukken. Eerst als hij op een kwade dag plotseling navrant beseft dat de uren vlieden en dat de dood van alles het einde is, zoekt hij naar middelen om zich te verzekeren van middelen van bestaan voor zijn oude dag. Dan eindelijk besluit hij zich van althans een deel van zijn spruitjes te ontdoen. En daar gaat een opgetogen Engelse hotelier, daar gaat een dankbare Engelse huisvrouw huiswaarts, tegen de felle zonnestralen beschut door het lommer van de spruitjes. Thuis (of in het restaurant) worden de spruitjes opgeborgen in een kelderkast waar ze, toegedekt met grijze paardedekens, gedurende minstens een jaar wachten op de juiste graad van belegenheid en op het juiste bouquet, welk laatste het midden houdt tussen het aroom van een slecht geventileerde paardestal en de subtielere geur van gegratineerde slobkousen.

Eindelijk komt dan het ogenblik waarop de spruitjes van onder de grijze deken te voorschijn worden gebracht en het de kinderen des huizes wordt toegestaan met de spruitjes te spelen voor de duur van vierentwintig uren. Als ook deze behandeling voltooid is en de spruitjes een treffende gelijkenis vertonen met ouderwetse dameshoeden nadat de apen ermee hebben gespeeld, worden zij met toevoeging van soda in het bad gedaan en gedurende enkele uren blootgesteld aan een lauwe douche. Vervolgens neemt men de groente uit het bad, droogt ze snel af met een badhanddoek en... Neen, wat er vervolgens gebeurt kunnen wij bij geen benadering gissen. Of de hotelier (of huisvrouw) op de groente gaat zitten, dan wel of men de spruitjes plet door er een paar delen van de encyclopedie op te leggen, is ons geheel onbekend. Maar ze wórden geplet, zoals men aanstonds kan zien als de spruitjes op tafel verschijnen. En na te zijn opgediend worden ze, hoe ongelooflijk dit ook moge klinken, opgegeten. De hierbij uitgestoten knorgeluiden getuigen evenwel niet van wellust, doch vormen slechts de normale conversatie die een Engelse maaltijd plegen te begeleiden.

Wij hebben slechts onze gissing naar de bereidingswijze van Engelse spruitjes gegeven om de lezer in staat te stellen te beseffen hoe groot onze teleurstelling was, toen John Steinbeck bleek niet het verlossende woord te kunnen spreken waarop wij zoveel jaren met zoveel smart hadden gewacht. Dit is wat Steinbeck schrijft: 'Deze groente, mits vers geplukt en zacht gekookt tot zij gaar is, is heerlijk met zout en peper en wellicht een weinig azijn of citroensap. Maar wat hadden de Engelsen er mee uitgespookt? Ik weet het niet. Zij moeten haar geranseld en mishandeld hebben, moeten haar hebben gedrenkt in roestverwekkende middelen en haar geleidelijk en met grote woede hebben gereduceerd tot een grijze rommel die er uitzag als vuile was en die inderdaad naar vuile was smaakte.'

Wat hebben wij aan een dergelijke, ongetwijfeld nauwkeurige beschrijving van het eindprodukt, als men ons niet met enige mate van zekerheid kan vertellen hoe de Engelsen te werk gaan om dit verbluffende resultaat te bereiken? Het grote nationale geheim wordt in geen enkel Engels kookboek verraden. Daar spreekt men slechts vaag over spruitjes en water en zout. Doch de werkelijke bereidingswijze wordt blijkbaar uitsluitend mondeling overgeleverd. Ieder Engels meisje wordt, naar wij vermoeden, op zevenjarige leeftijd bij haar moeder ontboden, welke laatste zich heeft neergezet tussen de kolen in de kelder uit angst dat het geheim zal worden afgeluisterd. En daar, in het donker en beveiligd tegen alle culinaire verraad, fluistert de moeder de deerne in de oren: 'Zo gij begeert uw gasten spruitjes voor te zetten, begeeft u naar de groenteboer twaalf maanden voordat gij verwacht uw gasten aan uw dis te noden. Gij zult vervolgens de spruitjes...' enz. Vermoedelijk wordt zelfs het recept overgeleverd op rijm en zegt ieder Engels meisje het iedere avond op voor het slapengaan.

Maar dit zijn slechts gissingen en zullen gissingen blijven, nu zelfs Steinbeck ons het antwoord schuldig is gebleven. Wij mogen evenwel niet verhelen dat wij zeer getroffen zijn door wat Steinbeck vermeldt als zijn persoonlijke opinie betreffende de reden waarom Engelsen zo wreed met spruitjes omspringen. Hij meende dat er een politieke oorzaak achter school. De Engelsen zouden bang zijn dat de spruitjes, indien zij een al te vriendelijke behandeling zouden ondergaan, politieke onafhankelijkheid zouden opeisen, zij het dan ook als Dominion binnen het Brits Gemenebest. Doch hij heeft ook deze mening prijs moeten geven, dank zij een ontdekking waarvoor de gehele wereld en vooral Engeland zelf de Amerikaanse bezoeker grenzeloos dankbaar behoren te zijn.

Steinbeck deed zijn ontdekking terwijl hij op bezoek was bij de Engelse kolonie die, tot misnoegen van Franco, tezamen met een twintigtal Barbarijse apen de rots van Gibraltar bewoont. Steinbeck zat naar een aantal van deze Engelsen te kijken tijdens een zomerbal, en bestudeerde hen, zoals hijzelf nadrukkelijk verklaart, 'objectief en in bijzonderheden'. Hem viel op dat hun halzen lang waren en 'willowy', dat wil zeggen wilgachtig, ofwel slap en wiebelig. Hun voeten waren kort en smal maar hadden lange, op wortelen gelijkende, tenen. Hij schiep behagen in de zwaaiende beweging van de Engelse dansers welke hem deed denken aan de golvende beweging van gras waarover de wind komt gevaren. En starende naar de zwaaiende halzen en de stengelachtige benen, wist Steinbeck opeens het antwoord, niet slechts op de vraag waarom Engelsen wreed zijn tegen spruitjes en groenten in het algemeen, maar ook op de vraag hoe de Engelsen zich voortplanten. 'Wie, zo vroeg ik mijzelf af,' aldus John Steinbeck, 'is het wreedst tegenover de mens? De mens natuurlijk. En van wie kon men met de grootste waarschijnlijkheid verwachten dat zij groenten zouden behandelen met onveranderlijk barbarisme? Het antwoord ligt voor de hand.' De Engelsen derhalve zijn volgens Steinbeck zo wreed tegen spruitjes en andere groenten omdat de Engelsen zelf behoren tot het plantenrijk. En dit maakte zijn verdere conclusie, omtrent de Engelse wijze van voortplanting, onvermijdelijk. Volgens Steinbeck geschiedt deze, evenals bij bloemen, evenals bij anjelieren, magnolia's, seringen en jasmijn, ja, evenals bij andere rozen, door middel van bestuiving.

JAN BLOKKER

Allergie

De populaire zanger Vader Abraham heb ik één keer gezien – in een door een christelijke omroep uitgezonden programma dat sterk rook naar mensen die al zes weken hun oksels niet hadden gewassen, maar dat wel een goed doel diende.

Na één blik op die man wist ik zeker dat ik liever na een geduldig gedragen lijden aan een vreselijke ziekte zou willen sterven dan één uur te moeten voortleven in de wetenschap dat ik misschien iets aan hèm te danken had.

Nu ben ik niet representatief in die dingen.

Ik bedoel: iedereen heeft wel wat. De één moet niezen als er gehooid wordt, mijn grootmoeder kreeg uitslag van gesneden katers, en ik ben allergisch voor wat ze in Nederland artiesten (rijmwoord: typisten) noemen, waarmee ik zoogdieren op het oog heb die mekaar zonder aanwijsbare redenen voortdurend zoenen in het openbaar, woorden als toi-toi uit hun bek kunnen krijgen, zich laten tutoyeren door figuren als Gerrit den Braber en Simon van Collem, vriendschappelijke omgang zoeken met Maup Caransa, en Carré het tofste theater van de wereld vinden. Zeg maar globaal: wat vroeger bij Duys zat, en nu in dat asiel van Henk van der Meyden.

Een aanstotelijk slag.

Maar wie ben ik.

Het voordeel van een dergelijk vooroordeel is weer de totale afwezigheid van enige emotie als het gaat om het rumoer dat zo'n Abraham nu blijkbaar teweeg heeft gebracht met een speciaal voor die artistieke onderwereld geschreven 'carnavals-schlager' waarin over Arabieren o.a. schijnt te worden gezongen: 'Ze zijn niet te vertrouwen bij onze mooie vrouwen.'

Dat doet me nou niks.

Nog afgezien van de toevallige omstandigheid dat ik in de loop der jaren meer aardige Arabieren heb leren kennen dan Nederlandse mooie vrouwen, laat het me volmaakt koud of zo'n hansworst dat nou zingt, of meent, of allebei, want ik *was* al allergisch, dus ik *dacht* al wel dat hij niet kosher was – en ik ken z'n vorige teksten niet, maar ik weet ongehoord dat die even afgrijselijk, zo niet nog weerzinwekkender waren. En waarom mocht-ie *die* dan wel afjammeren voor de christelijk-nationale omroep, en verklaren de diensthoofden nu ineens schijnheilig dat die tekst over de Arabieren iets te ver gaat en dus uit de ether geweerd moet worden?

Stront in de oren gehad, zeker.

Hoe zou het toch komen dat mensen met het slechtste onderscheidingsvermogen altijd het eerst last hebben van een kwaad geweten? Daar moet ik maar eens een moraaltheoloog of een mediumdeskundige over raadplegen – Hofstede dus eigenlijk.

Maar intussen pleit ik sterk voor een zo ruim mogelijke distributie van Abraham z'n lied, want ik *wist* dus al dat die man niet deugde, en neem dus geen aanstoot meer, zodat het me verder een zorg zal blijven – maar ik ben er altijd vóór dat de ondeugd aan het daglicht treedt, zodat we later tenminste precies kunnen nagaan waar het mis is gegaan en niet kunnen roepen dat we het niet gewusst hebben. De democratie dient te weten waar Abraham de mosterd haalt, en hoe meer mensen 'm horen, hoe meer misschien mijn allergie gaan delen.

In een samenleving die streeft naar een eerlijke spreiding van van alles en nog wat lijkt het me ideaal dat op een dag *iedereen* uitslag krijgt van gesneden katers.

PETER SMIT

—

Klappertanden

Het was op de avond van de 24ste december dat de wind om het huis woei. Ik zat in de huiskamer, met mijn voeten tegen de grommende oliekachel en wilde juist de laatste hand aan een spoedklusje voor tandarts Otto leggen toen er gebeld werd.

Vloekend stond ik op. Om de op de deur staande wind niet de gelegenheid te geven de warme lucht uit mijn woonkamer te blazen opende ik het deurvenster. Op de stoep stond een oud mannetje. Hij rilde in zijn dunne overjas en de vrieskoude oostenwind deed de tranen over zijn wangen biggelen.

Ondanks dat ik met hem te doen had liet ik hem niet binnen. (Niet dat hij wat mij betrof niet even bij de kachel had mogen staan, helemaal niet, maar je krijgt die oudjes vaak zo moeilijk de deur uit. Ze blijven maar plakken en zemelen en zeuren over vroeger, enfin, u weet wel wat ik bedoel.) Ik vroeg hem niet onvriendelijk wat ik voor hem kon doen. Het bleek dat zijn bovengebit in tweeën was gebroken, dat hij daarmee vreselijk omhoog zat omdat hij bij zijn kinderen op het kerstdiner was uitgenodigd en of ik het voor hem kon repareren en hoeveel dat zou gaan kosten.

'Honderd gulden,' antwoordde ik. Hij aarzelde even maar stemde uiteindelijk toe. 'Wanneer is het klaar?'

'U kunt het morgenochtend om tien uur op komen halen.'

Dat bleek moeilijk te liggen. 'Of hij er niet op kon wachten?' 'Tja, als u per se wilt. Kost natuurlijk wel wat meer. Honderdvijftig?' Dat moest dan maar. Ik vroeg hem de kapotte prothese door het raampje aan te geven, zei dat hij gerust op het stoepje mocht zitten en deed het raampje weer dicht.

De prothese bleek eenvoudig te repareren. Even een drupje secondenlijm ertussen en klaar was Kees. Om te voorkomen dat de oude de reparatiekosten wat al te onredelijk hoog zou vinden liet ik hem nog wat wachten en schonk mezelf een glas wijn in.

In gedachten speelde ik met het blikken trommeltje waarop ik in een jolige bui met plakletters ZWARTE KAS had gezet. Juist toen ik het weer op tafel wilde zetten sprong het deksel open en viel de inhoud van het trommeltje op de grond. Om de biljetten van duizend zat gelukkig een elastiekje, maar de briefjes van honderd hadden los in de doos gezeten en lagen nu her en der over de vloer verspreid. Vloekend raapte ik de biljetten op. Echter, toen ik het laatste biljet in de trommel propte moest ik onwillekeurig aan de armoede in de derde wereld denken.

Honger, dorst en ondervoeding, onderdrukking en kindersterfte, het was me wat. En dat met Kerstmis! Daar zou toch eigenlijk eens écht iets aan gedaan moeten worden. Mijmerend over het opzetten van een groot irrigatieproject in de Sahel herinnerde ik mij de oude man. Geschrokken keek ik op de klok. Verdorie! Die zit al ruim een uur te wachten! Ik nam de vakkundig aan elkaar gelijmde prothese van de tafel, maakte hem onder de kraan nat om de breuklijn te verdoezelen en liep naar de voordeur. De oude zat er nog steeds, maar op mijn roepen reageerde hij niet. Zeker doof. Ik deed de deur open en tikte hem op de schouder. Geen reactie. Ik schudde hem stevig door elkaar, maar het enige resultaat was dat ik een spiertje in mijn linkerarm verrekte. De pijnlijke plaats wrijvend keek ik de oude eens goed aan en constateerde de dood.

'Dat is dan honderdvijftig gulden naar zijn moer,' mopperde ik, maar toen ik naar de telefoon liep om de politie te bellen drong het tot mij door dat dit grapje mij wel eens veel meer zou kunnen kosten.

'Verdomme, als die lui zich gaan afvragen waar het bovengebit van die ouwe is gebleven heb je de poppen aan het dansen. Dan staat morgen de belastingdienst op de stoep.' Door de ernst van de situatie van mijn stuk gebracht wist ik even niet wat ik moest doen, maar uiteindelijk sleepte ik de oude man naar binnen om te proberen het kunstgebit weer op zijn plaats te krijgen.

Dat viel niet mee. Niet alleen was alles stijf bevroren, maar de inzettende rigor mortis maakte de zaak er ook niet eenvoudiger op. Ik deed wat ik kon, rukte, draaide, zette de vingers van mijn rechterhand in zijn neusgaten en trok terwijl de palm van mijn linkerhand zijn kinpunt naar beneden drukte, maar het haalde niets uit. Zijn mond was en bleef dicht, en ik nam mijn toevlucht tot grover middelen. Eerst zette ik hem met zijn kop tussen de bankschroef, wat niet eens meeviel, en toen ik hem eenmaal klem had bleek ik daar nog niks mee op te schieten zodat ik hem er maar weer uit draaide. Vervolgens zette ik hem een koevoet tussen de kaken, maar doordat zijn hoofd met de wrikbeweging meegaf schoot ik daar ook niks mee op. Grof geweld hielp dus ook niet. Ik wiste het zweet van mijn voorhoofd en begreep dat er niets anders opzat dan hem te laten ont-dooien om dan de spieren die zijn kaken op elkaar hielden door te snijden. Om de vorst sneller uit zijn kop te krijgen legde ik de oude op de kachel voor ik wat spullen bij elkaar ging zoeken. Een Stanley-mes was zo gevonden, maar voor een anatomieboek moest ik de hal-ve zolder overhoop halen. Toen ik met het boek onder mijn arm de trap afliep werd ik een indringende schroeilucht gewaar. Geschrok-ken haastte ik mij naar de keuken.

Daar bleek niets aan de hand te zijn, maar toen ik de kamer binnen-ging sneed de van de op de kachel liggende man afkomstige walm mij de adem af. Snel trok ik hem van de kachel af en sleepte hem naar de keuken. Na met een natte handdoek de smeulende plekken gedoofd te hebben nam ik de schade op.

De politie kon ik hier maar beter buiten houden. Een wak in het ijs hakken en hem daarin laten verdwijnen leek me een beter idee. Te-gen de tijd dat het ging dooien zou ik wel verder zien.

Ik trok mijn jas aan, pakte een bijl en liep het pad af naar de ring-vaart. Het ijs was gelukkig nog niet zo dik. Ik hakte een mooi vier-kant gat en liep terug om de dode op te halen. Weer bij het wak liet ik hem langzaam in het onder het ijs doorstromende water van de Beemsterringvaart zakken. Even bleef hij met zijn neus achter het ijs haken. Toen werd hij door de stroom van het wak weggetrokken. De neiging hem zijn bovengebit na te gooien bedwong ik. De tan-den ervan waren nog gaaf, die kon ik eruit halen en voor een nieuwe prothese gebruiken.

Naar huis teruglopend hoorde ik in de verte kerkklokken luiden. Ik begreep dat ik, als ik bij de nachtmis een beetje vooraan wilde zit-ten, voort moest maken.

EMMA BRUNT

Het vraagstuk van de haringsalade

De maand december zou ik het liefst overslaan – gewoon vóór de vijfde in bed kruipen en er pas na Oud en Nieuw weer uit komen. Geen surprises, geen dennenaalden door het hele huis, geen familiebezoek en geen champagne en koudgeworden oliebollen die nog dagenlang de katterigheid in de hand werken. Ik denk dat het komt omdat de feestdagen in mijn ouderlijk huis zelden feestelijk waren en teloorgingen in een sfeer van halve verplichtingen en algehele landerigheid. Zondagmiddag, zal ik maar zeggen, als het buiten donker en regenachtig is, en dat dan dagen achtereen.

Met Sinterklaasavond heb ik nog de minste moeite, want daarvoor geldt het excuus dat het zo leuk is voor de kinderen en dan zet je wel wat oud zeer opzij – alles in de blijmoedige hoop dat je ze niet op jouw beurt een decemberneurose aan het berokkenen bent. Maar Kerstmis ligt moeilijker. Vroeger al, want als kind van socialistisch denkende en dus goddeloze ouders merkte ik dat er voor de Kerstdagen geen duidelijk *programma* bestond. Naar de kerk gingen we niet en het getut met Kerststalletjes en dergelijke was uiteraard ook uit den boze. Wel was er altijd een boom waarin ik ballen, engelenhaar – van die harde glasvezels waar je je vingers aan sneed – en fondanten Kerstkransjes mocht hangen. Die kransjes plukte ik dan op de ochtend van eerste Kerstdag weer uit de takken en dat was niet onleuk, maar daarna was er letterlijk niets meer te doen – de kransjes waren op en Kerst eigenlijk ook.

Kennelijk ben ik niet de enige met zulke herinneringen want ieder jaar hoor ik van vrienden en kennissen het vastberaden voornemen om er ditmaal echt helemaal niets aan te doen en ieder jaar opnieuw blijkt dat ze toch stiekem iets geregeld hebben: een etentje met intimi ('heel informeel, hoor, alleen zuurkool had ik gedacht, met misschien een fazant of patrijs, gewoon gezellig'), een schuldbewust en halfhartig bezoekje aan de ouders ('dan ziet mijn moeder de kleinkinderen ook weer eens') of een inderhaast geboekt reisje naar Brussel of Parijs ('dan zijn we tenminste van alles af'). Want helemaal niets doen met Kerst is te kaal, te armoedig, dan is het niet goed met je en de omstanders krijgen al gauw iets in hun toon van *ach gut*. Je kunt pas in bed kruipen met een boek als iedereen dat zou doen en dus kan het niet en doe je het niet.

Dit jaar geef ik een feestje op tweede Kerstdag (heel informeel, dat spreekt) en terwijl ik doende was om tobberig te berekenen hoeveel haringsalade en drank er benodigd is voor ruim dertig mensen (maar zijn het er wel dertig? Stel je voor dat de helft niet komt? Of dat ze opeens allemaal iemand meenemen en het er opeens zestig blijken te zijn? en misschien is witte wijn wel uit en drinken ze dit jaar allemaal whisky?) kwam een goede vriend langs en schonk mij twee etiquetteboeken uit de goeie ouwe tijd toen iedereen nog precies wist, of wilde weten, hoe het hoorde. Dat is lectuur die ik iedereen kan aanraden, want bij het doorbladeren van Amy Groskamp ten Have blijkt dat het leven zowel vrolijker als gemakkelijker geworden is. De ongemakken van nu zinken in het niet bij die van toen.

Uiteraard sloeg ik – in het licht van mijn preoccupaties met de salade – meteen het hoofdstukje 'Tafeldekken en dienen' op, ze schrijft: 'Voor veertien gasten rekene men op minstens drie bedienden: twee met een hoofdschotel (vlees) en één met groenten en aardappelen. De gastvrouw, die op alles voorbereid is, zal voor haar twee diensters in de keuken twee reserve schortjes klaar hebben hangen voor het geval dat er een een vet- of sausvlek maakt. Het snel verwisselen behoeft alsdan geen stagnatie in de bediening te veroorzaken. De bediening moet zo geruisloos mogelijk geschieden. De bedienden praten niet met elkaar. Ook uit de keuken mag geen gekletter van borden, vorken en lepels en geen luid gelach en gepraat doordringen tot in de eetkamer.'

Voor het personeel was het dus geen uitbundig avondje, maar lezers die mochten menen dat al die stilte bedoeld was om de gasten een ambiance te verschaffen waarin ze uitgebreid aan het woord konden komen, vergissen zich deerlijk, want: 'Zij, die teveel praten zondigen eerder tegen de etiquette dan zij, die te weinig praten omdat-zij-niet-weten-wat-zij-zeggen-moeten. (–) Vooral met onderwerpen over politiek en godsdienst zij men uiterst voorzichtig anderen niet te kwetsen. (–) De volleerde gastvrouw zal nimmer toestaan, dat aan haar tafel een twistgesprek ontstaat of dat een der gasten zich geheel en al meester maakt van het gesprek. (–) Zich vrolijk maken ten koste van een of meer der aanwezigen is buitengewoon onbeschaafd.' Zo gaat het maar door, en je vraagt je af waar mensen in de tijd van Amy Groskamp ten Have eigenlijk wèl over mochten praten, want: '...ook de *afwezigen* dienen gespaard'. Het was waarschijnlijk verreweg het fatsoenlijkste om maar helemaal niets te zeggen, en dat bepleit ze dan ook: 'Wie kan *luisteren*, met volle overgave en aandacht, met wegcijferen van de eigen persoonlijke belangen, die verstaat reeds voor vijftig procent de moeilijke kunst van het converseren.' Alle raadgevingen komen er eigenlijk op neer dat men *maat* diende te houden: zelfbeheersing in alle dingen was het hoogste goed. Wat moet dat vreselijk saai geweest zijn. Van mijn eigen feestje weet ik met aan zekerheid grenzende waarschijnlijkheid te voorspellen dat politiek aan de orde van de dag zal zijn en tot menig twistgesprek zal leiden, dat roddel en achterklap zowel de aanwezigen als de afwezigen zal treffen, dat het drankgebruik niet door een overmaat aan zelfbeheersing belemmerd zal worden en dat het vermogen om te luisteren niet het sterke punt is van het merendeel der gasten. De wereld verbetert toch, denk ik dankbaar, er *is* progressie.

Ook het vraagstuk van de haringsalade heb ik dank zij Amy Groskamp ten Have leren te relativeren. Voor een béétje menu geeft zij de tip om tenminste twaalf gerechten te serveren, bijvoorbeeld: 1. Hors d'oeuvre (uitgebreide) 2. Aspergesoep 3. Beignets van kalfshersenen 4. Gerookte zalm 5. Lamscoteletten 6. Franse selderij 7. Poularde met compôte van reines claudes 8. IJspudding 9. Kaasschotel 10. Fruit; bonbons 11. Gember en 12. Mokka. Sinds ik dat rijtje bestudeerd heb, is mijn kijk op de decembermalaise ingrijpend veranderd: ik heb niets meer te klagen, ik ben een tevreden mens.

DRS. P
___

Vertelt u eens

Vertelt u eens, wanneer is het gebeurd?
Paar weken terug, op een nacht.
Waar was u toen?
Gewoon, in het veld, net als altijd.
In het veld dus? Wat deed u daar dan?
Wat deed ik daar dan wat deed ik daar dan? Hoe zullen we het nou
hebben? Ik was bij de schapen natuurlijk. Wat deed u daar dan. Je
kan wel aan de gang blijven.
O, u bent dus schaapherder.
Ja hoor eens even, dat heb ik u nou een...nog géén half uur geleden
precies uitgelegd. Moet ik het nou nogeens vertellen? Op die ma-
nier...
Ja maar we zijn nu in de uitzending, en voor de kijkers is het interes-
sant om te...
En waarom moest ik hier dan zo nodig voor achten zijn? Ik heb
geeneens tijd gehad om rustig te eten. Als ik geweten had dat...
Schaapherder hè? Een prachtig beroep. Goed, u was dus in het veld,
en het was nacht. En had u nog iets bijzonders gemerkt, die keer?
Hoezo? Wàt bijzonders?
Ja nou, ik weet niet, verdachte typen bijvoorbeeld, ik noem maar
iets.
Ja die man in dat lichtgevende...
Nee ik bedoel eerder op de avond.
Eerder op de avond. Nee...nee, niet dat ik zou weten. Alles was rus-
tig. We hadden de schapen geteld, gewoon, net als anders, en toen
zijn we gaan slapen.
We? Wie zijn *we*?
Nou, De Jong en ik dus. Nou, op een gegeven mo...

Doet u dat elke avond?

Wat? Gaan slapen? Ja allicht.

Nee, de schapen tellen.

O dat. Ja natuurlijk. Dat moet je bijhouden. Je weet maar nooit. En trouwens, het is goed voor de nachtrust.

Juist ja. En toen, wat gebeurde er toen?

Nou op een gegeven moment word ik wakker en ik dacht meteen: er is wat, er is iemand in de buurt. En ik zie mijn maat overeindzitten en kijken en ik kijk ook die kant op en daar stond een individu. Ik zeg tegen...

Hoe zag die man er uit?

Nou net als ik zeg, hij had een gek pak aan. Een opvallend pak. Erg blinkend.

Een glitterpak dus.

Ja nou, daar wil ik buiten blijven, maar het was in elk geval een erg eh, ik zal maar zeggen schelle stof. Als in het circus, u weet wel. Nou, ik zeg, Eelke! Eelke! Weet *jij* wie dat...

En sprak die man u toen aan?

Ja. Hij wees naar ons en toen zei hij iets van maak je niet ongerust jongens, ik heb wat leuks mee te delen. Moet je gaan kijken in het dorp, je weet niet wat je ziet. Kost niks. Er is namelijk...

En toen bent u daarheen gegaan?

Ja we dachten dat we wat bijzonders zouden krijgen, een show of een traktatie of zo.

Dus hij maakte wel een betrouwbare indruk op u?

Nou ja, betrouwbaar, betrouwbaar... het was een rare. Maar praten dat kon hij wel.

En waar kwam u toen terecht?

Nou dat adres bleek een garage te zijn.

Een garage??

Ja zoiets tenminste. Er stond een tractor in, en een ouwe fiets.

En was dat alles?

Nee er was ook een echtpaar met een klein kind. Dat moest dan dat pasgeboren kind zijn waar die knakker het over had gehad, maar...

Was die man dan niet meegekomen?

Nee die was allang verdwenen. Nou, we zaten daar af te wachten of er wat geschonken werd, of anders misschien een mooie herinnering, een wandbord of zo maar niks hoor. Geeneens een kop chocola kon eraf.

Dus u voelde zich gedupeerd.

Wat heet. Dan denk je ha, eindelijk eens een verzetje daar was ik hard aan toe en dan de manier waarop zo'n artist je van alles voorspiegelt en dan ga je allicht op zo'n verhaal in hè, anderhalf uur lopen als het niet meer is en dan kom...

Maar dat echtpaar, zeiden die dan niks tegen u? Vonden die het dan maar gewoon dat u kwam kijken?

Ja van die mensen kon ik ook geen hoogte krijgen. We hadden ze natuurlijk netjes gefeliciteerd van een wolk van een kind en hoe heet hij nou en wat weegt hij wel en heeft hij geen *dorst*, moet hij niet wat te *drinken* hebben voelt u wel. Nou, die vrouw zat alsmaar dat kind te verschonen en de man hing hele redeneringen op van ja ziet u heren, ik ben eigenlijk timmerman van mijn vak, we zijn hier toevallig op doorreis maar ik heb normaal een goedlopend bedrijf, meubels maak ik ook, speciaal schaapherderskrukken voor in het veld om op te zitten bij het hoeden, onverwoestbaar en helemaal niet prijzig, als u eens in de buurt bent moet u...

Maar u had toch weg kunnen gaan als het daar zo vervelend was?

Dat waren we ook van plan, om weg te gaan. We hadden elkaar al eens aangekeken zo van wordt het geen tijd om op te stappen, ja dat wordt toch niks hier, nou en toen kwamen die mannen binnen.

Mannen? Wat voor mannen?

Ja weet ik veel. Buitenlanders in elk geval. Er was ook een kleurling bij. Die kwamen binnen dus.

Hoe zagen die er dan uit?

Opzichtig. Ja, opzichtig. Zo'n beetje als de Raad van Elf. Om u een indruk te geven. Maar ze waren maar met zijn drieën.

Wat kwamen die mannen dan doen? Had u het idee dat ze verwacht werden?

Nou misschien wel, misschien ook niet. Het was zo'n eigenaardige bedoening daar. In elk geval hadden ze wel cadeautjes meegebracht.

Cadeautjes? Voor wie? Voor dat kind?

Dat beweerden ze tenminste. Maar als u het mij vraagt hadden ze allemaal wat met die vrouw. Die ene man zei, hier jongen, een lekker luchtje voor je, en toen gaf hij die fles aan háár. Nou, de volgende had heel aparte kruiden bij zich, voor de soep zogezegd, en die kreeg zij ook. En toen komt de derde man en zegt, kijk eens kleine baas, een mooie bros, echt goud, zal je moeder zolang voor je bewaren. Nou vraag ik u, dat zijn toch geen dingen voor een klein kind, dat klopt toch niet? Maar het zal mij een zorg wezen.

En de vader, hoe reageerde die daarop?

O die begon meteen weer met zijn toespraak van we zijn dus op doorreis maar ik ben eigenlijk meubelmaker moet u weten, eigen zaak, komt u gerust eens langs, prima tronen, solied eikenhout enzovoort enzovoort. Nou ja, hetzelfde verhaal als tegen ons, behalve dat...

Ja goed. En wat deden u en uw collega ondertussen?

Nou wij voelden ons toen wel helemáál voor aap zitten, nietwaar? Dus toen zijn we weggegaan zoals we al van plan waren. We hebben beleefd goeienavond gezegd en nog veel plezier samen en toen zijn we maar vertrokken.

Terug naar uw schapen?

Ja. Alleen, toen we daar eindelijk aankwamen, mooi dat er geeneen schaap meer rondliep. En de hond hartstikke dood.

Een vuile rotstreek, dat is het. Als ik die schooier met zijn glimpak ooit eens tegenkom...

LÉVI WEEMOEDT

Van zang en snarenspel

I

Gezwicht voor het niet aflatende gemekker van kat en hond heb ik afgelopen zaterdagavond een uurtje mee moeten kijken naar het *Eurovisie Songfestival*. Dat vinden die beesten schitterend! En wat doe ik daar dan tegen? Al heel lang voordat ik ons kleine draagbare tv-toestelletje onder uit de klerenkast opgediept en midden in een vijver van boeken en papieren op mijn bureau had neergepoot, flitsten hun ruzieënde voorspellingen aangaande winnaars en verliezers door mijn zolderkamertje. En de schetterende gebeurtenis had nog maar vijf minuten ingezet of ze zaten al lange standenlijsten in te vullen, staken na ieder optreden bordjes met waarderingscijfers omhoog, en gingen bij al te grote verschillen elkaar onder luid gekrijs en gekaffer te lijf. Daarom kon ik niet weg. Daarom moest ik wel zo half en half blijven kijken.

Maar ik vond het verschrikkelijk! Want weet u, lezer, als u een kappersbediende zou vragen voor de aardigheid eens een beschrijving van de hemel te geven, dan krijgt u het Eurovisie Songfestival. Ik kan me dan ook geen gladder geschoren festijn voorstellen. Hier zijn nou werkelijk de etalagepoppen van de afdeling Snelle Herenmode aan het dansen geslagen, en ze zijn allemaal gelijk! Hetzelfde witte pak, hetzelfde open hemd, hetzelfde lege gezicht.

De benaming *Song*festival is overigens volkomen misleidend. Het gaat er namelijk helemaal niet om wie het leukste, lekkerste of mooiste lichte lied ten gehore brengt. Welnee! Dat zeggen ze wel, maar dat is niet zo.

Het is de *föhn* die hier de doorslag geeft, niet de microfoon. Hoe zou dat laatste ook kunnen als vlak achter de zanger of zangeres een uit *driehonderdvijftigduizend* trompettisten bestaand orkest staat opgesteld, dat de sterkste stem als een nachtkaars uitblaast?! Maar als uw haar maar niet in de war geblazen wordt, dáár gaat het om! En om te zien hoe dat niet gebeurt zijn miljoenen kappersbedienden uit heel Europa *life* verbonden met een aan vijfduizend hooggeplaatste kappersbedienden ruimte biedende *droogkap*, die in Parijs speciaal voor dit doel staat opgesteld.

Parijs, Parijs! Dat betekent voor de kappersbediende: de *Seine*, de *Eiffeltoren*, de *Arc de Triomph* en vooral: de *Champs Elysées*! Dus waren die beelden er dan ook, voorafgaand aan die grote shampoofinale, en wie anders dan *Willem O. Duys*, dè grote cultuurprofeet van het kappersgilde, legde zonder enige schaamte uit hoe oud alles was en zo. Heel interessant allemaal. En zoiets geeft nog een beetje cachet aan een avond die verder geheel in het teken staat van de kleurspoeling en de krultang.

Over krulstaarten gesproken: de presentatie was in handen van een Franse tweelingbroer van onze bloedeigen *Cees Schilperoort!* Niets bleef mij dus bespaard in het uur dat eigenlijk aan u besteed had moeten worden, mijn trouwe lezer.

Maar in plaats daarvan: ergernis. Ergernis over zoveel schandalige doorzichtigheid, zoveel stompzinnige corruptie. Opperste verbazing ook over de kwetsende naïviteit van de deelnemers, die net deden of niet het *haar* maar het *liedje* centraal stond. Die allemaal nog geweldig hun best leken te doen om op echte zangers en zangeressen te lijken. Terwijl ze al maanden van te voren hadden afgesproken dat ze ALLEMAAL de een of andere muzikale lor zouden uitpiepen over *de liefde*, ALLEMAAL gebruik zouden maken van een krakend en scharnierend koortje op de achtergrond, en ook ALLEMAAL dezelfde kleren zouden aandoen en dit alles opdat *niets* de aandacht zou kunnen afleiden van het enige waar het deze avond ALLEMAAL om draaide: het haar!

Van diepzinnige teksten was dan ook geen sprake. Noorwegen kwam met het refrein:

> *'Vielettermiel*
> *Rettitsinmottetan*
> *Tengijom Tengijom*
> *Forlengervielettermiel.'*

en Finland deed daar nauwelijks voor onder:

'Moerlatenker
Poesnamakhajkahoes
Monnikakantom
Moerlatenkerhajkahoes.'

Vooral de poes raakte hierbij geheel buiten haar zinnen van enthousiasme. Krols buitelde ze voor het beeldscherm heen en weer, een amechtig gepiep uitstotend. De hond hield gelukkig zijn zinnen bij elkaar en stak bedaard en waardig een bordje met o *punten* in de hoogte.
Over de liefde! Portugal had hierop de volgende visie:

'Dalidalidalidalidoe
Papagaioekowa
Dalidalidalidalidaloe
Papagaioekowa!'

's Lands wijs, 's lands eer? Folklore? Lulkoek! Ook Portugal had, evenmin als Turkije of welk ander Europees ontwikkelingsland dan ook, iets eigens. Ook dáár witte pakken en coupe homofiel speciaal. Zelfs Griekenland, nota bene een land dat Homerus heeft voortgebracht! Waar zong Griekenland over? Over Charlie Chaplin *('Kontjoelamahoenanos / Charlie Chaplin / Hapopsabrokahepsito / Charlie Chaplin / Assimeksonakosjoe!'*
Ik kookte. En toen Denemarken inzette met:

'Najahakasulejan
Fortilfortilfortil
Boom-boom
Ja Boom-Boom ha noes...',

toen BOEM-BOEM boemden mijn twee trillende vuistjes keihard op de lichtgewicht antenne, die verkreukeld in elkaar zeeg. En weg was meteen alle ongerechtigheid! Hond en kat trapte ik meedogenloos mijn kamertje uit, zodat ik nu eindelijk eens voor het eerst op deze avond iets voor u, lezer kon gaan bedenken.

Jaren, jaren geleden was er eens een televisieprogrammaatje van de NCRV, en dat heette *Rodeo*. Heeft dat even een indruk op mij gemaakt! Zingende en/of een muziekinstrument bespelende christenamateurs (liefst zoveel mogelijk leden van één gezin, dat was het mooiste) mochten hun huisvlijt demonstreren aan een jury van professionals. Aan Bep Ogterop bijvoorbeeld. Of Tom Kelling. Aan Lou van Rees. De grote mensen van het vak, zeg maar. En Barend Barendse had de leiding. Die schreeuwde toen al dat het een lieve lust had, sloeg op gongetjes, kneep in toeters en rukte aan belletjes of zijn leven er van af hing, en verhoogde zo de toch al ondragelijke spanning die er rond dit programma hing. Voor míj tenminste. Mijn zus had er niks van. Die lachte zich iedere keer opnieuw een rolstuip om al dat gehark en gestuntel, maar ìk niet! Ik kreeg koortsuitslag van al die rissen zingende zusjes en broertjes met hun schel uitschietende stemmen, hun achter de tekst strompelende loopjes op ukelele, accordeon of gitaar. Het zweet stond in mijn handen als ik weer iemand zo'n houten pasje zag doen, zo'n losse armzwaai van schokbeton. En ik hoorde dwars door de eerste valse maten Bep Ogterop alweer zeggen: *'Ja best redelijk hoor, wat die Tambourelli's doen en de meiskes zijn beslist heel leuk gekleed in die frisse bruine overgooiers. Maar de zangstem! Daar moet nog zo verschrikkelijk veel aan geschaafd worden, voordat ze het Grote Toneel op kunnen. Er is totaal geen sprake van enige scholing!'* Bep was een muziekpedagoge en had zelf een school voor zangstemmen.

Het Grote Toneel, daarop was aller hoop gevestigd. Daar zongen en speelden ze verlangend op af, al die namaak-*Selvera's, Fouryo's, Spelbrekers*, de zoveelste *Everly Brothers*, de *Jans & Kjelds* uit Uddel of Gulpen. In iedere aflevering van Rodeo kwam wel een keer het liedje van die *'Cottonfields back home'* voor *(Oh, when those cottonfields git rocking, you don't git so very much cotton, it's them oh! cottonfields back home*, of iets dergelijks), want dit was een uitstekend nummer voor een groot gezin. Eén zwak begaafd zusje op gitaar, de langste broer aan een zelfgebouwde bas, en je had de hele muzieksectie. De rest van het gezin kon zich tijdens dit lied uitleven op wasbord, droogrek, peenrasper, wringer en slagroomklopper. Een uitkomst voor gezinnen uit het Zuiden des lands, die toch al veel voeling hadden met de katoenpluk in South-Virginia!

Rodeo was een springplank dus, dat was de bedoeling. Maar wat een rare springplank! Want u en ik stellen ons zo'n ding voor als een veerkrachtig instrument waarmede men na een paar maal huppen als een komeet regelrecht de hemel van de roem inschiet. Ik weet zeker dat ook al die christelijke achterkamer-artiesten met precies dezelfde voorstelling naar de NCRV-studio togen.

Doch wat was de werkelijkheid? De werkelijkheid had niks van zo'n springplank. De werkelijkheid was een tamelijk klein toneeltje, dat bleek te kunnen bewegen. Een draaitoneeltje! Als ik het weer voor mijn geest haal, word ik weer razend! Wat gebeurde er namelijk in negen van de tien uitvoerende gezinnen? Nog geen minuut was er geestdriftig gezongen en gemusiceerd, of het toneeltje zette zich op mysterieuze wijze in beweging en het kleine zusje, dat uiterst links stond, was al achter de coulissen verdwenen, maar haar steeds akeliger wordende stemmetje bleef wèl hoorbaar!

Dit gebeuren inspireerde de nog resterende bloedverwanten allerminst. Ongekende toppen van valsheid werden nu bereikt, op het eerste gezicht tamelijk conventionele muziekinstrumenten kregen ineens krankzinnige mogelijkheden.

Wat kan ik me nog goed dat familietriootje uit Ede herinneren! Vader aan de piano, broertje met gitaar en zus op blokfluit. Nou, dat meisje – overigens een keurig typetje met een zedige vlecht – heb ik door dat wegdraaien zó kwaad zien worden, dat ze net voordat ze uit beeld verdween, die blokfluit van haar mond trok, hem tussen haar benen klemde en zó, voor iedereen zichtbaar, een geweldig obsceen gebaar maakte! Naar de jury-leden, maar vooral naar Barend Barendse, die daar zenuwachtig overheen schreeuwde om de volgende kandidaten aan te kondigen. Dat wegdraaien, dat was ook een smerige rotstreek. De jury-leden konden namelijk, zonder dat men zag wie de boel aan het rollen bracht, een knop bedienen en hup! daar ging het zootje. Ook kon de draaisnelheid geregeld worden, dat wil zeggen hoe meer leden er drukten, des te gevaarlijker werd het daar, op die pottebakkersschijf van de christelijke kleinkunst. O, het aandoenlijkst was het moment dat bij de optredenden het gruwelijke besef doorbrak dat de grond onder hun voeten bewoog! Die vaste rots van hun talent bleek ineens níet vast. Die wilde er onder hen van tussen! En ook in die paar luttele seconden doorstonden zij de vernietigende waarheid van Copernicus. De zon van bewondering die altijd zo fel in hun achterkamertje had geschenen, die draaide niet om hún banjo, om hún klarinet, ach nee, *zíj* draaiden om die zon, ja, nu draaiden zij er zelfs van weg, naar het buitenste der duisternis, achter het NCRV-Rodeo-doek. Nooit heb ik zoveel zien 'grimlachen'. Want wat moesten ze nu: lachen of huilen? Hoe sneller de draaiing des te openlijker werd de emotie. Onversneden tranen braken door en de laatst zichtbaren klemden zich met onbeschaamde smart vast aan hun ukelele of gitaar en verdwenen uit beeld met het opgeruimde gezicht van een drenkeling. Geen wonder dat de uitvinder van dit programma iets had moeten na-bedenken om al die jammerklachten, huilbuien, dat geknars van tanden, de kreten van woede en spijt van de deelnemers uit de microfoon te houden. En daarom gierde er een spottend gehinnik door de studio, als het wegdraaien eenmaal goed op gang was. Soms, in bange nachten, hoor ik dat gehinnik nog wel eens. Springplank naar de roem? Een springplank van Sisyphus! Het was een schande! Die springplank was voor alle kandidaten opnieuw een naar beneden suizende roltrap waar zíj tegen op moesten rennen, met zeep onder hun zolen. En niet alleen moesten ze rennen, ze moesten onderwijl ook nog een lustig en verantwoord deuntje, een aanvaardbaar instrumentaaltje ten gehore brengen, begint u er maar eens aan! Wat een smakeloosheid! Zelden erna heb ik een stuitender televisieprogramma gezien, te meer ook omdat ik daarna met televisiekijken ben genokt.

JAN MULDER

De lettervervager

De *lettervervager*.
Belangrijke trend in de verslaggeverij.
U kent het principe van het lettervervagen?
De f wordt een v, t's worden d's, de k een zachte k, de s een z.
Voorbeeld in de s-z-zituaazie: 'Zamen naar de vilm'.
Ook niet-sportverslaggevers kunnen het trouwens.
Vunkzie, beginvazen, ovvenzieven: je hoort het in elke uitgesproken politieke column of artikel.
Een begel op doel.
Wat een sbetter zeg.
De azzieztent-goach heeft een man gezellekteerd fol plezzures. (Het omgekeerde treedt ook op, merk ik.)
Zondag 25 augustus 1980 bracht Heinze Inderdaad Bakker de volgende nieuwigheid: hij zei duidelijk verstaanbaar: 'Hier is sbrake fan een gelatteerde stand.' Heinze zegt geen 'gevlatteerde' meer, hij laat de resten die nog van de f over waren ook weg.
Het volgend jaar zullen wij het verslag van de Tour de France aldus uit Perpignan vernemen:
'In awachti van de ovviziële uilag mel ikku avast de ovvizieuze uilag. Ik hebbum hier voor me liggen en daar gaan we dan. Eerze en nummer 1 izzinnerdaad Zjô-Louis Bernaudeau die de weehonnerwijf ilomeër alegde in brezies vijvuur weeënwinnig zegonden. O de weede blaas onze leine glimmer Miezjel Bollenier, innerdaad gnab teruëgome van deze zymbathieke Pelg. Weede dus Bollenier. Op de derre blaas vezgijnt onze eerste landnoot Henkie Luërdin en je zou je akunne vragen: waarom is deze jongen nie eerrer inne aanva gaan?
En nu worre de vezgille zo langzamerhan wel erg groot, hetgeen te

250

denken geev in de richti van Perna Hinool. Zou het veit dat deze geblezzeerde Hinool azzelware bzychies terugzlaat op de groeb, dan toch waar zijn, mah je je avvrage? Als we de zaa ob een rijtje zetten dan zien we dat Zjô-Louis Bernaudeau innerdaad oddegob fan het totaalglassemen is gekomen en ik zou willen zeggen: nie gelatteerd.'

GODFRIED BOMANS

Onze lieve heren op zolder

Laatst was ik voor het eerst sinds jaren weer eens in een artistiek gezelschap, dat, zoals ik mij van de vorige keer nog herinnerde, uit
louter superieure persoonlijkheden was samengesteld. Wat die mensen bijeenbrengt is een gemeenschappelijke verachting jegens de
hen omringende onbenulligheid en een innige voldoening daar niet
bij te horen. Ze komen bij elkaar op een duistere zolder, die van alle
ongemakken ruim is voorzien, want comfort wordt in die kringen
als burgerlijk beschouwd. Men zit op houten bankjes zonder leuning, sinaasappelkisten, krukken en oude kerkstoven, terwijl de
meer progressieve geesten gewoon op de vloer hebben plaatsgenomen. Langs de muren en tegen de zoldering hangen de bekende visnetten, want het is merkwaardig hoe mensen, die niet als anderen
willen doen, onder elkaar toch tot dezelfde ongebruikelijkheden komen. Er is voorts een inleider, die, leunende tegen een dwarsbalk,
zijn blik verveeld over de hoofden laat dwalen en ons dan plotseling
meedeelt, dat hij oorspronkelijk wel van plan was een lezing te houden, maar dat hij er nu geen zin meer in heeft en dat we allemaal
kunnen verrekken. Na deze mededeling, die met een zacht applaus
ontvangen wordt, want Kees is een type, die er niet om liegt en het
gewoon *zegt*, gaat de man zitten en kijkt minachtend in het rond.
'Lamzakken, stuk voor stuk,' voegt hij er nog verhelderend aan toe.
Ook dit bericht oogst gepaste bijval, want het wordt dan toch maar
gezegd en ergens anders hoor je dat niet.
De eigenaar van de zolder, een ongelooflijk begaafd dichter, tegen
wie alle uitgevers hebben samengespannen zodat er niets van hem
verschenen is, staat vermoeid op en informeert, of er iemand naar
aanleiding van het voorgaande nog iets te vragen heeft. Wanneer dit
niet het geval blijkt te zijn, wat hij door éven berustend de ogen te

sluiten bij zijn andere grieven deponeert, geeft hij het woord aan Koos. 'Och,' zegt Koos, 'ik heb eigenlijk niks te vertellen'. Niettemin staat hij wrevelig op en blijkt gelijk te hebben. Zijn onderwerp heet 'Zero'. 'Wij zijn,' aldus Koos, 'op het nulpunt aangeland, maar wat wij nog niet aandurven, dat is het louter negatieve. Dit bij voorbeeld'. Hier nam de spreker zijn glas bier en wierp de inhoud recht in het gezicht van een van de aanwezigen. Deze droogde zich af en mompelde: 'Ik begrijp ergens, waar je heen wilt, Koos,' en verviel terstond weer in een oplettende houding, zoals iemand aan wie zulke dingen besteed zijn en die er zijn voordeel mee weet te doen.

Hierna trad er een pianist op. Deze man was geheel uit verachting opgebouwd. Hij droeg een trui, een ijsmuts, een spijkerbroek, sandalen en een dweil in plaats van een boord. Ook zijn verdere uitrusting getuigde van een achteloosheid, die in zo'n hoge graad van verwaarlozing alleen door zorgvuldige voorbereiding kan worden nagestreefd. Hij zette zich aan het klavier, sloeg de klep open en keek een ogenblik misprijzend naar de toetsen, alsof hij op de aanblik hiervan niet gerekend had. 'Wat jullie nu te horen krijgen,' zei hij, 'is van mij en heeft met niets van vroeger iets te maken.' Na deze veelbelovende woorden zweeg de componist enige minuten en concentreerde zich. Men kon een speld horen vallen. Opeens sloeg hij met de vlakke hand op de toetsen en ging onder het instrument op zijn rug liggen, waar hij drie schoppen tegen het hout gaf. De partituur in zijn linkerhand raadplegend stiet de kunstenaar nog enige keelgeluiden uit, waarna hij overeind kwam en met een norse knik voor het applaus bedankte.

Ditmaal werden er vragen gesteld, die de componist ook allemaal, zij het enigszins korzelig, beantwoordde. Wat mij daarbij opviel was zijn breedheid van visie en het vermogen zich in een overwonnen standpunt volledig te verplaatsen. Zo zei hij bij voorbeeld, dat mensen als Bach, Mozart en Beethoven wel degelijk componisten geweest waren, die zonder twijfel in *hun* tijd een functie bezaten, alleen óns hadden zij niets meer te zeggen, omdat, zoals hij het uitdrukte, hun golflengte op een heel andere frequentie was afgestemd dan het trillingsgetal van 1965. Hij gaf desgevraagd zelfs toe, dat hijzelf in de tijd van Bach niet begrepen zou zijn, maar hier stond tegenover, dat hij nú groter was dan Bach en dat Bach zelf, als hij nu leefde, de eerste zou geweest zijn om dit toe te geven. Hij zei het glimlachend, zoals iemand doet die een onaangename waarheid vaststelt, die hem ontwrongen wordt en misschien verkeerd kan worden uitgelegd. Maar hierin vergiste hij zich, want men knikte instemmend en er stond zelfs een jongeling op in een pilobroek, die verklaarde dat Bach ook in zijn eigen tijd al pet geweest was en wie het tegendeel beweerde, kon voor zijn part naar de bliksem lopen. De componist wilde zo ver niet gaan, maar hij gaf de spreker toch een hand en zei, dat deze ergens een fijne kerel was en waren er maar meer zo, dan stonden we er zuiverder tegenover.

Vervolgens droeg een schrijver een stuk proza voor, dat ons een inzicht in zijn jeugdjaren verschafte. De auteur bleek te zijn voortgebracht door een vader, die hem niet begreep en een moeder, die hem niet aanvoelde. Deze twee onbeduidende mensen hadden een marmot, waar de spreker zeer op gesteld was en die hij ook in zijn dromen vaak terugzag, aan een buurmeisje gegeven en hierdoor, zonder het te willen of zelfs maar te vermoeden, een homofiele neiging in de schrijver aangewakkerd, want het verschijnsel vrouw was vanaf dat moment zozeer met de marmot verweven, dat hij ze niet meer los van elkaar kon zien. Dit fragment wekte veel bijval.

Op de vraag, hoe twee zulke stumperds een gezin hadden voortgebracht, rees een non-figuratief schilder overeind, die de aanwezigen herinnerde aan de sprongvarianten van Hugo de Vries. De Vries, die botanicus was, had onverwachte mutaties bij erwten en bonen geconstateerd, maar dergelijke sprongen kwamen ook bij mensen voor. De vader van Goethe was een absolute nul geweest en ook de vader van de schilder zelf had het niet verder gebracht dan een matig beklante bakkerij in Edam. Hij zei het zonder bitterheid, want de man deed wat hij kon en hij bedoelde het goed. Als bakker was hij ook op zijn plaats geweest en in boterstaafjes had hij zelfs een zekere vermaardheid genoten, maar non-figuratief gezien bestond hij feitelijk niet en toch had hij de schilder voortgebracht. De wetten der natuur tarten die van de causaliteit en het leven is geen optelsom.

Hierna ontstond er, het spijt mij dit te moeten zeggen, een handgemeen, omdat enkele aanwezigen zich met de woorden van de schilder niet konden verenigen. Wel deelden zij de opvatting, dat zijn vader een onbenul geweest was, maar hiermee was de sprongvariant niet aangetoond, want de man had een zo mogelijk nog grotere nul voortgebracht en dit nam de schilder niet. Hij bleek, hoewel abstract, een gespierd kunstenaar en reeds lagen verschillende van zijn tegenstanders in de hen omringende visnetten voor hij zelf de trap werd afgegooid.

Er verscheen een agent in de deuropening. Onder de rand van zijn pet keek zijn steenrood gezicht onbewogen de zolder in. ''n Mooie verzameling,' stelde hij vast, 'ik heb er thuis ook zo een. En nou als de mieter allemaal onder de wol, anders krijgen jullie knorren en komen de waterlanders.' Het deed mij goed weer eens een mens te zien.

RINUS FERDINANDUSSE

Erten

De man keek kritisch in mijn bord en zei: "'t Is hier zeker alleen maar het gewone schnitzel-gedoe, hè?'
'Dit is biefstuk,' zei ik. Hij had inmiddels de spijskaart gegrepen en knikte bevestigend, 'net wat ik dacht, biefstuk, coteletje, schnitzel en daar hebben we het mee gehad. Dat bedoel ik nou met schnitzel-gedoe. En dat is niet het ergste. Het ergste vind ik dat ze overal erten bijgeven. Dat heb je met die schnitzelrestaurantjes, die zetten in januari de kelder vol blikken met erten. Daar komen ze dan makkelijk het jaar mee door, én ze krijgen korting voor de grote partij ineens. Ik ken een van die restauranten, daar gooien ze je dood met erten. Daar serveren ze nog erten bij de aardbeien.'
Er kwam een luie juffrouw vragen wat hij wou. 'Geef maar een uitsmijter en koffie,' zei hij. Ze bleef bij het tafeltje staan. 'Verder niks,' zei hij nog, maar het bleek dat ze gewoon lang nodig had om weer op gang te komen.
'Ja,' ging hij verder, 'je moet wel in dit soort rottenten eten, omdat je haast hebt en omdat het anders teveel gaat kosten. Ik ben alleen, dus wat zal ik thuis eten. Je kan die vuile borden toch niet uit het raam blijven flikkeren?
Om het goed te maken ga ik eens in de week in een prima restaurant eten, hoe deftiger en hoe duurder hoe beter. Liever zeven obers rond de tafel dan vijf. Het mooie vind ik daar, dat je erten kunt weigeren. Want zelfs in het sjiekste eethuis komen ze nog met die krengen aankarren, let maar eens op.
Ik heb 's iets moois meegemaakt in een zeer duur restaurant, je weet wel, waar ze de ham aan tafel snijden en de mayonaise door de kok aan tafel geklopt wordt. Daar liep tussen die sliert obers een zielig ventje. Zo'n jongen met een hangerig gezicht, waar je aan kon zien

dat als er daar domme dingen gedaan werden, hij ze deed. Zo'n jongen waarvan je dacht: wat een zielepiet, en nou heeft-ie ook nog een rok aangetrokken!

Er zat een tafel met een man of acht dus hij kwam aankruien met een enorme bak erten, en in plaats van op de dientafel, zette hij hem ernaast.

Het is visueel, ik kan het niet beschrijven. Een hoop groene erten op het parket, een pyramide die mooi ligt te dampen. En daarnaast staat die jongen met dat gezicht alsof hij niet anders kan. Maar dat was niet het mooiste. Het mooiste was dat al die andere obers die daar rond paradeerden, net deden of ze die hoop erten niet zagen. Dus schopte Jan er eens tegen en Piet schopte ze nog een stukje verder. En op den duur was het zover dat die ober in rok over de grond kroop met een zilveren blikje-en-vegertje om erten uit de verste uithoeken op te halen.

Ja, dat was erg leuk. Nu is het een restaurant daar, waar ze zeer hoge eisen stellen. Als een ober een fout maakt, een kopje te hard neerzet of ruw van een tafel wegloopt, dan zeggen zijn collega's tegen hem: "joh, je werkt niet in de Hilton."

Van de wijn daar maken ze ook een heel ceremonieel. Ze hebben er ook alleen maar wijnen waarvan de naam zo lang is dat hij ternauwernood op het etiket kan. Goed, je hebt een wijn besteld – daar moet je trouwens ook mee uitkijken, hoor. Het beste kan je zeggen: wat recommandeert u? Want als je zomaar wat aanwijst, een rooie bourgogne-die-of-die, dan heb je alle kans dat de sommelier komt zeggen: "maar u heeft toch pikant vlees besteld!" Nou, geef daar maar eens antwoord op.

Goed, ober één komt met de fles aan en geeft die aan nummer twee. Die laat je het etiket zien. Dan weet ik nooit of ik het etiket nou helemaal moet gaan lezen of niet, ik zet dan voor de vorm even mijn bril op. Dan gaat de kurk eraf. Nummer één ruikt aan de kurk, meestal twee keer, dan komt nummer twee die ruikt ook aan de kurk. Dan denk ik wel's: nou komt nummer drie en die bijt erin.

Ze schenken een glas vol en dan komt de hoofdober en die neemt er een slok van. Ik vind dat toch gek, zoals mensen dan kijken. Dat moet u gewoon thuis 's gaan proberen. Voor de spiegel gaan staan en een gezicht trekken van: ik heb nou iets heerlijks in mijn mond. Dat moet u 's doen en dan kijken wat u over u zelf denkt.

Het verneukeratieve van die procedure is dat je dat glas wijn kwijt bent. Die hoofdober neemt het mee en je ziet dat hij het achter een scherm staat op te drinken. Zo'n fles kost, pak weg, 25 gulden en er gaan zes glazen uit. Dan staat daar toch iemand vier gulden van je door zijn keel te gieten. En dan pas begrijp je waarom hij zo makkelijk een gezicht kan trekken van: ik heb iets heerlijks in mijn mond.'

De lome juffrouw kwam terug en schoof zonder iets te zeggen een bord voor zijn neus. Op een schijf bleke ham met veel witte draden lag een dubbel spiegelei met daarop nog de sporen van olieachtige bakboter.

''t Ziet er niet erg smakelijk uit,' zei hij tegen de juffrouw, die nu de koffie voor hem neerzette.

'Dat komt door het licht,' zei ze, 'we hebben hier neon. En als u doorbijt dan proeft u vanzelf dat het ei is.'

Hij nam een hap en knikte. 'Ja hoor,' zei hij, 'dat proef ik. En vanavond om elf uur proef ik het óók nog.'

BEATRIJS RITSEMA

Probleem

– Hallo? U spreekt met mevrouw De Vries. Ik weet niet precies waar ik moet beginnen. Ik voel me zo ongelukkig en ik kan er met niemand over praten. Daarom heb ik uw nummer maar gedraaid.
– Ja, eigenlijk gaat het over Eelco. Dat is mijn zoontje. Ik geloof dat het niet zo goed met hem gaat.
– Op school niet, nee, en thuis ook niet.
– Hij is bijna vijftien.
– Ja, de pubertijd. Ik weet dat kinderen dan langzamerhand een eigen leven beginnen te leiden. Daar heb ik hem ook altijd in aangemoedigd. Zelfstandig keuzes maken en zo.
– Ik weet niet wat er aan de hand is met hem. Hij is nooit vrolijk; hij lacht nooit.
– Natuurlijk wel. Maar hij geeft gewoon geen antwoord. Hij zet de tv harder of hij loopt de kamer uit.
– Mijn man is bij een verkeersongeluk om het leven gekomen zeven jaar geleden. Sinds die tijd sta ik er alleen voor. Aan mijn vriend heb ik niet zo veel wanneer het over de opvoeding van Eelco gaat. Ze liggen elkaar ook niet; hun karakters botsen. Om die reden hebben Lex en ik besloten om voorlopig maar niet samen te gaan wonen.
– Al een hele tijd. Het laatste jaar ben ik eigenlijk niet meer in staat om tot hem door te dringen. Hij gaat zijn eigen gang en ik weet niet wat er in hem omgaat. En ik ben zo bang dat hij drugs gaat gebruiken. Je hoort zo veel over heroïne tegenwoordig.
– Nee, dat kan ik niet doen. Dat durf ik hem niet te vragen.
– Dan begint hij te schreeuwen van waar ik me mee bemoei. Als ik inbreuk maak op zijn privacy kan hij heel erg kwaad worden. Ik begrijp het wel: hij ziet het als een gebrek van vertrouwen van mij in hem.

– Ik ben altijd heel geduldig tegen hem geweest. Toen ik hem kreeg heb ik een dure eed gezworen dat ik hem anders en beter op zou voeden dan ik zelf opgevoed ben. Ik begrijp niet waar het mis is gelopen.

– Sorry, even mijn neus snuiten. Er is nog iets waar ik erg mee zit.

– Hij wordt soms heel erg driftig.

– En dan slaat hij me.

– Gewoon met zijn handen. Niet met een riem of zoiets; het is geen sadist!

– Ik weet niet waarom. Misschien omdat ik de verkeerde dingen tegen hem zeg. Maar ik weet zeker dat hij het niet zo bedoelt, hoor. In zijn drift kent hij alleen zijn eigen kracht niet. Hij is nogal groot voor zijn leeftijd en sinds hij die karatetraining volgt zijn z'n spieren sterk ontwikkeld.

– Nee, natuurlijk heb ik hem zelf vroeger niet geslagen! Het idee! Kinderen slaan vind ik wel zoiets walgelijks. Ik heb hem met liefde en redelijkheid opgevoed om hem zijn eigen mogelijkheden te laten ontplooien zonder nodeloze regeltjes en dwang. Ik ging ervan uit dat je jonge kinderen zo veel mogelijk moet behoeden voor frustraties, omdat ze die later nog genoeg tegenkomen in het leven. Als de basis maar goed is, dan zijn ze later weerbaar. Een blije ombekommerde jeugd, zoals ik hem zelf nooit heb gehad.

– Ja, ik denk wel dat ik daarin geslaagd ben. Hij heeft nooit bang voor me hoeven te zijn, zoals wíj thuis vroeger voor mijn vader. Niemand van ons durfde hem tegen te spreken, ook mijn moeder niet. Eelco heeft van mij altijd mogen zeggen wat hij wilde. Ik weet nog goed dat hij – een jaar of vijf, zes zal hij geweest zijn – voor het eerst: 'Kutwijf, kutwijf!' tegen me gilde, toen ik tegen hem zei dat hij nu een beetje te oud was om nog zijn eten door de kamer te gooien. Op dat ogenblik had ik het gevoel dat ik heel wat bereikt had. Zelf heb ik mijn hele leven 'u' tegen mijn ouders gezegd. Ik heb liever dat mijn zoon en ik op gelijk niveau staan.

– Nee, 't is ook niet leuk om uitgescholden te worden. Maar de jeugd is toch helemaal wat losser in de mond geworden? Kijk, als iemand in de tram 'teringteef' tegen me zegt, dan schrik ik wel even, maar uit de mond van Eelco valt me dat al nauwelijks meer op. 'Schelden doet geen pijn,' zeg ik altijd maar en maak er een grapje overheen. Af en toe moet hij gewoon zijn agressie kwijt en de persoon die hem het meest na staat, komt daar het eerst voor in aanmerking.

- Ik scheld nooit terug, nee. Dat is mijn opvoeding hè. Ik moest vroeger al mijn mond met zeep gaan spoelen als ik 'jasses' zei, dus daar ben ik niet zo vlot in.
- Nee, ik heb geen flauw idee waar die agressie vandaan komt. Daarom bel ik juist uw organisatie op. Ik word er zo moedeloos van. Ik heb op hem de uitwerking van een rode lap op een stier; het lijkt wel of ik niets goed kan doen. Soms, als ik hem 's nachts met zijn zware laarzen de trap op hoor komen, denk ik dat mijn vader eraan komt. Eelco heeft ook een beetje hetzelfde postuur als hij. Weet u dat ik wel eens bang voor hem ben. Is dat normaal?
- Hem emotioneel wat meer loslaten? Maar ik heb hem nooit een strobreed in de weg gelegd! Hij mocht zelf zijn kleren uitzoeken, bepalen wanneer hij naar bed ging. Als hij iets wilde wat echt niet kon, dan praatte ik er met hem over en legde het uit. Dat ging altijd goed. Er ging wel veel tijd in zitten, maar ik koos liever de moeilijke weg. En ik weet ook zeker dat hij van me houdt. Ik ben toch zijn moeder; ik heb hem niets misdaan!
- Ik zat laatst te denken: zou dat gedoe met de bom er iets mee te maken hebben? Ik bedoel, die dreiging die daarvan uitgaat, dat moet welhaast tot gigantische onlustgevoelens bij de jongeren leiden. En dat hij dat dan op mij afreageert. Zou dat kunnen, denkt u? Of zit ik er dan helemaal naast?
- O, ik ben dus niet de enige met dat probleem?
- Ja, daar zou ik dolgraag bij willen. Vroeger, moet u weten, zat ik in een werkgroepje met ouders die over anti-autoritaire opvoeding praatten. Maar dat is een paar jaar geleden uit elkaar gevallen.
- Ja, dat zou helemaal leuk zijn, als ik daar wat bekenden zou treffen.

RENATE DORRESTEIN

Op de schietbaan

Het is maar dat jullie het weten: ik kan met een pistool schieten en ook met een geweer. Dat komt door de nieuwe verloofde van mijn vriendin, die stotterde en stamelde toen ik hem vroeg wat hij zoal deed, in het leven. Als zo'n man ter beoordeling aan mij wordt voorgeleid, dan heeft hij meestal snel in de gaten dat ik erger ben dan een schoonmoeder en niet terugdeins voor akelige middelen, zou hij het levensgeluk van mijn vriendin bedreigen. Een vriendin moet je tenslotte niet zomaar uit handen geven. Deze nieuwe heer bekende schrikkerig dat hij wapendeskundige was. Kennelijk verwachtte hij dat ik getverdemme zou roepen of zo, maar daarvoor was mijn fascinatie te groot. Ik zag in hem meteen een kans mijn repertoire van ondamesachtige vaardigheden uit te breiden, want het is niet meer dan terecht dat je meeprofiteert van zo'n verloofde. En jawel, ik mocht met hem mee naar de schietbaan. 'Ik ga naar de schietbaan,' zei ik de hele week tegen iedereen en iedereen riep geheel volgens scenario getverdemme, zodat ik het steeds leuker ging vinden. Wel kwelde mij de vraag, wat men aantrekt naar een schietbaan. Ik besloot in het wit te gaan, gelijk een vredesengel. Mocht er onderweg iets illegaals voorvallen, dan zou ik altijd nog kunnen doen alsof ik mij naar een tennisbaan repte.

Wij laadden de auto vol met geweren. Zo'n geweer is erg groot en zwaar, je tilt je een ongeluk. Je krijgt er een ongehoord stoer gevoel van. Rechtse levensopvattingen maken zich meteen van je meester; dat is gek maar waar. Wat wij dus deden, was de hele rit taal uitslaan waar Janmaat van zou smullen. De wereld een jungle, het leven een frontlinie-gevecht, de mensheid slecht en iedere kansarme een junk of desperado met lange tengels. We bespraken vele inbraken, autokraken, gerolde beursjes, ontvreemde cassettedecks en ander onrecht dat ons door de medemens was aangedaan. Het kwam ons voor dat we geweldig slim waren, met onze geweren: kwesties rond het mijn en het dijn leken ineens heel wel oplosbaar en over het verliezen van onze eerbaarheid hoefden we ook niet meer in te zitten. Aldus bereikten wij de schietbaan. Helaas bleek meteen dat ik niet honderd procent schotvast was: zodra er ergens een knal klonk, sprong ik zonder dat mijn hersens daar opdracht toe gaven, wel honderd meter in de lucht. Men reikte mij oordoppen uit. Eerst gingen we schieten met een pistool, dus ik kan jullie nu vertellen dat Charlie's Angels het helemaal fout deden en de boeven alleen maar speelden dat ze dood neervielen. Ook die filmtypes die eerst een Bourbon naar binnen keilen en dan over hun schouder een tegenstander neerleggen, vervalsen de werkelijkheid: geloof mij nou maar dat het een stuk ingewikkelder ligt. En dan schoot ik nog wel op iets dat niet bewoog. Toen er op een gegeven moment wèl iets bewoog, werd het vuren ogenblikkelijk gestaakt: er liep een fazant over de baan. Op inbrekers mag je schieten, maar niet op fazanten.

Vervolgens gingen wij over op het geweer. Daarmee moet je op je buik gaan liggen, zodat je vuil wordt, en van de terugslag krijg je een blauwe schouder, maar de knallerij zelve is heel opwindend. Je kunt dat maar beter onder ogen zien, vind ik. Zo'n trekker overhalen is waarachtig lekker, dus als je daarvan mensen wilt afhouden, moet je meer bieden dan moralistisch geneuzel.

Nu geviel het, dat wij op een zeker moment iets nodig hadden uit de auto. Auto potdicht. Sleuteltjes erin. We konden ze zien hangen. Klassieke gekwordens-situatie. 'Heb jij een haarspeld?' vroeg mijn vriendin professioneel. Nee, en ook geen Kousje K of Panty P om een kapotte V-snaar mee te vervangen. Niets anders dan ons damesverstand konden wij aanwenden. We constateerden dat wat we werkelijk nodig hadden, een junk, een desperado of een autokraker was. Aan die vreselijk stoere geweren hadden we verder ook niks, want de sloten stukschieten vonden we te drastisch. Ook vroegen we ons af hoe dat later aan de garage moest worden verklaard, zo'n automobiel vol gaten. We verootmoedigden danig, dat moet gezegd worden. Het feit dat mijn vriendin zojuist met grote bloeddorst een zes geschoten had, kwam ook niet meer van pas. We giechelden hard en hulpeloos.

Na een enorme hoeveelheid tijd slaagden we erin, een achterraampje open te wrikken. Zo konden we bij een paraplu die op de achterbank lag. Daarmee wisten we, dank zij meesterlijk-virtuoos samenwerken, het slot van binnenuit open te duwen. We keken elkaar aan. We keken naar de paraplu. Welk een *multipurpose*-instrument: men kan er auto's mee kraken, inbrekers mee op de kop slaan, aanranders aan spiezen en je hebt er geen vergunning voor nodig. We staken hem bij wijze van parasol op en gingen verder zitten toekijken. 'Vrouwen zijn toch veel vredelievender dan mannen,' zeiden we tegen elkaar.

J.A. DEELDER

'Schöne Welt'

I

Fok en ik zouen vier dagen naar Duitschland gaan. Naar Düsseldorf, om een jas te scoren die ik daar de maand tevoren had gespot, doch wegens molmtekort had moeten laten hangen. Een klassejas! Spierwit, soepel nappa. Achthonderzoveel D-mark, zeg een rug. Ik zat op een heen-en-weertje in D. voor een lezing in een door locale rijmelaars gedreven gymnastiekzaal met vergunning, onder auspiciën van zowel de plaatselijke Kulturkammer als van de Nederlandse ambassade, dus bepaald geen middag van de straat. En wát een publiek! Vanaf het moment dat ik over den dorpel (dorfel?) stapte, had ik het plat. Al had ik de gansche séance geen woord meer gezegd, dan nog had ik kunnen rekenen op een dankbaar applaus. Doch Deelder sprak wél. Voor de pauze in z'n moerstaal – met als tolk Heinz Edelweiss uit Oostenrijk, die ooit in een vlaag van waanzin Bertus Swaanswijk in het Duitsch vertaalde – en na de thee zelfs in het Duitsch met Rotterdams accent. 'Nacht in Tunesien'...Tolle Geschichte! Zat men eerst nog wat onwennig te grinniken – het was tenslotte Literaturelur – al spoedig was het schateren geblazen, voor velen voor het eerst sinds Stalingrad. Donner und Blitzkrieg! So ein Kerl doch dieser Deelder... 'Ein Mann wie aus einem erstklassigen amerikanischen Gangsterfilm; schmaler Windhundkopf mit angeklatschten Haaren, schwarzes Hemd, schwarze Nadelstreifen auf Taille, markante Schultern. Und eine zupackende, aktive, wirklichkeitsbewältigende Lyrik, die sich wie eine scharfe Dusche auf die Zuhörer richtete...' Astanblaft! Hoor je 't ook eens van een ander. Van Lore Schaumann van de Rijnloods in dit geval – mooi gesproken, Lore, mooi gesproken. Had ene Hitler ook niet wat met wind-

265

honden? – een dame in de overgang, die volgens welingelichte kringen nog weken na mijn optreden met een verwezen blik door Düsseldorf's 'bohème' zweefde. Ik lag die middag trouwens tóch goed in de markt bij de wat rijpere vrouw. Zo wier ik in de pauze nog benaderd door een héél fraai Nederlandsachtig pratend exemplaar van tegen de tachtig, dat zich aan mij kenbaar maakte als zijnde een telg uit het literair-antiquarisch geslacht Van Lennep. Dat van Jacob, jazeker, van dat uittreksel van 'Ferdinand Huyck' op uw boekenlijst, genau, maar dan wel van de Duitsche tak, dus Vón Lennep, Marischka vón Lennep, die ik – nu we 't toch over haar hebben – nog altijd twee exemplaren van *Proza* moet zenden. Haar adres zit irgendwo in m'n archief op de grond van de zijkamer, of in de uitpuilende kast in datzelfde vertrek, die tevens de gas- en electriciteitsmeters herbergt. Een vasthoudend type, deze Marischka, die ik slechts van mij af kon schudden door op haar vraag, welke Duitse dichter mijn persoonlijke voorkeur genoot, zonder blikken of blozen te antwoorden: 'Aber Dietrich Eckart, selbstverständlich.' Kortom, een middag op niveau, met als hoogtepunt een prototypisch Duitse vrouw van een jaar of veertig, die, duidelijk vallend in de grotere maatjes, na afloop op mij afgestevend kwam, met het verzoek voor haar een exemplaar van opgemeld *Proza* te signeren. Ik verklaarde mij daartoe bereid, mits zij mij eerst eens uit de doeken deed, hoe zij daar in D. aan dat boek van mij kwam en wat ze ermee moest, als Duitse die geen Hollands sprak? Uit de woordenvloed, die ik hierop over me kreeg uitgestort, maakte ik op, dat zij met een Nederlander was getrouwd, een voortreffelijk man, want een groot liefhebber van mijn werk, met het oog op wiens op handen zijnde verjaardag zij de week tevoren, toen ze voor familiebezoek in ons land verbleef, in – of all places – Alkmaar tot de aanschaf van *Proza* was overgegaan. Waarop ik zonder verlet 'Bij Alkmaar begint de victorie' op het schutblad schreef, wat ik zelf een héééle sterke, om niet te zeggen briljànte vond, en nóg vind, maar góed, over dát bezoek aan Düsseldorf gaat het hier dus níet. Het wordt slechts aangestipt, omdat ik toen, tijdens de wandeling terug naar het wonderwel gespaard gebleven stijlzuivere Derde Rijks-Bahnhof – waar ik prompt bij een kiosk tot ontsteltenis van Edelweiss een *National + Soldatenzeitung* kocht om die vervolgens in een tegenovergelegen Konditorei, waar 1954 nog onverminderd voortwoedde, onder het genot van een gigantisch stuk taart te gaan zitten spellen, tot de trein terug naar het vaderland vertrok – omdat ik toen ineens die jas zag hangen, die ik wegens te geringe draagkracht niet meteen kon laten inpakken, doch die mij ter plekke het plan deed opvatten, mij, zodra Bruin het kon trekken, andermaal D.-waarts te spoeden, teneinde dit hóógst besmettelijke herenmode-artikel alsnog aan m'n garderobe toe te voegen. En dát, geliefde lezer, ging ik met Fok dus doen...

II

Ik stierf intussen van de poen, dus rezen we eerste klas. Een hotel zouen we daar wel boeken. Gewoon, het duurste dat er was. Makkelijk zàt. Maar éérst die jas! Om dan met een gerust hart de rest van het geld in de pittoreske, geheel uit horecaf bestaande 'Altstadt' over de balk te smijten. In Düsseldorf de parvenu uithangen, kon het poëtischer? We waren helemaal in the mood. Fok zag er opzienbarend uit in een creatie van zwart plastic. M'n 'angeklatschte Haare' glommen. Omstanders toonden zich persoonlijk aangesproken. Vooral de dames kregen het te kwaad. Deerniswekkende wezens, tot op het bot benepen. Verbitterd voorthobbelend naast kleine NSB'ers. Bange wezels, knechten. Gebukt onder de last van levensverzekeringen, verlaagde plafonds en kinderen. In smalle beurzen het loon van de angst. O, zeker, het waren beste mensen. Hadden een goed hart. Het moest alleen gekookt op hun rug hangen. Ottóóó! Ik voelde me krent, daar deed geen medemensch wat aan af. Ik had de vorige avond nog gescored, want het leven zonder speed was het leven niet. Ik wist de twee zakjes wit kristallijn poeder veilig onder de Pierrots Spéciales in het zwartblikken doosje Dannemann Brasil, in het handige zakje aan de binnenzijde van het linkervoorpand van m'n colbert. Ik voelde even of het er nog zat. Vlak voor we vertrokken had ik het ene zakje thuis al danig aangesproken – ik had meteen de helft maar genomen – want je wist nooit wanneer er weer een gelegenheid kwam. Beter opbranden dan uitdoven, luidde het devies, en nog steeds. 't Was goeie. Tot Utrecht zat ik suizebollend met m'n linkerbroekzak in m'n rechteroog te loeren. Ik zweefde enige centimeters boven de bank. Hoewel er niets gebeurde ging alles razendsnel. Fok keek met een ongelovig gezicht naar het voorbijflitsende landschap, als twijfelde ze gedurig aan de echtheid van het bestaan. Waren wij dat werkelijk, die daar zaten, op weg naar het land van Adolf en Eva, Kraft durch Freude und de kasteelroman? Ik wist alleen dat we in Utrecht moesten overstappen. Op de 'Rheingold Expresse', het betere werk. We hadden een kwartier de tijd. Mooie ge-

legenheid om even geld te wisselen. De lokettist bevingerde argwa-
nend de stapel meiers die ik onder z'n ruitje doorschoof. 'D-marken
graag,' voegde ik hem toe, met een stiletto achteloos m'n nagels
schoonmakend. Het zweet brak hem uit. Van de warmte kon het
niet wezen, want je tochtte hier binnen uit je hemd. Ik keek om me
heen. Tof statión. Die architect moesten ze ook de doodstraf geven.
Als ik goed geïnformeerd was, wouen ze die wezeloos in Rotterdam
op het Doelenplein loslaten, dat ineens te open en te leeg zou zijn,
zo midden in de stad. Alsof een plein ooit vol of dicht kon wezen!
Màfketels. Schòutekezen. Met hun gezelligheids-syndroom... Alles
moest ge-zel-lug zijn. Gezellig uit, gezellig thuis, gezellig terrasje,
gezellig pleintje...En dát met 1984 voor de deur! Bijgoochems!
Plèinvrees hadden ze; pleinvrees of een ton zwart op een Zwitserse
bank, met de complimenten van de project-ontwikkelaar. Ge-zèl-lug
hoor! Moest ik dan toch nog in de polletiek? M'n naam zat snor.
'J.A. Deelder' werd 'JA Deelder'. 'JA Deelder' bekte even goed als
'Heil Hitler', zo niet beter. En wat dachau d'rvan? Na de SA en de
WA, de JA?! Hier werd m'n gedachtenvlucht door de komst van de
'Rheingold' onderbroken. Onder de wachtenden op het perron brak
prompt de pleuris uit. Zeulend met tragische koffers dreigde men
elkaar, in een verwoede poging om allemaal door één deur de trein
in te komen, onder de voet te lopen. Er werd geduwd, getrokken en
geplet. Reisleiders trachtten vergeefs de rust te herstellen. Een ieder
scheen bevreesd de trein zonder zich te zien vertrekken. Eindbe-
stemming Rüdesheim, waar ik ooit nog in een slechtverlicht portiek
door een Belgische was afgetrokken. We liepen de wagons langs, op
zoek naar de eerste klas. Achter menig raam werd slag geleverd, wie
wáár moest zitten en wie niet. Bij andere namen uitwuivers, op hun
tenen, de laatste instructies in ontvangst, betreffende voedering en
bewassing der aan hun zorgen toevertrouwde huisdieren en/of ka-
merplanten. Op een enkele oud- **SS**'er na bleek de eerste klas geheel
verlaten. We zochten een comfortabele 'Raucher' uit en lieten ons
tegenover mekaar aan het geopende raam met een blasé gezicht in
de kussens zakken. Standsverschil moest er zijn. Met doffe slagen
werden de portieren dichtgeworpen. Een fluitsignaal snerpte en met
lichte schokken zetten de 'Rheingold' zich in beweging, richting
Arnhem en de Teutoonsche grens. Boven m'n hoofd bungelde een
blaadje aan een touwtje van het bagagerek. Ik pakte het. *Schöne*
Welt luidde het in moderne letters op het omslag boven een weinig
opwindende foto van een Mercedes, ergens voor een huis in het

duister hart van Donker Duitschland. Uitgegeven door de Bundes-
bahn. Aha! De Duitse pendant van *Tussen de rails*, Neêrland's ver-
velendste periodiek? Ik bladerde het in. Jawèl hoor, alleen nóg ver-
velender. M'n kop eraf als het niet zo was! Die Moffen maakten het
te dol. Daarbij vergeleken waren Belzen fijnbesnaard! Vanaf de
overkant schoot Fok haar 'Canon' op me af voor de eerste van een
serie – naar wat later zouden blijken – historische opnamen,
waarvan er een op de cover van *Moderne gedichten* belandde, terwijl
een andere – 'J.A. Deelder aan den Duitschen grens' – in het Letter-
kundig Museum te Den Haag voor het nageslacht wordt bewaard.
Doch laat ons niet op de gebeurtenissen vooruitlopen. Ik hing de
Schöne Welt weer op haar plaats en verdiepte me in *De Telegraaf*,
blij dat ik Hollander was...

III

In Arnhem kwamen de petten aan boord. Laatste stop op vaderland-
sche grond. Verder oostwaarts scheen de lucht bezwangerd. Het
Duitsche zwerk. Het hing er nog steeds, na al die jaren. Onheil.
Dreiging. Aberglauben. De 'Rheingold' ijlde door niemandsland.
Het wachten was op de autoriteiten. Ze kwamen getweeën, Grenz-
polizei. Een jonge en een ouwe, Heinz Eins und Heinz Zwei. De
blik, die ze wisselden alvorens binnen te treden, beloofde weinig
goeds. Eins rukte de deur zowat uit z'n verband. Een fanatiekeling
naar 't zich liet aanzien. Ik gaf hem m'n pas. Op z'n gezicht lag een
trek van dierlijke argwaan. Heinz Zwei bleef op de gang staan en
hield me van onder de klep zijner hoera-pet met kwaadaardige var-
kensoogjes in de gaten. Had ik wat van 'm àn dan? Er ging een rood
lampje bij me branden; ik was voorlopig nog niet van ze af. 'Ihr Ge-
päck?' vroeg Eins, doelend op m'n koffertje in het bagagerek. Ik
knikte. Hij dook er als een gier op af. Uiterlijk bleef ik onbewogen,
doch inwendig wenste ik hem alle ziektes toe, waarvoor de mens in
de loop der eeuwen vatbaar gebleken was. Naast twee paar sokken,
een overhemd, anderhalve onderbroek en drie volle potten briljanti-
ne, diepte Eins – o krotenkoker die ik was! – uit een tussenvak een
ietwat geblakerde lepel op, waar al in geen jaren meer mee gegeten
was. 's Morgens had ik nog in dubio gestaan. Wel meenemen? Niet
meenemen? In een vlaag van misplaatste zorgeloosheid had ik besloten van wel. Nou zag ik wat ervan kwam! Eins toonde het stuk bestek aan z'n collega, likte er even aan en sloot vervolgens ijlings het

raam. Zwei betrad op zijn beurt de coupé en schoof met een onheil-spellende dreun de deur achter zich dicht. Nu werd het menens... 'Ziehen Sie die Jacke aus!' snauwde Eins op een toon, die me van geluidsdocumenten uit de bezettingstijd bekend voorkwam. Ik keek hem aan of hij me een oneerbaar voorstel had gedaan. 'Jacke aus?' stamelde ik verbouwereerd. 'Aber...' 'Ziehen Sie die Jacke aus, sonst tun wir's,' viel Zwei z'n jeugdige collega bij. Ze stonden te popelen om de daad bij het woord te voegen. 'Schon gut, schon gut,' moest ik hen teleurstellen en trok m'n jasje uit. Und jetzt? Eins beduidde me dat ik m'n mouwen op moest rollen. Ik protesteerde nog wel, maar de overtuiging ontbrak. Ik rolde de mouwen van m'n over-hemd elk twee slagen op. 'Ganz hoch!' blafte Eins en greep naar m'n arm. Ik stapte snel achteruit, waardoor hij in het niets kwam te graaien. Met moeite kon hij z'n evenwicht bewaren. M'n populari-teit daalde. Ik rolde m'n mouwen verder op en hield m'n armen on-der z'n neus. 'Ken je 't zien zo, halve zool, of moet ik ze effe bij het raam houe?' vroeg ik in Algemeen Beschaafd Rotterdams. Fok bleek plotsklaps ernstig verkouden. De gezagsdienaars keken me vragend aan. 'Of ie stront lust?' verklaarde ik nader, maar hun onbegrip scheen nog te groeien. Ik haalde m'n schouders op en keek naar Fok, die maar niet uitgesnoten kwam. Tranen liepen over haar wan-gen. Gewichtig boog Eins zich over m'n arm. Zwei nam de andere. Ik beriep me op het vermogen, me buiten mezelf te kunnen terug-trekken, opdat ik het tafereeltje met gepaste distantie kon gadeslaan, als betrof het een ander. Een vermogen, van welks bestaan Eins noch Zwei ook maar de geringste Ahnung had. Wat ik zag – twee geüniformeerde heren die ingespannen naar de ontblote armen van een derde, níet geüniformeerde heer stonden te turen, in het bijzijn ener dame die uitgebreid haar neus zat te snuiten in een eersteklas coupé van een rijdende trein – deed sterk denken aan het absurde theater in z'n glorietijd, welke indruk nog eens werd versterkt door de twee woorden die één der geüniformeerden met een grafstem tot de man in burger richtte: 'Spritzen Sie?' Ik dacht dan ook dat Eins een dolletje maakte, maar niets was minder waar. 'Spritzen Sie?' herhaalde Zwei de vraag, met een gezicht of hij een scheet stond te-gen te houen. Addenooie! Ze noemden het écht zo! Zeien ze nóg dat Moffen geen gevoel voor humor hadden! Lachend bekende ik. M'n armen spraken voor zich. Als een gek begon Eins de coupé om te spitten. Hij moest en zou die kilo horse, die ik ongetwijfeld ergens had verstopt, vinden of hij heette voortaan Meier! Verspilde energie, maar maak dat zo'n gozer maar eens wijs. Ineens was ie pleite. Zeker op het schijthuis kijken. Zwei zette de naspeuringen voort. Fok's bagage was clean, maar toen hij naar m'n jasje greep, werd de toestand kritiek. Wat kon ik doen? Het 'Horst Wessellied' aanheffen? Voor zo'n rigoureuze maatregel leek het me nog te vroeg. Zwei hield met één hand m'n jasje omhoog, terwijl hij met de andere m'n zakken doorzocht. Hij haalde alles uitgebreid tevoorschijn en stalde het uit op de bank. Alles, behalve die kraagspiegel – zwart, met een doodshoofd in zilverdraad – van de ⚡-Totenkopfverbände, die ik op zak had. Die liet ie lekker zitten, alsof ie op de tàst al wist wat het was. Alte Kamerade? Oorlogsverleden? Onverdroten zocht hij voort. Hij werd warmer en warmer. Ik trouwens ook. Maar nèt toen hij aan hét zakje dreigde te beginnen, kwam Eins de coupé weer binnengestormd. Hij eiste meteen alle aandacht op. Zwei scheen m'n jasje prompt te vergeten. Het hing er wat verloren bij, vlak voor m'n neus. Het vroeg erom aangepakt te worden. God zegen de greep! In een flits had ik het aan. 'n Vanzelfsprekend gebaar. Zó vanzelfsprekend, dat niemand iets merkte. Ze lulden gewoon door. Blijkbaar beschouwde Zwei het onderzoek meteen als afgesloten. Aan m'n broekzakken kwam hij helemaal niet toe, zodat naast de dope óók het springmes dat ik bij me had aan z'n aandacht ontsnapte. Een vreemde manier van doen, of liever gezegd van laten, voor een politieman. Er hadden er om minder de zak gehad. Niet dat ik me illusies maakte. De lepel gaf voldoende grond me uit de trein te halen. Bij grondige visitatie – alles uit behalve het licht! – kwam een en ander tóch wel boven water. Maar op z'n minst bezorgde ik de heren nog een onaangename verrassing met dat mes... We minderden vaart. Even later gleden we het station van Emmerich binnen. Eins beduidde ons, hem te volgen. Bij het verlaten van de coupé duwde ik Zwei nog even nadrukkelijk die kraagspiegel onder z'n neus. 'Schön was?' zei ik met een mierzoete glimlach. 'Jaja, schon gut, ja,' mompelde Zwei ineens opvallend haastig. Onder veel bekijks werden we afgevoerd...

IV

De grenspost verkeerde in staat van alarm. Eins moest al in de trein contact hebben gehad. De techniek stond voor niets meer vandaag de dag. Speciaal voor Fok had men een pot uit de stad laten komen, zo'n 'Grijze Muis', om met of zonder rubber handschoen haar geheime holten te doorzoeken. Ik op mijn beurt volgde Zwei door een gang naar een deur, die toegang gaf tot een kaal vertrek, waar alleen een tafel tegen de muur onder het hooggeplaatste raam geschoven stond. Een reeds lang dode plant in de vensterbank moest voor wat sfeer zorgen. Boven een wasbak, in de hoek rechts naast de deur, lekte een kraan. Met een ruk sloot Zwei het gordijn, dat ooit rood was geweest. Op de gang naderden voetstappen. Eins, die kennelijk rapport had uitgebracht, kwam ons in de looppas achterop. Met een daverende knal trok hij de deur in het slot. 's Mans gedrag begon me danig de keel uit te hangen. Als ik aan één slag mensen een hekel had, waren het dienstkloppers! Slijmen naar boven en trappen naar beneden. Eins leek me een prototype. 'Ausziehen!' commandeerde hij, van z'n tenen op z'n hakken wippend, als een Engelse agent. 'Nackt!' deed Zwei ook een duit in het zakje. Ik gooide m'n colbert op tafel en begon m'n overhemd los te knopen. Nog vóór ik het uit had, liet Zwei een triomfantelijk 'Ach sóóóó...' horen. Verheugd hield hij de beide zakjes tegen het licht. Even later volgde m'n spike, die in aluminiumfolie verpakt ergens in de voering van m'n jasje zat. Eins begreep er niets meer van. Je hoorde hem denken...Waarom had Zwei in de trein niks gevonden, toen hij me gefouilleerd had? Verwijtend keek hij naar z'n collega. Ik maakte intussen m'n overhemd weer vast. Ze hadden immers wat ze zochten? Eins dacht er anders over. 'Weitermachen!' beet hij me toe. 'Schnell!' 'Krijg een kop als een ulevel,' siste ik tussen m'n tanden. Wat had ik hem graag een uurtje voor z'n muil geslagen! Alvorens m'n broek te laten zakken, haalde ik m'n mes eruit en gooide het met een achteloos boogje op tafel. Bingóóóó!!! De verrassing had niet groter kunnen zijn! Eins kreeg ter plekke een hartverzakking. Ik zag alle bloed uit z'n gezicht wegtrekken. Hij realiseerde zich ineens, dat hij en z'n maat al die tijd aan míjn genade overgeleverd waren geweest. Hij keerde zich woedend tot Zwei. Had die me nou wél of níet gefouilleerd?! En zo ja, hoe verklaarde hij dan, dat zowel dope als mes hem waren ontgaan?! Zwei haalde z'n schouders op. Wat maakte het uit? Ze hadden het nou toch? Het liefst had hij het hele incident zo snel mogelijk vergeten. Maar Eins liet het er niet bij zitten. Hier had hij jaren op gewacht; z'n oudere collega te betrappen op nalatigheid! In niet mis te verstane termen veegde hij Zwei de mantel uit. Deze gebaarde naar mij, maar Eins scheen hem niet te begrijpen. Ik genoot met volle teugen van de verwarring die ik gesticht had. Op m'n dooie gemak kleedde ik me verder uit. Het laatste deed ik m'n sjaal-

tje af. Eins scheen nog steeds niet bedaard. Het werd bepaald gê-
nant. Ik schraapte m'n keel. Met een ruk keek hij om. Hij liet z'n
blikken langzaam over m'n lichaam gaan. Van boven tot onder en
van onder weer terug. Het puntje van z'n tong schoot langs z'n lippen. Je wist niks van mij, maar volgens mij wastie nog ruig ook! Hij
haalde een zaklantaarn tevoorschijn en ging een paar meter achter
mij staan. Op zijn aanwijzing boog ik me voorover en trok met m'n
handen m'n billen vaneen. Met de lantaarn scheen Eins in m'n reet,
die niets onwettigs bleek te bevatten. Toen ging hij driftig z'n handen staan wassen...Ja, het leven was prachtig; als je er maar oog voor
had!

v

Bij terugkeer in het bureel bleek een man in burger ons op te wachten. De kit! Het droop aan alle kanten van hem af. Inspecteur Vlijmscherp in eigen persoon. Ze gingen er dus echt werk van maken.
Kripo-werk! Dalijk zat ik hier nog in de bak. Die Moffen waren
bloedlink op verdovende drugs, dat wist een kind. Een jaar voor
elke gram was niks...De rus informeerde bij Eins naar de grootte
van de vangst. Haast beschaamd toonde deze hem beide zakjes. Het
smoel van de stille werd op slag een stuk langer. Was dàt alles? Hadden ze daarvoor zo'n drukte gemaakt? Donnerwetter! Alsof ie niks
beters te doen had! Hij keek naar mij met een blik vol verwijt. Alsof
ik hem gebeld had! Ik vroeg me trouwens af waar Fok zat? Zo lang
duurde zo'n inwendig onderzoek toch niet? Ik liep naar de deur om
op de gang te kijken. 'Setzen Sie sich!' hoorde ik achter mij een bar-
se stem. Ik liep gewoon door. Hadden ze het tegen mij? Hadden ze
het tegen m'n reet óók. Op de gang geen spoor van Fok. Ik draaide
me om. 'Setzen Sie sich,' sommeerde Vlijmscherp mij ten tweeden
male. Ik dankte hem vriendelijk voor z'n aanbod, maar zei dat ik
niet moe was. Even bleef hij als een goudvis naar adem staan hap-
pen. Toen knapte er iets...'SETZEN SIE SICH!' brulde hij buiten zichzelf van woede, 'sonst...' 'Sonst was?' kwam ik ineens fel uit m'n
kraag, ziek van al die dreigementen. 'Ich bleib stehen, hören Sie,
sté-hen! Ist doch nicht verboten, oder? Sie machen gar kein Ein-
druck mit Ihrem Geschrei. Vierzigfünfundvierzig ist längst vorbei.
Also, ich bleib stehen. Punkt aus.' Met open mond staarde Vlijmscherp mij aan. Zo veel gebrek aan eerbied voor het wettig gezag
ging zijn voorstellingsvermogen te boven. Hij keek het bureau rond,

273

op zoek naar steun. Hij wist niet welke houding hij aan moest nemen. Tenslotte besloot hij zèlf maar te gaan zitten. Eins stond klaar me in mekaar te timmeren, maar net op tijd kwam Fok het vertrek binnen, 'Canon' schietklaar op haar buik. Ze was in afwachting van mij buiten maar wat gaan fotograferen. De heren reageerden nogal schichtig. Ze maakten afwerende gebaren richting camera en riepen om het hardst dat binnen fotograferen ten strengste verboden was. Ze zaten behoorlijk met Fok in hun maag. Hoe kon zo'n charmante verschijning zich afgeven met lage sujetten als ik? Waarom reisde ze niet met de volgende trein gewoon verder naar D.? Op haar was immers niets gevonden? O, wat was men plots begaan met haar, die in zulk slecht gezelschap was geraakt! Jaja. Met Fok uit de buurt zouden ze me straffeloos total loss kunnen slaan, begrieddewool Tjaard? Maar geen haar op Fok's hoofd die eraan dacht me te verlaten, dus Eins kon die gummiknuppel gerust laten zitten...Intussen had iemand het gerucht verspreid dat ik te bezichtigen was, want achter alle deuren van het gebouw doken nieuwsgierigen op om mij kortere of langere tijd van veilige afstand aan te gapen, als had ik twee hoofden of een ander opzienbarend lichaamsgebrek. Ter afwikkeling van de zaak moest eerst – zij het voorlopig – de aard der op mij aangetroffen stoffen worden bepaald. Daartoe diepte Zwei uit een bureaula een soort scheikundedoos voor beginners op. 'Der kleine Chemiker' of zo. De rest ging er in een kring omheen staan. Ik ertussen. Tenslotte ging het mìj aan. De stemming kreeg zowaar iets joligs, als op school bij de eerste natuurkundeproeven...De doos bleek drie flesjes met kleurloze vloeistof en een porseleinen mengplateautje met verzonken bakjes te bevatten. Met een mesje schepte Zwei wat speed uit het door mij reeds aangebroken zakje en verdeelde die over drie bakjes. Vervolgens voegde hij er uit elk van de drie flesjes wat vloeistof aan toe. Tot twee keer toe zonder merkbaar gevolg, doch in het derde geval kleurde het mengsel plotsklaps fel oranje. 'Aha! Amphetamin!' reageerde men in koor. Ik knikte instemmend naar de gezichten rondom, die zich haastten een andere kant op te kijken. Zwei pakte het tweede zakje. Voor mij stond de uitslag bij voorbaat al vast. Oránje, daar in beide zakjes hetzelfde zat. Wie schetst evenwel m'n verbazing, toen ditmaal al met het tweede flesje resultaat werd geboekt?! En wàt voor resultaat!? In plaats van oranje werd het mengsel knàlblauw! 'Ach so,' leefde Vlijmscherp hoorbaar op, 'Kokain!' Ik ontkende in alle toonaarden en weet de onverwachte reactie aan foutief handelen van Zwei of

274

aan de ondeugdelijke werking van het toegepaste preparaat. Daarop werd de proef herhaald. Met hetzelfde resultaat: bewijsstuk A werd oranje, bewijsstuk B blauw. 'Also dóch Kokain,' stelde Vlijmscherp nog eens nadrukkelijk vast. Ik hield m'n poot stijf van niet en zei dat ik maar op één manier te overtuigen was...door er zèlf wat van te gebruiken! Zo hadden ze het nog niet bekeken. Vlijmscherp verbrak als eerste de pijnlijke stilte die na mijn woorden was ingetreden. 'Sie sind verrückt,' vertolkte hij de heersende mening. 'Setzen Sie sich!'

VI

Puntje bij paaltje werd ik na betaling van vijfhonderd mark 'Sicherstellung', met een groot stempel 'Zurückgewiesen' in m'n pas, over de grens gezet. Die vijfhonderd mark staken de heren zéker niet in eigen zak, zoals ik schamper suggereerde; neen, ze liepen vooruit op de boete waartoe ik te zijner tijd bij verstek door de rechter zou worden veroordeeld, alsdus Vlijmscherp. Betaalde ik niet goedschiks, dan zou men niet aarzelen het vereiste bedrag met geweld te incasseren. Héél graag zelfs. Zonder geld was ik zonder pardon achter de tralies gezet, want ik moest wèl weten dat ik hier níet in Nederland zat, waar alles maar mocht of werd goedgepraat. Grif telde ik vijf lappen neer. Geen prijs ging te hoog voor de vrijheid. Na nog een trits formaliteiten te hebben vervuld, werd ik – met Fok vrijwillig aan m'n zij – op de trein terug naar Arnhem gezet, onder persoonlijk escorte eens marechaussees, die men tevens m'n mes ter hand had gesteld, in de hoop dat ik dáárvoor bij terugkeer in het vaderland óók nog eens een prent aan m'n reet zou krijgen. De marechaussee beloofde plechtig er alles aan te zullen doen, dus dat was een hele geruststelling. En ja hoor! Koud in Arnhem bleek onder het scheefhangend staatsieportret van koningin en prins het lemmet van mijn overal vrij te verkrijgen mes weliswaar niet langer dan wettelijk toegestaan, maar dan toch zeker te smàl. Eiste de wet bij een lengte van meer dan 7 cm. doch minder dan 9 cm. een minimum breedte van 15 mm.; het mijne mat slechts 14½ mm., zoals ik met eigen ogen kon vaststellen. Op mijn opmerking, dat die halve millimeter waarschijnlijk door een keertje slijpen was verdwenen, kreeg ik te horen, dat ik dat dan maar beter achterwege had kunnen laten, daar het me nou toch gauw op een meier zou komen te staan. Inderdaad! Holland op z'n smalst! Al met al stond ik diezelfde avond weer op Rotterdam Centraal, achthonderd gulden lichter, zonder zelfs maar in de búúrt van die jas te zijn geweest. Toen bij navraag óók nog bleek, dat m'n contact me per abuis wel dégelijk een gram coke als speed had verstrekt, voelde ik een rilling door m'n aderen trekken, want stel je voor, dat ik voor m'n vertrek nou eens de helft van dat ándere zakje in één keer de bloedbaan had binnengejaagd...?! Schöne Welt! Dan had ik Gouda nog geeneens gehaald!

MIDAS DEKKERS

De eend

Voor een bioloog is een bezoek aan de kinderafdeling van een boek-
handel een wonderlijke ervaring. Het lijkt wel een winkel voor jeugdige collega's! Nergens is de boekenschat zo doordrenkt van dier-
kunde als hier. Minstens de helft van de kinderboeken gaat over dieren. Al of niet met petjes op en rokjes aan vervullen dieren de hoofdrol als kinderheld. En de bonte menagerie van beren, konijnen, varkens en panda's heeft een gemeenschappelijke noemer. In wezen betreft het stuk voor stuk zoete mensenkinderen in dierengedaante.
Tante poes is niet thuis, die is met de muizen poffertjes aan het bakken en de familie Olifant gaat een dagje naar de dierentuin. O, wat
zijn we heden blij. En bij boeken blijft het niet. In de peuterzaal:
apespel; de po: in de vorm van een eendje; op het pyjamaatje, op de
televisie, op het warmwaterbordje, op het pak hagelslag: hondjes,
poesjes, beertjes, kuikentjes, kikkertjes. Een mierzoete pastorale.
Op de dierenboeken volgen strips. Dat is vrijwel hetzelfde. Er is
geen diersoort of hij wordt door striptekenaars kuis aangekleed en
op avontuur uitgestuurd. Het meest kom je in strips eenden tegen.
Naakt zwemmen en kroos eten, zoals een eend betaamt, doen deze
stripfiguren niet. De belangrijkste is een woerd met een matrozen-
petje op: Donald Duck. Zo te zien is het een loopeend, want als hij
zwemt doet hij dat in de schoolslag. In plaats van kroos eet deze
vreemde vogel niet slechts popcorn maar ook kippeboutjes. De
woonplaats van Donald Duck is ronduit surrealistisch. Dat de po-
litieagenten er honden zijn is niet zo gek, maar dat die tweepotige
honden er vierpotige speurhonden op na houden, getuigt van een
wel erg ver doorgevoerde hiërarchie. Ook buiten Duckstad heb je
mensen en dieren onder de dieren. De eend oma Duck bijvoorbeeld
houdt er koeien op na. Déze koeien worden door Gijs Gans gemol-

ken. Klaartje Koe zou zoiets vast nooit hebben toegelaten. En als er op de boerderij van Oma Duck eieren worden gelegd zijn dat nooit eendeëieren maar altijd eieren van kippen. Het is om dol te worden. Dol zijn we geworden. Als kind al. Ieder van ons heeft als kind het uur der waarheid meegemaakt. Opeens bleek het lapje vlees op het bord hetzelfde als dat aardige koetje boe uit het voorleesboek. Stoer met een hengel aan de waterkant staan bleek opeens niet meer te kunnen zonder verraad aan ons vriendje de vis. En ook met konijnen bleek opeens méér mogelijk dan knuffelen. Op zo'n moment stort een heel wereldbeeld in. Solidariteit met dieren is daarna niet meer mogelijk zonder schuldgevoel. De Babylonische spraakverwarring die alle volwassen mensen voor eeuwig van de dieren scheidt is uitgebroken. Maar waar blijven tijdens deze ingrijpende crisis de hoeders van de tere kinderziel: de pedagogen, psychologen en psychiaters? Die hebben het te druk. Terwijl de kinderziel met zoete dierenromantiek bedorven wordt, zoals het kindergebit met snoepgoed, waken de wetenschappers liever over oedipuscomplexen en anale fixaties. Omdat ze slechts geïnteresseerd zijn in die ene diersoort die er geld op na houdt. Toch heeft een beroemd geworden psychiater uit Wenen eens gezegd dat indrukken uit de jeugd een zwaar stempel op het latere leven drukken. Ook indrukken over dieren dus. Wees bijgevolg niet verbaasd als mensen in hun latere leven het ene dier uit dierenliefde aan het andere opvoeren. Wees niet verbaasd als volwassen mensen die nog geen grapjes over honden dulden bij wijze van tijdverdrijf vissen martelen aan haken. Jong verknipt is nu eenmaal oud gedaan. Maar wees ook niet verbaasd als u op de kinderboekenafdeling opeens iemand in hysterisch gillen hoort uitbarsten. Dat is gewoon een bioloog die van dieren houdt.

NICO SCHEEPMAKER

Heilig

Laat ik, zoals het bij wetenschappelijke referaten een goed gebruik is, om te beginnen even vertellen wat ik van plan ben te doen.

Eerst zal ik de foto beschrijven zoals die in de Volkskrant werd afgedrukt.

Na de beschrijving van die foto zal ik zonder weglatingen of veranderingen het onderschrift citeren zoals dat bij de foto in de Volkskrant stond. We mogen dat immers als een betrouwbare weergave van de feiten beschouwen, al was het maar omdat de Volkskrant als oud-rooms-katholiek dagblad nog steeds over een redacteur religieuze zaken beschikt die door zijn collega's op de krant 'de nuntius' wordt genoemd (dit laatste verzin ik nu even ter plekke, maar de kans dat het vanaf heden toch nog bewaarheid wordt acht ik niet uitgesloten).

Vervolgens zal ik trachten de situatie, zoals die op de foto is vastgelegd, op zeven plausibele manieren te interpreteren (zeven is, zoals u weet, het heilige getal).

Eerst dus de foto. We zien de paus, geheel in het wit, met een keppeltje op en zo'n fraai geborduurde witte sjaal met franje om, licht voorovergebogen op straat staan, rechts van een één meter hoge afscheiding (zo te zien een dranghek waarover meterslange doeken zijn gedrapeerd om het feestelijk te houden), waarachter zich vele tientallen en waarschijnlijk honderden of duizenden mensen verdringen. Een oudere heer met een muts op lijkt te wijzen naar een zwart telefoontoestel zonder hoorn dat voor de voeten van de paus op de vierkante straatsteentjes staat. Een oudere, blootshoofdse heer kijkt breed lachend in de camera, evenals een naast hem staande vrouw met bril en hoofddoekje. Uit het wapperen van een vlag op de achtergrond, en ook uit de stand van de rechtermouw van de paus, krijg je de indruk dat er een bolle wind staat.

Tot zover de foto. Het onderschrift erbij luidt:

'Paus Johannes Paulus II bukt zich om de hoed op te rapen van een man, die de wekelijkse audiëntie van de paus op het Sint Pietersplein in Rome bijwoonde. Het was slechts een eerste reactie van de paus, want echt oprapen deed hij de hoed uiteindelijk niet.'

Interpretatie 1: De paus zag die hoed afwaaien, werktuiglijk wou hij hem meteen oprapen, maar door de bolle wind woei de hoed alweer weg voordat hij hem te pakken had.

Interpretatie 2: De paus wou de hoed oprapen, maar voordat hij zich ten volle had gebukt was een begeleidende jonge bisschop (net niet zichtbaar op de foto) al toegeschoten om dit karwei voor Zijne Heiligheid te klaren.

Interpretatie 3: De paus, die de hoed wilde oprapen zoals het een normaal mens betaamt, werd daar op het laatste moment van weerhouden door een veiligheidsagent (onzichtbaar op de foto), die hem toeriep: 'Niet aanraken, Zijne Heiligheid, het is misschien een booby-trap!'

Interpretatie 4: De paus, die gewend is om overal ter wereld diep in het stof te buigen om de grond te kussen, merkte bij het bukken dat hij al automatisch zijn lippen tuitte en bedacht bijtijds: 'Niet doen, want voor ik het weet ziet de hele wereld mij op de foto een ouwe hoed kussen!'

Interpretatie 5: De paus, die een ootmoedig man is, dacht tijdens het bukken in een onderdeel van een seconde aan de voetwassing en richtte zich schielijk weer op, om te voorkomen dat de gelovigen hem later zouden gaan vereren om zijn hoedraping.

Interpretatie 6: De paus, die zonder erbij na te denken de hoed op wilde rapen, bedacht bijtijds: als ik deze hoed nu opraap, gaan ze straks allemaal hun hoed, of hun pet, of hun handtasje, of hun hoofddoekje, of hun leren jasje over de afzetting heen voor mijn voeten gooien om thuis het Heilige Handtasje dat door De Paus is opgeraapt in een schrijn te zetten, net zolang tot zij er op palmpasen tranen uit zien opwellen en er een run van gelovigen op het Huilende Handtasje ontstaat. En als er iets is waar ik liever niet mijn medewerking aan verleen dan is het wel aan zoiets!

Interpretatie 7: De paus zag die hoed liggen, dacht: 'Hé, een hoed!' wou hem automatisch oprapen, toen de eigenaar riep: 'Hé, afblijven jij, dat is mijn hoed!'

HEERE HEERESMA

Mijnheer Frits en juffrouw Lenie

Dwars door alle verdiepingen heen drong de radiomuziek van de student in de *farmacie* tot hem door. Zo'n opgewonden standje van Hilversum-drie natuurlijk. Daar moest hoognodig eens wat aan gedaan worden.

Hij sloeg de frisse manchetten van het schone overhemd omhoog, pakte de handdoek, tilde een inwitte voet uit het met warm water en olijfolie gevulde teiltje en begon dit lichaamsdeel zorgvuldig af te drogen. Nu de verse lichtblauwe sok en de volgende voet en even later strikte hij voor de spiegel de nieuwe kanariegele das al in een enorme knoop. Een scheut Tabac in de handpalm en dan recht tegen de nek en hij joeg de kam reeds door zijn haar. Als steeds voelde hij zich niet weinig opgewonden en maakte hij haast. In de loop der jaren had hij een grote snelheid ontwikkeld bij het maken van zijn toilet zonder dat overigens ook maar het geringste onderdeel hieronder leed. En zoals steeds wist hij dat het juist deze avond zou lukken.

Hij opende de kamerdeur een weinig en rook de geur van de prak van vanavond. 'Mevrouw Kannegieter, 't kan boven komen!' riep hij en sloot de deur weer.

Hij ging in de doorgezeten trijpen leunstoel naast de koude kachel zitten en pakte het Nieuws van de Dag van het onderste plankje van de piedestal in het hoekje naast de schoorsteen waarop het gasje voor het bereiden van zijn kopje thee en koffie was geplaatst. Snel

Opgedragen aan Klaas Kompaan, zo noemde men 'een kwade straatjongen' die liever het zeegat uitging dan zich binnen de enge wallen op te houden. Hij 'bestelde zich ten oorlog' werd kapper en is nimmer in zijn geboorteplaats teruggekomen. Zijn graf is onbekend. *Gedenk hem.*

bladerde hij de krant door tot de huwelijksadvertenties en bekeek ze met één oogopslag. Niks bij vanavond.

Er klonk even gebons. Mevrouw Kannegieter die, het dienblad in de handen, met de punt van haar schoen tegen de deur klopte. Vlug sloeg hij de krant weer terug naar de voorpagina en wachtte. Opnieuw werd er geklopt maar pas bij de derde keer riep hij: 'Komt u maar!' en mevrouw Kannegieter drukte met haar elleboog de deurknop neer en kwam blazend binnen.

'Goedenavond meneer'.

Hij antwoordde niet maar keek wel vanuit zijn ooghoeken hoe de kamerverhuurster het dienblad op de ombouw van het opklapbed zette, het tafelkleed uit de la van het nachtkastje trok, de tafel naar het raam schoof en begon te dekken. Het lawaai dat het mens er bij maakte! Pats. Dat waren de onderleggers. Rang. Het bestek. Kletterdekletter. Het serviesgoed. Geen wonder dat alle schalen gelijmd, gelijmd en opnieuw gelijmd waren.

'Eet u smakelijk meneer.'

'Oh, mevrouw.' Hij vouwde de krant toe en stond op. Kijk haar nu eens daar staan. Of ze haar doodvonnis ging vernemen. 'Ik wilde voortaan graag wat meer aardappelen.'

'Nog meer!' De ontzetting leek hem niet geveinsd en samen keken ze even naar de beide dekschalen, volgestort met de bloemige aardvruchten. 'Kom kom,' hield hij de moed erin. 'U weet het, ik eet altijd graag een schepje meer wanneer het buiten wat gaat guren.'

'Eh, jawel meneer. Ik eh...'

'Dank u wel, mevrouw. En eet u smakelijk.'

'Insgelijks meneer.' En de kamerverhuurster trok de deur achter zich toe. Even wachtte hij. Dan riep hij luid 'mevrouw Kannegieter!'

Hij hoorde haar op de trap struikelen in haar haast om terug te komen. 'Meneer?'

'Dat zal me geen moeite kosten, mevrouw.'

'Wat...Hoe bedoel u...'

'Om smakelijk te eten, mevrouw. U kookt heerlijk. Jaren al!'

'Dank u wel, meneer. Het is ook echt iets dat ik met liefde...'

'Ja mevrouw, het is in orde zo.' Hij glimlachte vriendelijk in haar richting en de kamerverhuurster verdween; wat verslagen maar toch ook met iets kirrends als had hij haar zojuist eens in de omvangrijke flanken gekieteld. Hij rilde bij de gedachte alleen al.

Hij at met de krant voor zich tegen de juskom. Zo nu en dan schoof hij het gordijn een ietsje opzij en keek naar binnen in de huizen aan de overkant van de straat waar men zich al om de televisie schaarde met koffie en pulletjes bier. Hij moest zich haasten om nog iets van de gezellige drukte van de koopavond mee te maken.

Vanonder het stapeltje bladmuziek in de vensterbank haalde hij een pakket plastic zakjes tevoorschijn, trok er eentje uit en stortte er de inhoud van een anderhalve schaal aan aardappelen in, gevolgd door zeker nog een pond spruiten. De jus gooide hij weg in de wastafel en spoelde na met Sunil zodat de vettigheid rond de afvoer hem niet kon verraden.

Voor de spiegel schoot hij zijn jas aan en snoerde de riem zo strak mogelijk zodat zijn schouders en het bovendeel van zijn lichaam indrukwekkende proporties kregen. Met duim en wijsvinger trok hij de das een ietsje naar voren. Geld, tramkaart, sleutels. Hij was gereed.

Hij knoopte de warm aanvoelende plastic zak van boven dicht en opende de kamerdeur. Uit gewoonte boog hij zich en keek aan de buitenzijde naar de onderkant van de deur. Werd al weer aardig kaal daar door de schoen van de kamerverhuurster.

Opgewekt neuriënd veerde hij de beloperde trappen af, schoof het bordje met zijn naam in het halletje naast de console op 'Niet Thuis' liet de glazen tochtdeur kletteren en stond buiten. Een winderige avond. Direkt uit het portiekje werd zijn haar al door elkaar geblazen. Zijn kam verhuisde van zijn binnenzak naar de zak van zijn beige regenjas terwijl hij de straat uit liep. Op het Van Heijenbroeckplein waren twee auto's tegen elkaar gereden. Er stonden wat mensen omheen en hier en daar keek ook iemand, een hand boven de ogen, voor een raam naar beneden maar hij gunde zich niet de tijd en liep door naar de tramhalte. Dat zou vanavond dan maar eens lijn negentien moeten worden. Of elf moest eerder komen, natuurlijk.

Hij schoof zich ruggelings onder het afdakje van de abri tussen andere wachtenden en gespte de bandjes beneden aan de mouwen van zijn regenjas nog iets meer toe. Niet te veel natuurlijk want anders kregen de mouwen iets ballonachtigs, maar toch wel iets. Prima jas waar hij erg blij mee was. Had wat legerachtigs maar dan wel in het officiersgenre. Jammer dat hij de epauletten op de schouders niet kon verstellen of losmaken. Daaraan kon een scherp opmerker zien dat het toch net niet echt was. De epaulet was, mét het knoopje, regelrecht aan de stof van de jas genaaid.

Hij liep mee met een paar mensen en stapte de tram in. Snel schoot hij hen voorbij en wist nog een zitplaats te bemachtigen. In de spiegelende ramen keek hij naar de vrouw waarnaast hij zat. Waardeloos. Zeker achter in de vijftig, al had hij ergens gelezen dat ze dan nog allesbehalve uitgeblust waren. Mooie boel.

Bij het Markerplein stapte hij uit en bevond zich meteen in het winkelcentrum. In de smalle straten waaide het belangrijk minder maar wel was het begonnen te regenen. Niet erg, maar toch. Hij hield er niet van wanneer zijn kleding door het vocht van boven donkerder was gekleurd en de spatten van het verkeer op zijn lichtgrijze pantalon waren ook niet mis. In een portiek zag hij kans zijn haar weer te fatsoeneren en daarna begon hij langzaam aan zijn wandeling, rondspiedend naar iets van zijn gading. Zo'n koopavond mocht dan gezellig zijn met al die verlichte etalages, spiegelend in het natte asfalt, maar er waren dan maar weinig losse meiden. Meestentijds waren het jonge koppels, of gezinnen met al wat oudere kinderen, die winkelden. Toch viel er nog wel wat te verhapstukken.

Hij overwoog in een espressobar iets te gaan drinken. Je kon dan aanschuiven en door de suiker aan te geven of zo een praatje beginnen. Maar hij zag er tenslotte toch van af omdat hij donders goed wist dat hij in besloten ruimten met nogal wat toehoorders om zich heen als een oester dichtklapte, hoe vermanend hij zichzelf ook toesprak en met welk een nonchalance en vertoon van zelfverzekerdheid hij verder ook een bestelling kon plaatsen of de ravage van een omgestoten kopje aanschouwen. Bij het meubelpaleis was het raak. Misschien iets in de dertig; een lompe boodschappentas in de hand. Ze stond voor de etalage van het sanitair en toen hij haar van opzij nog eens bekeek bleek dat ze onderwijl in zichzelf stond te praten. Ze had ook iets mongools in haar gezicht maar daaronder veel van boven zoals hij, niettegenstaande het blauwe regenpak waarvan ze de ritssluiting tot onder de kin had dichtgetrokken, duidelijk mocht konstateren. Hij liep langzaam in haar richting en bleef toen eveneens voor de etalage staan. Marmeren wastafels en demontabele douche-installaties waar je eerst het water in de plastic bak moest gieten waarin je stond om het dan via een trappedaal door een smalle buis omhoog te brengen waarna het vanzelf weer over je heen naar beneden viel. Handig voor kleinbehuisden. Met zijn ogen op het tentoongestelde gericht deed hij voorzichtig twee zijwaartse stapjes. Nu!

'Mooie spulletjes, hè?'

Hij wachtte even en keek dan opzij. Het mens was doorgelopen en al ter hoogte van de radio-world shop. Had hij een beetje in het niets staan ouwehoeren. Nou ja, laat maar gaan. Bij nadere beschouwing was het toch niets. Hij wachtte en slipte door het verkeer naar de overkant. Hij had misschien toch beter bij de van Marlekade kunnen uitstappen en dan de Fietssteeg in. Hier liep wel wat erg veel van dat jonge grut met al die boetieks en grammofoonplatenwinkels. In de automatiekhal trok en at hij een saucijzebroodje. Met een zakdoek veegde hij zijn vingers schoon en zette de loop er weer in. Bij Katemeijer liep hij tenslotte naar binnen. Geur van natte jassen, vette worst en parfum. Hij liet zich de roltrap opvoeren en bleef even toeven op de etage van de dameslingerie. Nou, voor hem mocht ze een korset dragen. Als ze maar willig was.

Misschien bij speelgoederen? Hij ging verder omhoog en kreeg het warm. Maar zijn jas zat nu veel te goed dus moest het maar even verdragen worden. En ja hoor, daar stond er weer een in een bak vol kleurpotloden te graaien. Een jonge moeder was ook nooit weg. Misschien zat haar man op een schip, een tanker, en kwam slechts eens in het halve jaar thuis. Zo'n vrouwtje werd dan een bom dynamiet. Dat praatte niemand hem uit het hoofd. De natuur ging immers d'r gang en hield geen rekening met iemands werkkring of omstandigheden.

Langzaam liep hij op haar af, rommelend in het tentoongestelde. En deze keer niet getreuzeld maar meteen doorgestoten. Tot in d'r roos. Hij werd er prompt opgewekt van, alleen bij de gedachte al.

Hij nam een handvol kleurpotloden en onderwierp de punten maar eens aan een nauwgezette kontrole. Zo nu en dan wierp hij een korte blik in haar richting, vanonderuit tegenwoordig, want hij had ervaren dat de dames zijn gluren altijd in de kortste keren door hadden. Ze was spichtig en de bril in het vroeger zo populaire vlindermodel gleed voortdurend op haar neus en werd dan weer kribbig door haar teruggeschoven. Ze had haar jas open geknoopt en hij zag de met bloemen bezaaide jurk daaronder. Enig figuur bezat ze niet. Meer het draadnageltype. Maar temperament kon veel, zo niet alles vergoeden. En uiterlijk schoon was wanneer het er op aan kwam meer voor de dommen, het gewone volk. Kwaliteit school immers in het samen beleven, zoals het in zijn seksuele handboek stond. Hij kon zich daar volledig bij aansluiten.

'Wat een boel kleurpotloden, vindt u niet?' Het was eruit en hij snakte zowat naar adem terwijl hij in de bak staarde.

'U maakt de punten kapot,' konstateerde ze. En inderdaad, hij was bezig het bosje potloden in zijn hand met de punten naar beneden hard tegen de glazen opstand te slaan. Dit werd niks. Wat een haaibaai. Hij liet de potloden los. 'Jaja,' zei hij, glimlachte nog en maakte dat hij weg kwam. Zo snel mogelijk verliet hij het warenhuis. Buiten, in de regen, kwam hij weer wat bij en beende naar het donkere J.J. de Limapleintje met zijn armetierige begroeiing in armoedige perkjes. Steeds wanneer het was mislukt snelde hij weg als had hij zich in het openbaar vergrepen of minstens toch aanstoot gegeven. Als was dat duidelijk op zijn voorhoofd te lezen. Het enige wat dan hielp was even sterk aan iets anders denken. In het urinoir, bij het licht van een naakte, in een onhartelijke gietijzeren armatuur gevatte peer, kwam hij weer wat bij. Met welbehagen waterde hij tegen de wand van het gebarsten bekken en dwong zich onderwijl zich af te vragen wie deze J.J. de Lima naar wie dit armzalig pleintje was vernoemd, dan wel mocht wezen. Volgens hem natuurlijk zo'n medisch adviseur, inkapabel, een listig persoon ook maar gehuld in de mantel der medische ethiek die ook zijn feilen en falen bedekte. Vertel hem wat. Gewoon een lukse ladelichter, vorstelijk gehonoreerd uit de kassa's der gemeenschap.

Opgelucht knoopte hij tenslotte de onderste knoop van zijn jas dicht, keek even naar mogelijke spatters op zijn broekspijpen, deponeerde de weke, nog steeds warm aanvoelende plastic zak met prak in een plas urine en verliet het stinkende hol.

Wat nu gedaan. Op de verlichte klok voor De Tamboer zag hij dat de koopavond ten einde was. Stromen mensen verlieten de winkels en dan hier dan daar vielen al etalages donker. De zoveelste sof. Niet dat hij hier bizonder onder gebukt ging. Het had erger gekund. Als de dag van gister herinnerde hij zich nog de brede man in de lange leren jas, een koperkleurige bromfietshelm op het hoofd die hem hardhandig uit zijn droom had geholpen toen hij bij die patat-friettent op het Beulakerwater aan die rossige schoonheid had gevraagd hoe zij het weer wel vond. En nog steeds kon hij zich voor het hoofd slaan. Ook zij was immers in het leer gekleed geweest. Deze ervaring had hem geleerd tot het uiterste waakzaam en oplettend te zijn. Zijn instinkten waren inmiddels gescherpt en hij wist op enige afstand reeds of een vrouw alleen was of in gezelschap, al stond het honderd meter verderop in wollen sjaals te graaien.

Nog een stuk cake met een kop koffie? De trams waren boordevol met naar huis terugkerenden. Iedereen scheen plotseling haast te hebben en er werd nergens meer gedrenteld. Voor vanavond zat het er wel op. Langzaam liep hij door de Krootslingerpassage naar de Vliet. Het was een donkere kant waar hoofdzakelijk kantoren en een enkel café waren gevestigd maar hij had even behoefte aan de stilte en wat gaf een eindje om? Thuis zou hij toch maar meteen naar bed gaan.

Doch kijk, zonder geluk vaart niemand wel! Zijn hart sloeg over bij het zien van een stevige verschijning die aan de Vlietkant de uitgang van de passage passeerde in de richting van de Baileybrug naast het spoor. Hij schoot vooruit als een prop uit het elastiek en even later liep hij een meter of acht achter haar. Bij het licht van de natrium-lampen zag hij haar stevige benen in de korte rubberen kaplaarsjes zich onder het windjack voortreppen. Ze had de kapuchon opgesla-gen maar aan haar loop konstateerde hij dat ze nog jong genoeg was. En voortvarend. Waarschijnlijk zelfs sportief. Nou, dat leerde hij haar wel af. Geen flauwekul alstublieft. Een handwerkje en eens per week een vriendin op bezoek was hem meer dan voldoende. Voor de ingang van Blijvers wolimport ging hij haar aanspreken. Het beste was de weg te vragen. Dat gaf nog ontsnappingskansen wanneer het vanvoren toch een ouwe vrouw bleek te zijn. Hij versnelde zijn pas en was naast haar toen ze het rode bord met het internationale scheerwolmerk passeerde.

'Goedenavond. Kunt u mij zeggen hoe ik het beste op het Beulaker-plein...' Hij draaide zich naar haar toe en voelde zich niet goed wor-den. 'Dat meneer Frits! Bent u verdwaald?' Het was juffrouw Lenie van de afdeling Comptabiliteit en salarisberekening. Wanneer de deur van zijn kamer open stond kon hij haar zo aan d'r bureautje zien zitten en wanneer ze plotseling opkeek van haar schrijfwerk als voelde ze hem kijken dan lachte ze altijd vriendelijk tegen hem wat hij overigens immer met een korte hoofdknik had afgedaan. Ten-slotte was hij hoofdkommies en zij schrijver A, al had ze dan een vaste aanstelling. Al jaren.

Ontzet keek hij neer en in dat grote, deegachtige gezicht met mo-menteel duimdiepe kuilen in de zware wangen. Hij lachte hard en, naar hij hoopte, overtuigend. 'Die juffrouw Lenie! Ik dacht...Wel dacht ik daar gaat toch niet...'

'En ja hoor, daar ging ik?' Ze was blijven stilstaan en keek naar hem op en iets in die grote bleekblauwe ogen maakte hem ernstig be-zorgd. Hij moest, kostte wat het kost, haar overtuigen. Maar waarvan? Hoe dan ook, wanneer hij niet afdoende ingreep spraken morgen alle afdelingen erover dat hij de weg had gevraagd. Aan juffrouw Lenie. Voor dat hij in de gaten had gehad dat het een kollega was. Vreemde vrouwen aanspreken in de nacht. Daar ging zijn naam!

'Gefopt!' riep hij vertwijfeld uit. Hahaha!

'Nou, meneer Frits, wijst u mij dan maar de weg. Naar de tram.'

'Gezellig!' Hij stak familiair zijn hand uit en even later liepen ze gearmd in de richting van de halte van lijn twaalf.

'Doet u dat wel meer?' vroeg ze.

'Wat?'

'Dames aanspreken. Bent u misschien op vrijersvoeten?'

'Ik? Welnee! Ik ben overtuigd vrijgezel. Wat een weer hè?'

'Brrr,' deed ze. 'Hadden we maar een paraplu.'

Terwijl ze voortbabbelden over het kwalijke jaargetij dat zoveel narigheid tot nu toe had laten zien wilde hij dat hij overtuigd was. Maar hij wist het nog steeds niet zeker. En hij móest zekerheid hebben. Anders werd hij de risee van het hele kantoor.

'U woont ook weer?'

Ze scheen te aarzelen. 'Het Komrijkwartier. Ja, ik woon nog bij mijn oudjes. Om een beetje op ze toe te zien. Anders was ik natuurlijk...'

Zo, dat was niet best. Hij kende het buurtje wel. Kleine middenstand en enge woningen waar men zich nog moest wassen in een teil in de keuken. Of in het badhuis natuurlijk. Voornamelijk kooleters; nette armoe. Ze waren de enige wachtenden op de tramhalte. De stad was al weer uitgestorven en de wind weer opgestoken. Natte vlagen werden in zijn gezicht geblazen en auto's bedreigden hen met waaiers van spatten.

Tyfuswijven. Hij vervloekte het onzalige idee uitgerekend met koopavond een kansje te hebben willen wagen. Dan liep je juist kans lui van het kantoor te ontmoeten. Die hadden overdag geen tijd genoeg voor hun boodschappen. In de buurt van het nieuwe kantoorgebouw waar ze alle afdelingen van nijverheid sinds kort in hadden samengebracht, waren nauwelijks winkels.

Hij wilde maar dat ze zijn hand die ze onder haar arm tegen zich aan hield geklemd eindelijk los liet maar juffrouw Lenie liet niet af. Moest hij haar soms helemaal naar huis brengen? Wat een klus.

'En daar komt me tram!' riep ze en ja hoor, ze trok hem gewoon mee naar binnen. Hij zocht naar zijn kaart maar ze had al voor hem af laten stempelen en even later reden ze gezamenlijk door de natte verlaten stad. Wat brutaal eigenlijk van haar zo beslag op hem te leg-

gen. Ze begon te emmeren. Over het werk. en of hij...Nee, hij had
niet! 'Gaat u altijd met de tram?' vroeg hij om van het onderwerp af
te zijn want ze was al begonnen indiskrete vragen te stellen over zijn
kollega, haar afdelingshoofd.
'Oh nee. Naar kantoor neem ik nog steeds graag de fiets.'
'Met dit weer!'
'Kom kom, je kan je er op kleden! En ik geniet er altijd opnieuw
van. Van wat lichaamsbeweging. Je zit iedere dag maar op je stoel
moet u niet vergeten.'
Nee, hij was het niet vergeten. Hij had daar nooit enig bezwaar tegen gevoeld. En wat had ze anders gewild? Liever de hele week op
d'r voeten achter een machien in een sigarettenfabriek?
'En hoe rijdt u dan altijd?'
'Oh, via de Schenkelkade en de Walsmeerweg.'
Hij probeerde zich oprecht in het onderwerp te verdiepen. 'Kan je
dan niet makkelijker over Slotkoor en Ampèreplein?'
'Oh nee. Want dan moet je die kruising van de Maliweg over en dat
is me heus te gevaarlijk zolang ze daar geen stoplichten hebben
neergezet.' 'Wat! Staan daar nog geen stoplichten?' In gedachten
probeerde hij zich de Maliweg voor te stellen maar hij kwam haast
nooit die kant uit en het lukte dan ook niet.
'Ja, ik woon in de Rosenachbuurt.'
Ze stak haar bewondering niet onder stoelen en banken. 'Mooi is
het daar. Zal wel prijzig zijn. De huren.'
'Je kan het doen of niet, natuurlijk.' In het raam zag hij haar voor
zich uitkijken en wist dat hij gescoord had. Tenslotte woonde hij in
de sjiekste wijk zowat van de stad. Zo was dat en het was goed dat
juffrouw Lenie dat wel even besefte. Niettegenstaande de ellendige
toestand glimlachte hij in zichzelf.
'Binnenpretjes?'
'Eh wat? Oh ja. Ik dacht...'
'Volgende halte', zei ze. 'Ik vind het zo aardig van je dat je me even
thuis brengt.'
'Dat is toch niets!' Sinds wanneer waren ze begonnen elkaar te tutoyeren? Moest meteen afgelopen zijn. Dat gedonder kon hij op
kantoor niet hebben. Galant hielp hij haar de tram uit en als dank
mocht hij een tot op de draad versleten aktentas van haar dragen.
Het was erg. Nog erger dan hij verwacht had. De treurige benepenheid van het Geurt Komrijkwartier was wurgend. Hij hoorde de regen vallen in de eeuwiggroene kniehoge heggen rond de voortuin-

tjes van de vijfverdieping hoge woonblokken waaruit als wratten de erkers staken. Uit zuinigheid ging men hier vroeg naar bed. Of men verborg zich achter dikke trijpen gordijnen. Er was tenminste vrijwel nergens een verlicht venster te ontdekken. In de ijzeren straatlantarens, waarvan het licht nauwelijks het trottoir bereikte, hingen ouwe fietsbanden en in de goten stonden hoofdzakelijk wrakken en gedemonteerde bromfietsen geparkeerd.

'Wel sfeervol hier,' hield hij de moed erin terwijl zijn hak wegzakte in wat wel een hondehoop zou zijn.

'Overdag kan het een heel levendige buurt wezen.' Hij voelde een rilling door haar gaan en ze drukte zijn arm even ekstra krachtig. 'We zijn er.' In stilte feliciteerde hij zich. Ze was nu wel plat en zou zijn aanspreken als een goedgeslaagd grapje opvatten. Hooguit ging ze morgen erover opscheppen dat hij haar naar huis had gebracht. Tegenover zijn kollega's afdelingshoofden kon hij deze babbel makkelijk pareren door hen in vertrouwen te vertellen dat hij juffrouw Lenie in kennelijke staat midden op straat had aangetroffen. Misschien maakte hij er zelfs wel van dat ze beschonken op de stoeprand zat. Alles hing ervan af hoe morgen zijn pet stond. Maar dat ze het zou weten stond voor hem al als een paal boven water. Minstens een afkeurende aantekening op de zetlijst van personeelszaken.

Achter haar was de in baksteen gevatte groene voordeur met de machtige rij bellen aan weerszijden en het kleine spreek- en luisterroostertje. Alles keurig gepoetst. Dat was immers betamelijk.

'Nou, welterusten, juffrouw Lenie!' Hij stak de tas in haar richting en zijn hand omhoog ten afscheid. 'Graag gedaan!'

Ze wilde wat zeggen, hem een hand geven, maar op dat moment ging de grote voordeur achter haar open en verscheen in het vale ganglicht een klein grijs vrouwtje in een lange gebloemde schortjurk. 'Wie heb je bij je, kind?' vroeg het oudje. Hij zag hoe juffrouw Lenie even wankelde, zich herstelde en hem voorstelde. 'Meneer eh...Van kantoor, moeder.'

'Komt u niet even binnen, meneer Van Vliet?' Hij keek naar binnen naar het oude mensje.

'Oh nee moeder, dat gaat echt niet hoor. Meneer moet nog een heel eind en...'

'Bemoei je er niet mee, Lenie. Komt u maar rustig verder naar binnen meneer. Dan kunt u even kennis maken met Lenie's vader.'

Hij bescheurde zich. Dit was andere koek. Het leek er zelfs een moment op dat juffrouw Lenie haar oude moeder ging slaan. Zo, nu kreeg hij eens de kans poolshoogte bij het personeel thuis te nemen. Dat werd morgen veel vertellen. 'Graag mevrouw.' En reeds stond hij binnen en snoof. Juist ja. Andijvie.

Met juffrouw Lenie achter zich liep hij door het holle trapportaal en werd binnen gelaten in een benedenwoning.

'Ik hoorde u,' zei het oudje, 'en dacht wie heeft onze dochter toch bij zich. Vandaar ziet u.'

'Ik begrijp het volkomen, mevrouw. Je wilt weten wie je dochter thuis brengt.'

'Heeft u zelf kinderen?'

'Ik? Nee...Hoe...'

'U praat zo verstandig.'

Hij hing zijn jas op aan de met spiegeltjes versierde kapstok. Juffrouw Lenie, achter hem, leek verslagen. Hij begreep dat wel. Die was bezig zich te pletter te schamen voor haar sjofele ouders en kalenetenomgeving.

In de huiskamer was het meteen duidelijk. Schuifkaasameublement. Vergane glorie. Twintig jaar geleden voor het laatst opnieuw bekleed en behangen.́ De man aan tafel was nauwelijks groter dan zijn vrouw en bleef zitten toen hij hem een hand gaf. Met enige vreugde mocht hij in de oksel van het ouderwetse overhemd, pal boven de mouwophouders, een scheur ontdekken. 'Meneer!'

De oude man knikte slechts. Was zeker de tong verloren. Maar wel schoof hij, nog steeds zittend, een stoel bij de tafel voor hem aan.

'Mag...Kan, kunnen we niet in de achterkamer zitten?' vroeg juffrouw Lenie achter hem.

'Die man blijft mooi hier een kop koffie drinken,' sprak juffrouw Lenie's vader gedecideerd.

'Dat is best hoor, kind,' vond haar moeder. 'Dan zetten we de schuifdeuren wel wat open zodat er wat warmte van hier bijkan want het zal wel wat killetjes zijn daar.' Geamuseerd zag hij de losbrekende drukte aan. Zware veloers gordijnen aan koperen ringen schoven open en een stofzuiger en een strijkplank werden zichtbaar en rap door juffrouw Lenie weggehaald en uit de kamer gezet terwijl ze voortdurend ekskuses mompelde.

'Ach meneer...'

Hij liep naar de groengeverfde schuifdeuren en zette de vingers in de spleet waaruit koude stoffige lucht hem tegemoet waaide. Op verzoek van het oudje trok hij de grote deuren uiteen wat met een enorm gekraak en enig stof geschiedde. Achter zich hoorde hij onderwijl de man kankeren.

In de grote kamer werd de lamp ontstoken. En inderdaad, erger kon het niet. In de gauwigheid telde hij minstens drie buffetten waarop honderden fotografieën. Er zwierven talloze tafeltjes rond tussen de enorme crapeauds die in de hoeken waren opgesteld en er stonden ook nogal wat palmen in koperen bakken op vale perzische kleedjes. Alles was van een degelijke, vooroorlogse kwaliteit. Hij nam plaats op een zeer zachte stoel aan de tafel onder de met zijde omwikkelde lamp.

'Lenie is al koffie aan het zetten,' deelde de moeder mee en begon aan een van de schuifdeuren te sjorren. 'Ik trek ze maar een ietsje dicht, meneer. Dan zitten jullie wat meer privé, vindt u ook niet?'

'Inderdaad mevrouw. Erg prettig van u.' Het werd nu echt genieten geblazen. Met volle teugen. Hij klopte een sigaret op zijn koker en stak die met zijn Dunhill aan. Het was in deze kamer kouder dan buiten. Hij keek in de richting van de achter bruine vitrage verborgen tuindeuren en de lucht van gepoetst koper drong in zijn neusgaten. Hij niesde.

'Gezondheid!' riep de man vanuit de voorkamer.

'Dank u zeer.' Achterover hangend wachtte hij de komst van juffrouw Lenie af. Hij hoorde haar door de muur heen in de keuken bezig kopjes op schoteltjes te zetten en even later piepte een deur achter hem open.

'Koffie. En vast beter als op kantoor.'

Ze hield zich goed. Waarschijnlijk in de keuken weer moed gevat.

'Dat gaan we dan proberen.'

Ze ging tegenover hem aan de tafel zitten, het koffieblad tussen hen in. Ze had in de keuken al melk in de koffie gedaan die in de kopjes een rooms-gele kleur had gekregen.

'Suiker?'

'Graag.' Hij keek toe terwijl ze hem vragend aan bleef kijken.

'Nog meer?' vroeg ze, het zevende schepje boven het kopje houdend.

'Hoezo?' deed hij verbaasd. 'Is dat voor mij? Ik heb nooit zoveel...'

'Oh gunst. Kommunikatiestoornis noemen ze dat hè?'

Ze trok het kopje naar zich toe. 'Dan neem ik het wel.'

'Graag.' Hij keek in zijn koffie en nam voorzichtig een slok.

'Lekker?'

'Gaat wel.' In de stilte hoorde hij haar per ongeluk slurpen.

'Pardon.'

'Waarom?'

'Ik slurpte even.' Ze lachte en ineens vond hij haar gezicht niet meer zo heel groot. Ze had trouwens mooi haar. Het glansde als goud in het lamplicht.

'Hoe kan je het drinken?'

'Wat?'

'Die zoete koffie.'

Tegelijk zag hij haar mond even vertrekken. 'Gaatje in je kies?' raadde hij.

'Ja, ik moet hoognodig weer naar de tandarts.'

'Nou, drink dan maar gauw leeg.' En juffrouw Lenie wierp haar hoofd achterover en slikte.

'Welke tandarts heb jij?'

Nu waren ze elkaar nog steeds aan het tutoyeren. 'Ik praat er liever niet over als je het niet erg vindt.' Ze moest eens weten dat hij al vanaf zijn zestiende zowel boven als onder een gebit had.

Ze zwegen, en, naar het hem leek, bedrukt. Regen roffelde tegen het glas van de tuindeuren en klassieke klanken stroomden zachtjes vanuit de voorkamer op hen toe. Hij wendde het hoofd naar de brede spleet tussen de schuifdeuren. Juffrouw Lenie's vader hing halverwege over de tafel naar hen te kijken.

'Je vader kijkt,' zei hij zachtjes.

Geschrokken richtte ze zich op. 'Altijd...verdorie!' Ze scheen woedend. 'Hé vader!' riep ze luid in de richting van de schuifdeuren.

'Kom vader, laat de kinderen met rust,' hoorde hij de moeder zeggen en de man verdween uit het beeld. Zijn gemopper drong tot hen door.

'Ach, je moet...'

'Nee', zei hij. 'Jij kan er ook niets aan doen.'

'Toch is het nog steeds een goeie man,' fluisterde juffrouw Lenie, 'al willen z'n benen niet meer zo best.' Hij offreerde een sigaret en zijn oog viel op haar boezem. Eerlijk is eerlijk, het viel hem niet tegen. Toch gek. Daar liep hij jaren lang de stad af te schuimen zonder ook maar het geringste resultaat en nu zat hij toch maar bij een best aardige vrouw thuis waar hij al jaren op kantoor tegenaan had gekeken.

Ze hoestte en keek met afgrijzen naar de Chief Whip in haar hand. 'Ik kan er maar niet aan wennen,' zei ze. 'Ik rook veel te weinig om het echt lekker te gaan vinden.'

'Doof 'm dan,' adviseerde hij.

'Nee hoor, dat zou zonde zijn.'

Het was nu echt gaan plensen. Hij hoorde water gorgelen in een putje in de achtertuin.

'Wat een weer, hê?'

Hij knikte slechts en schrok. Een nieuwe geur bereikte hem. De geur van poep. En het kwam vanonder de tafel. Ineens herinnerde hij zich weer iets. En die benauwde rotlucht werd snel heviger. Zeker door de warmte of zoiets tot ontwikkeling gekomen. Schuldig keek hij naar juffrouw Lenie en juffrouw Lenie keek hem aan. Ook zij scheen het te ruiken. Dat juist hem dat overkomen moest. Hij zag haar neusvleugels bewegen en besloot dat de aanval de beste verdediging was. 'Ik geloof...'

'Ja,' zei ze. 'Ik dacht ook al...'

Hij schoof zijn stoel iets onderuit. 'Ik denk dat ik het ben,' bekende hij. 'Ik meende al...Het is ook zo donker in deze buurt...Hier vlakbij. Dat ik in een hondebolus stapte.'

'Jesses!'

Hij knikte en voelde zich verlammen en zowat dood gaan. 'Ik kan er ook niks aan doen. Misschien...'

'Kijk even,' adviseerde ze. 'Als er maar niks aan het kleed gekomen is.'

Hij trok zijn been tevoorschijn en keek onder zijn schoen. Tussen zool en hak zat een behoorlijke klont.

'Warempel,' zei hij en voelde zich snel misselijk worden. Ik ben het.'

'Veel?' Ze probeerde over de tafel heen te kijken en toen dat niet lukte eronderdoor waarbij ze het zware kleed omhoog hief.

'Behoorlijk wat. Misschien...'

'Kom maar hier. Ik doe het wel even.' Resoluut stond ze op. Hij stierf nu bijkans van schaamte.

'Nee, laat maar,' hield hij af, zijn schoen in zijn handen. 'Ik hink wel even...'

'Ben je gek! Als moeder het hoort gaat ze overal inspekteren. Krijgen we dat weer.'

Hij knoopte zijn veter los en trok zijn schoen uit. Het gaf hem het gevoel als stapte hij uit de broek.

Ze pakte zijn schoen en stak er haar hand in. Nu moest ze zijn warmte voelen. Aan d'r hand. Het was vreselijk! Hij keek naar haar op en ze glimlachte hem bemoedigend toe.

'Ben zo terug...Frits.' En weg was ze.

Met zijn kousevoet steunend op de hem nog resterende schoen overdacht hij de ontwikkelingen. En ze had hem al bij de voornaam genoemd. Ach, misschien was het nog niet eens zo gek. Alhoewel, hij moest dan natuurlijk meteen tot een officiële verbintenis overgaan. Hij kon zich geen kantoorvriendinnetje veroorloven. Ze zagen hem aankomen. En er waren veel knappere vrouwen in de wereld...op straat...

Ze kwam binnen. 'Schoon!' fluisterde ze. 'Het was wel een flinke bal. Sjongejonge...' Ze zette zijn gereinigde schoen voor hem op de grond en plotseling werd hij zich weer bewust waarom hij deze avond achter haar aan was gegaan. Die stevige benen en bijna ballonachtige kuiten. Dat kwam natuurlijk door al dat fietsen.

Ze ging weer tegenover hem zitten. 'Wil je nog wat koffie?' Hij schudde het hoofd. 'Nee, dan slaap ik niet goed. Ik moet ook opstappen. Het is al zowat half elf.'

'Nou, wacht dan eerst de bui af,' adviseerde ze.

'Het giet kannepijpe', riep de man uit de voorkamer.

'We moeten wat zachter praten anders bemoeit hij er zich steeds mee,' siste ze. Hij knikte dat hij haar begrepen had en zag de muziekstandaard naast een theetafel in de hoek staan.

Hij wees ernaar. 'Speel je?'

Ze haalde haar schouders op. 'Ach, de moeite niet waard.'

'Ze speelt heel aardig!' riep de man vanuit de voorkamer. 'Tuut tuut tuut.'

'Laat nou af, vader!' hoorde hij de moeder zeggen.

'Nou? Wat voor instrument?'

'Echt niets bizonders. Gewoon. Ocarina.'

Hij was werkelijk verrast. Wie had dat achter deze kantoorjuffrouw gezocht. 'Zo! Is er ook muziek voor geschreven?'

'Oh ja! De suite van Schalm. En er is een bewerking van een orgelkonsert. Van Pijnenburg.'

'Wat enig!'

'En jij?' Ze keek hem met haar bleke ogen verrukt aan en even raakten hun handen elkaar op het tafelkleed.

'Ach...' Hij voelde zich blozen. 'Ik ben inderdaad erg muzikaal. Erg...'

'Heb je les gehad?' wilde ze weten.

'Op de volksmuziekschool. Drie jaar. En verder partikulier.'

'Wat speel je, nee, wacht! Ik ga het raden!'

Hij glimlachte slechts.

'Vleugel?'

295

Hij schudde het hoofd.

'Kerkorgel dan.'

'Mm mmm.'

'Eh...' ze keek hem lang en onderzoekend aan. 'Trompet?'

'Nee, je raadt het toch nooit. Het lijkt een onaanzienlijk instrument, nèt als het jouwe. Maar er schuilen eindeloze mogelijkheden in. Vooral in toonzettingen met oude balladen en volksliederen als thema. Mondharp.'

'Oh wat enig!' Juffrouw Lenie scheen oprecht verrukt. 'Van je Poinngg Poinnggg...Poinnggg!'

'Nee meer van...' Hij stak een vinger in zijn mond en liet deze vanuit de wang weer eruit schieten. Plokk Plokk ging het. Ze schoten samen in de lach.

'Waarom speel je niet een stukje?' vroeg hij.

'Ik kijk wel uit. Je luistert natuurlijk heel kritisch.'

'Ben je gek! Kom, ik wil het absoluut nog even horen voor ik weg moet.'

Hij was helemaal warm geworden. Muziek was immers het mooiste dat er bestond. Daarom begreep hij haar terughoudendheid. Had hijzelf ook.

'Waar is je instrument?'

Juffrouw Lenie had een kleur als vuur gekregen. Ze knikte nauwelijks met haar hoofd achteruit. Meteen stond hij op en vond het blauwgelakte instrument op de schoorsteen. Hij nam het op. Het voelde in de palm van zijn hand aan als een ijskoud vogellijfje.

'Hier.'

Ze schudde het hoofd maar hij hield aan. Ten einde raad nam ze de ocarina eindelijk van hem over. 'Moet het echt?'

'Ja. Ik ben hierin onverbiddelijk.'

'Maar ik kan alleen van muziek...'

Reeds was hij naar de standaard gelopen en nam het vliesdunne velletje bladmuziek eraf. Het was bruin en zowat verteerd. Doorzichtig plakband hield de helften bij elkaar. 'Wil je het voor je op de tafel hebben?'

'Ik kan niet voorover gebogen spelen.'

'Zal ik het dan voor je ophouden?' Hij voelde zich helemaal week worden toen hij haar verwarring zag. Arme meid. 'Weet je wat...'

Hij ging op zijn stoel zitten. 'Kom op mijn knieën, dan hou ik het zo op.'

'Werkelijk?' Juffrouw Lenie leek te aarzelen.

'Natuurlijk. Gewoon toch? Dan kan ik door een beetje mee te veren ook nog...'

'Eigenlijk heb ik de metronoom nodig.'

'Maar als ik nou zo doe dan dirigeer ik het wel.' Hij deed het voor en vond het even eigenlijk geen gezicht.

'Goed...Omdat jij het bent, Frits.'

Ze stond aarzelend op, kwam dichterbij, draaide haar rug naar hem toe en ging op zijn schoot zitten. Hij stak het stuk bladmuziek tussen zijn twee handen voor hen uit. 'Okido?'

Ze knikte, haalde diep adem en zette de ocarina aan de mond. Het instrumentje schreeuwde het uit en hij verwonderde zich over het geluid dat er nog uit zoiets kon komen.

'Pardon,' zei ze en begon opnieuw.

Hij luisterde naar de haast ijzeren, jodelende klanken. Ze speelde niet goed. Waarschijnlijk geen aasje talent. Maar ze was er wel helemaal in. Hij bewoog het muziekblad in de maat heen en weer en hij zag haar hoofd meewiegen. 'Tuut tuut tuut,' deed de man in de voorkamer mee maar het deerde hem niet meer. Voor hem mocht het nog uren zo duren. Voor het eerst van z'n leven met zo'n groot zacht en warm achterste van een heuse vrouw in zijn schoot.

In de voorkamer hingen juffrouw Lenie's ouders nu allebei over de tafel en keken schaamteloos door de brede spleet tussen de schuifdeuren naar binnen.

Bronvermelding

J.M.A. BIESHEUVEL
Een hachelijke oversteek
uit: De verpletterende werkelijkheid. Amsterdam, 1979.

JAN BLOKKER
Spreker
Sollicitatie
uit: Ben ik eigenlijk wel links genoeg? Amsterdam, 1974.
Allergie
uit: Ga direct naar de gevangenis ga niet langs AF u ontvangt geen *f*
200,--. Amsterdam, 1976.

HERMAN PIETER DE BOER
Dorpsgeheimen
uit: Waanzin en moederliefde. Amsterdam, 1980.

GODFRIED BOMANS
De gamelan-kenner
uit: Kopstukken. Amsterdam, 1947.
Oude herinneringen
uit: Van de hak op de tak. Amsterdam, 1965.
Onze lieve heren op zolder
uit: Mijmeringen. Amsterdam, 1968.
Den Uyl
uit: De man met de witte das. Amsterdam, 1971.

EMMA BRUNT
Penthouse of boerenhoeve
uit: Haagse Post, 31 maart 1984.
Het misverstand van de kattofilie
uit: Haagse Post, 28 april 1984.
Het vraagstuk van de haringsalade
uit: Haagse Post, 22 december 1984.

S. CARMIGGELT
Onze vriend uit Oslo
uit: Pingpong. Amsterdam, 1954.
Een heer in de trein
uit: Fluiten in het donker. Amsterdam, 1966.

JAN CREMER
Toeristen
uit: Jan Cremers Logboek. Amsterdam, 1978.

J.A. DEELDER
'Schöne Welt'
uit: Schöne Welt. Amsterdam, 1982.

MIDAS DEKKERS
Het dier van de dag
uit: Het beest. Amsterdam 1981.
De eend
uit: De baviaan en andere beesten. Amsterdam, 1982.
De luisteraar
uit: De mol en andere beesten. Amsterdam, 1984.
De cavia
uit: De pinguin en andere beesten. Amsterdam, 1985.

RENATE DORRESTEIN
Het dilemma van de verliefde feministe
uit: Opzij, juni 1983.
Mijn mannen
uit: De Tijd, 22 juni 1984.

Op de schietbaan
uit: De Tijd, 20 juli 1984.
Pukken van drie
uit: De Tijd, 16 november 1984.
Wankelend onder de bloemkolen
uit: Opzij, februari 1985.

DRS. P (PS. van H.H. POLZER)
Gewichtige aankondiging
uit: Sport Magazine, 25 december 1980.
Een ontmoeting
Vertelt u eens
uit: Prachtig leesboek. Verzinsels, beleefsels, bedenksels.
's-Gravenhage, 1981.

RINUS FERDINANDUSSE
Vis
uit: Neem er eentje van mij. Amsterdam, 1964.
Een wildeman
Erten
uit: Op de barkeeper beschouwd. Amsterdam, 1967.

RIJK DE GOOYER
Godfried Bomans
uit: Gereformeerd en andere verhalen. Amsterdam, 1981.

MAARTEN 'T HART
Ouderlingenbezoek
uit: Het vrome volk. Amsterdam, 1974.
De hoed
uit: NRC/Handelsblad, 17 september 1977.

HEERE HEERESMA
Mijnheer Frits en juffrouw Lenie
uit: Zwaarmoedige verhalen voor bij de centrale verwarming.
Amsterdam, 1973.

MARIAN HUSKEN
Boetiek Pierre
uit: Vrouwenagenda 1985. Amsterdam, 1985.

FREEK DE JONGE
De pop
uit: Stroman & Trawanten. Amsterdam, 1985.

GERRIT KOMRIJ
De hormonenindustrie
uit: Papieren tijgers. Amsterdam, 1978.

YVONNE KROONENBERG
Liefste
uit: Playboy, januari 1984.
Mooie mannen
uit: Playboy, februari 1985.

JAN MULDER
Oldenburger Hase
uit: De Tijd, 7 augustus 1981.
De vliegende kiep
uit: Elf, januari 1982.
Langs de lijn
De lettervervager
uit: Het vriendje van Jesper Olsen. Utrecht, 1984
(Nieuwjaarsgeschenk Van Dale lexicografie; geen handelseditie).
Dichters
uit: De Tijd, 12 oktober 1984.
Jan
uit: De Tijd, 19 oktober 1984.

BEATRIJS RITSEMA
Probleem
uit: Intermagazine, maart 1983.
Heb uw naaste lief
uit: NRC/Handelsblad, 18 juni 1983.
Moeder
uit: Intermagazine, oktober 1983.
Waarom
uit: Intermagazine, maart 1984.

NICO SCHEEPMAKER
Titanic
uit: De paus? Daar krijg ik een kind van...Amsterdam, 1975.
(gepubliceerd onder het pseudoniem Hopper)
Het gele potje
uit: GPD-bladen, 12 juli 1980.
Eendje
uit: GPD-bladen, 14 september 1981.
Heilig
uit: GPD-bladen, 22 mei 1983.

PETER SMIT
Wat verstrooiing
Klappertanden
uit: Onbegonnen werk. 's-Gravenhage, 1983.

CRI STELLWEG
Rijk
uit: De Volkskrant, 3 september 1983.
Instant-erwtensoep
uit: De Volkskrant, 23 december 1983.
(beide gepubliceerd onder het pseudoniem Saartje Burgerhart)

BOB DEN UYL
In 't groene dal
uit: Quatro Primi. Amsterdam, 1980.

DAAN VAN DER VAT
Omgekeerde astronomie
uit: Britten, beesten en buitenlanders. Of hoe in Engeland aan
het leven wordt geleden. Utrecht, 1953.
Aanschouwelijk onderricht
uit: Een bakermat in Babylon. Utrecht, 1956.

LÉVI WEEMOEDT (ps. van I.J. VAN WIJK)
Bingham & Co.
Van zang en snarenspel
uit: Bedroefd maar dankbaar. Baarn, 1980.
In gewijde aarde
uit: Een treurige afdronk. Amsterdam, 1983.

IVO DE WIJS
Achter de façaden van glitter en goud
uit: 18 Ware en onware gevallen uit de medische praktijk,
opgetekend door bekende Nederlandse auteurs. Gist-Brocades
farmaca nederland bv.

Bij Sijthoff verscheen ook

Droggen zijn bedroom
Nederlandse nonsenspoëzie uit de 19de en 20ste eeuw
Samengesteld en ingeleid door Robert-Henk Zuidinga

'Als ik het niet had zou ik het kado vragen: Droggen zijn bedroom, een prachtige verzameling nonsenspoëzie met bijdragen van coryfeeën als Kees Stip, Daan Zonderland, John O'Mill, Ivo de Wijs en Drs. P.'
Barneveldse Courant

'Voor wie van het nonsens-genre houdt valt er heel wat meer en ook nog gevarieerd plezier te beleven aan *Droggen zijn bedroom*. Minder vanwege de aan niemand anders dan Kees Stip ontleende titel, maar gelet op wat Robert-Henk Zuidinga er in bijeen heeft gebracht. Zijn doelstelling was een bloemlezing te bieden uit de "Nederlandse nonsenspoëzie uit de 19de en 20ste eeuw". Dat is hem goed afgegaan en bovendien heeft Zuidinga ook nog gezorgd voor een leesbare en informatieve inleiding.'
Leeuwarder Courant

'Uit zo'n veelheid heeft het nauwelijks zin om te citeren. De lezer moet zijn eigen voorkeur maar bepalen. Dat is met dit boek een uiterst vermakelijke bezigheid.'
Eindhovens Dagblad

'Grote en kleine, bekende en onbekende dichters tonen soms onbekende kanten van juist bekende dichters, en omgekeerd. Er is veel moois, lachwekkends, ontroerends te vinden, soms is het alleen maar knap, maar ook dan nog de moeite waard. Zoals Daan Zonderland het al uitdrukte: "Die enkel hebben gelachen/ hebben er niets van begrepen." Het is een bundeltje om vaak ter hand te nemen; het is ook voor de school zeer geschikt om te bewijzen dat er in de Nederlandse letterkunde meer is tussen hemel en aarde dan geween om bloemen in de knop gebroken en gezucht van de ziedende zee.'
PRISMA-Lectuurvoorlichting

'Het hardste heb ik gelachen om het Goethe-gedicht van Ted Vierhout, dat begint met: Gottvergessen Goethe,/ Lull auf beide Benen,/ Fräulein-Automaat - / und weinen, weinen, weinen.
Andere kleinoden: "De axolotl" van Stip (met het gekste rijm uit de Nederlandse taal) en de limerick op Willy Alfredo van Ivo de Wijs.'
De Volkskrant